Vivre les changements climatiques

L'effet de serre expliqué

Données de catalogage avant publication (Canada)

Villeneuve, Claude, 1954-

    Vivre les changements climatiques : l'effet de serre expliqué

    Comprend des réf. bibliogr.

    ISBN 2-89544-020-4 (rel.)

    ISBN 2-89544-021-2 (br.)

1. Climat – Changements. 2. Effet de serre (Météorologie). 3. Réchauffement de la terre. 4. Homme – Influence sur la nature. 5. Convention-cadre des Nations Unies sur les changements climatiques (1992). Protocoles, etc., 1997 déc. 11. I. Richard, François, 1963-   . II. Titre.

QC981.8.C5V54 2001   363.738'74   C2001-941413-7

Vivre les changements climatiques

L'effet de serre expliqué

CLAUDE VILLENEUVE
et **FRANÇOIS RICHARD**

ÉDITIONS
MULTIMONDES

Révision scientifique:

Georges Beauchemin, coordonnateur interministériel, ministère de la Sécurité publique du Québec

Alain Bourque, climatologue, Environnement Canada

Bruno Martel, professeur de physique, Département des sciences de la nature, Cégep de Saint-Félicien

Bernard Saulnier, ingénieur de recherche à l'IREQ, Hydro-Québec

Révision linguistique et traduction de la préface: Robert Paré

Conception et réalisation graphiques: Gérard Beaudry

Réalisation des graphiques: Emmanuel Gagnon

Photographies de la couverture:
Métro de Montréal: G. Zimbel/Publiphoto
Éoliennes: Bernard Saulnier
Photo en arrière-plan, reboisement et recyclage: PhotoDisc

Impression: J. B. Deschamps Inc.

© Éditions MultiMondes, 2001
ISBN 2-89544-021-2 (reliure souple)
ISBN 2-89544-020-4 (reliure rigide)
Dépôt légal – Bibliothèque nationale du Québec, 2001
Dépôt légal – Bibliothèque nationale du Canada, 2001

ÉDITIONS MULTIMONDES
930, rue Pouliot
Sainte-Foy (Québec) G1V 3N9
CANADA
Téléphone: (418) 651-3885
Téléphone sans frais depuis l'Amérique du Nord: 1 800 840-3029
Télécopie: (418) 651-6822
Télécopie sans frais depuis l'Amérique du Nord: 1 888 303-5931
multimondes@multim.com
http://www.multim.com

FONDS D'ACTION
QUÉBÉCOIS POUR LE
DÉVELOPPEMENT DURABLE

Partenaire financier

Québec

La publication de cet ouvrage a été rendue possible grâce à une contribution du Fonds d'action québécois pour le développement durable, dont le partenaire financier est le gouvernement du Québec.

Les Éditions MultiMondes reconnaissent l'aide financière du gouvernement du Canada par l'entremise du Programme d'aide au développement de l'industrie de l'édition (PADIÉ) pour leurs activités d'édition. Elles remercient la Société de développement des entreprises culturelles du Québec (SODEQ) pour son aide à l'édition et à la promotion.

Gouvernement du Québec – Programme de crédit d'impôt pour l'édition de livres – gestion SODEC.

∞ ♺ Imprimé avec des encres végétales sur du papier partiellement recyclé et exempt d'acides.

DISTRIBUTION EN LIBRAIRIE AU CANADA
Diffusion Dimedia
539, boulevard Lebeau
Saint-Laurent (Québec)
CANADA H4N 1S2
Téléphone: (514) 336-3941
Télécopie: (514) 331-3916
general@dimedia.qc.ca

DISTRIBUTION EN FRANCE
Librairie du Québec
30, rue Gay-Lussac
75005 Paris
FRANCE
Téléphone: 01 43 54 49 02
Télécopie: 01 43 54 39 15
liquebec@cybercable.fr

DÉPOSITAIRE EN FRANCE
Éditions Ibis Press
8, rue des Lyonnais
75005 Paris
FRANCE
Téléphone: 01 47 07 21 14
Télécopie: 01 47 07 42 22
ibis@cybercable.fr
http://www.ibispress.com

DISTRIBUTION EN BELGIQUE
Librairie Océan
139, avenue de Tervuren
1150 Bruxelles
BELGIQUE
Téléphone: 02 732 35 32
Télécopie: 02 732 35 32
willy.vandermeulen@skynet.be

DISTRIBUTION EN SUISSE
SERVIDIS SA
Rue de l'Etraz, 2
CH-1027 LONAY
SUISSE
Téléphone: (021) 803 26 26
Télécopie: (021) 803 26 29
pgavillet@servidis.ch
http://www.servidis.ch

À Gabriela, née au Québec en 2000.
Son espérance de vie lui permettra de vivre au long du 21ᵉ siècle
les changements climatiques dont nous parlons dans ce livre.
Qu'elle sache que si ceux-ci ne produisent pas d'effets désastreux,
c'est que nous aurons su prendre nos responsabilités.

Claude Villeneuve
François Richard

Table des matières

Liste des figures

Liste des tableaux

Liste des encadrés

Liste des abréviations et des sigles utilisés

$\Delta T2x$	Hypothèse de variation de température dans un scénario de doublement de CO_2
ADN	Acide désoxyribonucléique
ADP	Adénosine diphosphate
AIE	Agence internationale de l'énergie
AOSIS	Alliance des petits États insulaires (Alliance of Small Island States)
ARN	Acide ribonucléique
ATP	Adénosine triphosphate
$CaCO_3$	Carbonate de calcium
CaO	Oxyde de calcium, chaux vive
CCmaC	Centre canadien de modélisation et d'analyse climatique
CCNUCC	Convention-cadre des Nations Unies sur les changements climatiques
CF_4	Tétrafluorométhane

C_2F_6	Hexafluoroéthane
CFC	Chlorofluorocarbone
CGCM	Coupled Global Climate Model
CH_4	Méthane
CITES	Convention sur le commerce international des espèces de faune et de flore sauvages menacées d'extinction (Convention on International Trade of Endangered Species of Wild Fauna and Flora)
CO	Monoxyde de carbone
CO_2	Dioxyde de carbone, gaz carbonique
CoP	Conférence des Parties à la Convention-cadre des Nations Unies sur le changement climatique (le chiffre qui suit indique le numéro de la réunion)
EACL	Énergie Atomique du Canada Limitée
EDF	Électricité de France
ENOA/ENSO	El Niño-Oscillation Australe/El Niño-Southern Oscillation
EPA	Environmental Protection Agency, le ministère de l'Environnement des États-Unis
ESB	Encéphalopathie spongiforme bovine
FAO	Organisation des Nations Unies pour l'alimentation et l'agriculture
FEM	Fonds pour l'environnement mondial
G7	Le groupe des sept pays les plus industrialisés: France, États-Unis, Canada, Italie, Grande-Bretagne, Japon, auquel s'est jointe la Russie en 1998
GCC	Global Climate Coalition
GES	Gaz à effet de serre
GFDL	Geophysical Fluid Dynamics Laboratory
GIEC	Groupe d'experts intergouvernemental sur l'évolution du climat
GISP	Greenland Ice Sheet Projet
GISS	Goddard Institute for Space Studies
HFC	Hydrofluorocarbone, remplace les hydrochlorofluorocarbones (HCFC)
IISD	Institut international du développement durable (International Institute for Sustainable Development)
IOA	Indice d'oscillation australe
JUSSCANNZ	Japan, United States, Canada, Norway, New-Zealand; groupe de pays d'intérêts communs dans le cadre des négociations sur le climat
MCG III	Modèle de circulation générale de 3ᵉ génération

MIT	Massachussetts Institute of Technology
N_2O	Oxyde de diazote, oxyde nitreux
NASA	National Aeronautics and Space Administration
NGDC	National Geophysical Data Center
NO	Monoxyde d'azote
NO_2	Dioxyde d'azote
NOAA	National Oceanic and Atmospheric Administration
O_3	Ozone
OCDE	Organisation de coopération et de développement économiques
OGM	Organisme génétiquement modifié
ONG	Organisation non gouvernementale
ONU	Organisation des Nations Unies
PDG	Président directeur général
PICO	Polar Ice Coring Office
PNB	Produit national brut
PNUD	Programme des Nations Unies pour le développement
PNUE	Programme des Nations Unies pour l'environnement
SBI	Organe subsidiaire de mise en œuvre (Subsidiary Body for Implementation)
SBSTA	Organe subsidiaire du conseil scientifique et technologique (Subsidiary Body for Scientific and Technical Advice)
SF_6	Hexafluorure de soufre
SO_2	Dioxyde de soufre
SO_4	Sulfate
SRES	Special Report on Emissions Scenarios
TRE	Troisième Rapport d'évaluation du GIEC (Third Assessment Report)
UDEBM	Upwelling Diffusion Energy-Balance Model
UICN	Union Internationale pour la Conservation de la Nature
UNESCO	Organisation des Nations Unies pour l'éducation, la science et la culture (United Nations Educational, Scientific and Cultural Organization)
WWF	Fonds mondial pour la nature (World Wildlife Fund)
ZLEA	Zone de libre-échange des Amériques

Liste des unités de mesure et leur abréviation

10^3 (K, kilo, mille)

10^6 (M, méga, million)

10^9 (G, giga, milliard)

10^{12} (T, tera, billion)

centimètre (cm)

centimètre cube (cm^3)

degré Celsius (°C)

exajoule (EJ)

gigagramme (Gg) – un gigagramme égale 1 000 t.

gigatonne (Gt) – une gigatonne égale un milliard de tonnes (10^9 t)

gigatonne de carbone (GtC)

gramme (g)

hertz (Hz)

joule (J)

kilogramme (kg)

kilomètre (km)

kilomètre carré (km^2)

kilowatt (kW)

litre (L)

mégahertz (MHz)

mégajoule (MJ)

mégawatt (MW)

mégawattheure (MWh)

mètre (m)

mètre carré (m^2)

mètre cube (m^3)

mètre par seconde (m/s)

millimètre (mm)

mole (mol)

parties par milliard (ppb)

parties par million (ppm)

térawattheure (TWh)

tonne (t) – une tonne de carbone est l'équivalent de 3,75 t de CO_2

tonne équivalent pétrole (tep) – masse de combustible renfermant la même énergie calorifique qu'une tonne de pétrole

watt par mètre carré (W/m^2)

Remerciements

Les auteurs tiennent à remercier les personnes suivantes qui ont contribué
à la qualité du présent ouvrage par leurs conseils, leurs avis
ou leur apport scientifique :

Bernard Saulnier, ingénieur de recherche, IREQ, Hydro-Québec

Bruno Martel, professeur de physique, Cégep de Saint-Félicien

James Hansen, Goddard Institute for Space Studies, NASA

Georges Beauchemin, ministère de la Sécurité publique

Alain Bourque, climatologue, Environnement Canada

Fred Roots, conseiller scientifique émérite, Environnement Canada

Rita Milot-Boutin, retraitée de l'enseignement

Anne Tremblay, France Michaud, Marie Gagné, Guylaine Pelletier, Anick
Brosseau, Jean Ruel et Ghyslain Théberge, de CO_2 Solution Inc.

Jean-Noël Vigneault, ministère de l'Éducation

Jean-Paul Villeneuve, retraité de l'éducation

Suzanne Lambert, diététiste

Lydia Clapperton, enseignante

Francesco di Castri, président de l'Académie mondiale des sciences
et directeur de recherche au CNRS, à Montpellier

Jacques Prescott, biologiste, ministère de l'Environnement du Québec

Préface

Existe-t-il, dans la vie de chaque être humain – et même de chaque être vivant –, un facteur plus important que le climat? Phénomène que nous pourrions définir comme l'ensemble des conditions météorologiques planétaires actuelles, le climat joue un rôle majeur dans la formation du paysage où nous vivons. De lui dépend la disponibilité de la nourriture que nous mangeons et de l'eau que nous buvons ou utilisons d'innombrables façons. Il influe sur notre culture, notre psychologie et presque sur tous les aspects de notre économie. Et pourtant, même si presque tout le monde est pleinement conscient de son importance – la plupart des habitants de l'Afrique ont la peau plus foncée que la plupart des habitants de la Finlande, par exemple, et le fait de faire du ski à Mont-Tremblant ou de prendre du soleil aux Bahamas constitue une façon agréable d'expérimenter les différences climatiques –, la majorité d'entre nous tiennent le climat pour acquis. Celui-ci est toujours présent et constitue l'incontournable toile de fond de nos activités. Il est parfois inconstant – les agriculteurs en savent quelque chose –, mais nous n'y pensons pas beaucoup, même si nous nous en servons et parfois même en souffrons. Ce livre nous force à réfléchir plus attentivement au rôle du climat, en tant que facteur et en tant qu'acteur, dans nos vies. Le monde dans lequel nous vivons se transforme, et quelques-unes des transformations les plus profondes, qui nous affectent tous et toutes, concernent le climat local et le climat de la planète.

Le climat a toujours évolué. Chaque fois que nous construisons un édifice en béton fait à partir de calcaire ou roulons dans une voiture consommant de l'essence provenant d'organismes décomposés il y a des centaines de millions d'années, nous profitons du fait que le climat était différent dans le passé géologique. Au Canada, nous connaissons les effets qu'ont eus les périodes glaciaires; le roc pelé du Bouclier canadien, les Grands Lacs, les plaines fertiles du Manitoba et les basses-terres du Saint-Laurent, caractéristiques essentielles de notre pays, sont autant de preuves que le climat était radicalement différent il y a à peine quelques milliers d'années. Mais ça, c'était il y a quelques milliers d'années. Qu'en est-il aujourd'hui? La mémoire humaine est courte, et notre histoire écrite remonte à peine à un peu plus d'une centaine de générations. Elle nous raconte des exploits et des invasions, nous parle de sécheresses et de famines, de migrations humaines en réponse aux changements de conditions, et de prières adressées aux dieux du ciel, responsables du sort de ces populations. Car c'était eux, bien sûr, qui contrôlaient les changements climatiques. Les habitants de la Terre croyaient, comme on le leur apprenait, qu'ils étaient impuissants devant le climat que décrétaient les dieux pour eux. Mais nous savons maintenant que, par des activités telles que la déforestation du Moyen-Orient et de l'Afrique du Nord, ces populations de l'aube de l'histoire pourraient avoir eu plus d'influence qu'elles ne le pensaient sur le climat local.

Depuis un siècle et demi, cependant, émerge un nouvel acteur du changement climatique, et il ne s'agit pas des dieux inconnaissables du ciel, mais des ingénieux habitants de la Terre, c'est-à-dire *nous*. Après des siècles d'expérimentation et d'apprentissage progressif, nous avons commencé à nous servir à grande échelle des produits des climats passés – le charbon, puis le pétrole – et à les brûler rapidement dans notre atmosphère actuelle. C'est ainsi que nous produisions l'énergie intense et maîtrisable qui nous a permis d'apporter toutes sortes de changements à notre façon de vivre et de nous déplacer, aux matériaux que nous utilisons, à la terre que nous habitons et à la survie ou au bien-être des animaux et des plantes avec lesquels nous partageons la planète. Mais c'est aussi de cette manière que les facteurs naturels qui avaient jusque-là présidé aux changements relativement lents du climat naturel ont rapidement été perturbés. Nous venions de libérer le génie de l'énergie et du climat.

L'un des aspects de cette libération était que les retombées positives à court terme de ce «génie» de la nouvelle énergie, disponible en abondance, des nouvelles technologies et des nouvelles capacités matérielles ont engendré une accélération de tous les changements climatiques, un appétit de croissance et de transformation perpétuelle qu'une grande partie de l'humanité allait rapidement trouver «normaux» et même souhaitables. Un autre aspect est que les effets secondaires et conséquences à long terme sur le monde naturel ont commencé à s'accumuler et à devenir de plus en plus manifestes. Et parmi ces effets secondaires et conséquences à long terme, on note principalement un changement climatique accéléré, aux dimensions planétaires, mais aux effets locaux intenses. On a enregistré dans les cinquante dernières années, à certains endroits du globe, des changements climatiques aussi considérables que n'importe quel changement survenu dans toute l'histoire connue, et nos meilleures connaissances indiquent qu'il faut s'attendre à des changements encore plus considérables.

Si la plupart d'entre nous n'ont pas été habitués à considérer le climat comme un agent d'intégration des nombreux problèmes et même des avantages de leur vie quotidienne, bien qu'ils en reconnaissent l'importance et en sachent l'inconstance, comment allons-nous réagir et répondre aux conditions de changement rapide et accéléré? Il faut donc commencer par expliquer clairement et simplement ce qui se passe, le rôle individuel et collectif que nous jouons dans ces événements, ainsi que leurs impacts et notre éventuelle emprise sur eux.

Depuis plus d'un siècle, les scientifiques étudient les changements climatiques et analysent les processus physiques et chimiques impliqués. Ces dernières décennies, alors que se sont aggravées certaines de ces transformations, on a aussi beaucoup appris sur la manière dont réagit le vivant aux changements climatiques rapides. De même, les scientifiques ont grandement accru leur capacité d'interpréter les conséquences environnementales intégrées et de prédire les tendances futures, grâce à l'amélioration des techniques de modélisation mathématique des processus naturels. Il existe maintenant une vaste documentation scientifique, évidemment pas toujours fiable et objective, sur les causes, les processus et les dimensions du changement climatique. Et alors que les ramifications biologiques, humaines et économiques en sont devenues apparentes ou que les gens ont commencé à s'interroger à leur sujet, le changement climatique lui-même est devenu sujet de controverse, un symbole des problèmes de ce monde et de la difficulté de le gouverner. Certains voient dans le changement climatique rapide une illustration des effets de l'arrogance et de la cupidité humaines, d'autres y voient un exemple de la manière dont la Nature peut rendre les coups et remettre les humains à leur place dans l'Univers. D'autres encore voient dans le changement climatique un défi technologique, une possibilité économique ou une arme politique. Monsieur et madame Tout-le-monde qui s'interrogent, les enseignants, les gens d'affaires ou les politiciens qui veulent prendre les meilleures décisions, tous ont vraiment besoin d'un guide fiable en la matière.

Il y a plus de dix ans, Claude Villeneuve a résumé de main de maître les mécanismes et les conséquences de «l'effet de serre», à une époque où public et classe politique commençaient tout juste à saisir que ce que fait chacun de nous, dans son propre intérêt immédiat, a un effet sur l'ensemble de la planète. Aujourd'hui, nous avons une compréhension beaucoup plus profonde des complexités de l'interaction entre les processus climatiques, d'une part, et tous les aspects de l'environnement naturel et des processus humains, d'autre part. Les scénarios envisagés comme probables, dans cet ouvrage de 1990, se sont avérés et, dans bien des domaines, ont été dépassés. Nous comprenons infiniment mieux la complexité du problème; il ne fait aucun doute que toute la question du climat est plus sérieuse, et la nécessité d'une compréhension générale et d'une action réfléchie est devenue urgente. Cette connaissance nouvelle, cette nécessité de comprendre la complexité et l'urgence du problème ont suscité un autre livre de ce vulgarisateur accompli des complexités du rapport entre l'environnement et l'humain.

Ce nouveau livre ne constitue pas une référence sommaire sur le changement climatique, son contexte scientifique, ses implications économiques et culturelles, ou les réponses politiques qu'il nécessite, bien qu'on y trouve tout cela à la fois, sous une forme simple à comprendre et en même temps fiable quant aux faits. Il ne s'agit pas non plus d'un cours magistral d'un éminent expert en la matière sur ce que tout le monde devrait savoir au sujet du changement climatique aujourd'hui, bien qu'on puisse aussi voir cela dans cet ouvrage, au meilleur sens du terme. Surtout, ce livre amène et même oblige le lecteur à réfléchir et à s'interroger. Ce que j'entends dire du climat, est-ce vrai? Est-ce important? Comment évaluer les preuves avancées? Les humains changent-ils vraiment le monde, et est-ce important? Notre mode de vie, notre économie et l'avenir de la planète sont-ils vraiment à la croisée des chemins? Jusqu'à quel point pouvons-nous prédire les différentes directions que pourrait emprunter l'avenir, et les différentes conséquences? Les accords et objectifs gouvernementaux, nationaux et internationaux, sont-ils utiles, et qu'arrivera-t-il si certains pays ou gouvernements ne donnent pas leur appui? Et, sans doute la question la plus difficile, quelle est ma responsabilité personnelle en tant que citoyen, consommateur et acteur réfléchi du drame planétaire dont notre société a, d'une façon ou d'une autre, sans s'en rendre compte, accéléré le déroulement?

L'ouvrage, tout comme son sujet, donne à réfléchir. Pas plus que son sujet, il ne prête à controverse. Le changement climatique n'est pas controversé; il est là. Nous vivons dans un climat en transformation, mais il nous reste beaucoup à apprendre sur la rapidité avec laquelle se transforment différents aspects du climat et sur leurs diverses interactions. Principal sujet de controverse, peut-être inutile aujourd'hui: qui faut-il blâmer? Et, question très importante de notre part: que peut-on et que doit-on faire pour maîtriser tout changement supplémentaire et s'adapter d'une manière constructive, pour le plus grand bien de l'humanité et de l'environnement, aux conditions nouvelles et changeantes? L'ouvrage lui-même ne prête pas à controverse; les auteurs y livrent leur point de vue sur de nombreuses controverses importantes, avant de demander au lecteur, à la lectrice de tirer ses propres conclusions.

Résumer en quelques centaines de pages des questions aussi vastes que le changement climatique et les variations du spectre solaire, des questions aussi pointues que l'impact climatique d'une pizza lyophilisée sur l'environnement; citer des accords politiques inter-nationaux sans perdre le sens commun; nous persuader, vous et moi, que notre histoire d'amour avec l'automobile a un impact sur les stocks de morue de l'Atlantique, de telle manière que j'ai confiance de faire du bien à mes petits-enfants si je laisse ma voiture à la maison, tout cela n'est pas un mince accomplissement. Faire tout cela et bien d'autres choses encore en s'appuyant sur de solides bases scientifiques, mais sur le ton de la conversation, dans le style de la narration, dans un ouvrage qui se lit presque comme un roman policier, où l'on découvre, à la fin, que le principal suspect est le lecteur, c'est faire un livre unique, très à propos et d'une importance littéralement planétaire.

On rapporte que Mark Twain aurait dit que tout le monde parle du temps, mais que personne n'y peut rien. Dans le siècle qui s'est écoulé depuis cette déclaration du célèbre auteur (si elle est bien de lui), les humains en ont fait beaucoup trop : ils ont changé les pro-cessus climatiques de toute la planète. Aujourd'hui, personne mieux que Claude Villeneuve et François Richard ne peut en parler. Grâce à leur discours, nous apprendrons tous quelque chose et, je l'espère, saurons agir.

Fred Roots
Conseiller scientifique émérite
Environnement Canada
et ex-président de la Commission
sectorielle des sciences de l'UNESCO

Présentation

Vous est-il déjà arrivé de vous demander où allait l'essence que vous mettez chaque semaine dans le réservoir de votre automobile? Peu de gens veulent réellement le savoir, plus préoccupés qu'ils sont par le prix affiché à la pompe que par les impacts de leurs choix de locomotion. Pourtant, une automobile qui consomme 10 litres de carburant pour parcourir 100 kilomètres rejette chaque année dans l'atmosphère 5 à 6 tonnes de gaz carbonique (CO_2 ou dioxyde de carbone), pour ne mentionner que ce polluant qui est étroitement associé au problème des changements climatiques.

Ce livre, qui s'adresse aux citoyens de tout âge, concerne notre avenir commun et montre jusqu'à quel point celui-ci est lié à la qualité de notre environnement planétaire. Il décrit l'impact sur notre planète de gestes anodins lorsqu'ils sont repris par des milliards de personnes. Il explique comment les scientifiques proposent et les hommes politiques disposent, mais surtout comment, en bout de ligne, le citoyen peut exercer un réel pouvoir par ses choix quotidiens de consommateur.

Le phénomène des changements climatiques me préoccupe depuis de nombreuses années et j'y ai consacré une bonne part de mes lectures scientifiques. Membre du défunt Programme canadien sur les changements à l'échelle du globe et ancien rédacteur en chef de la revue *Écodécision*, j'ai eu le plaisir de voir évoluer la science des changements climatiques et j'ai pu voir les preuves s'accumuler, les problématiques se préciser et les outils de lutte aux émissions de gaz à effet de serre se développer. Il reste encore à mettre ceux-ci en place à l'échelle planétaire.

Les changements climatiques constituent un dossier d'une grande complexité, mais les principes qui permettent de les aborder et d'en saisir l'importance sont à la portée du citoyen si on lui en donne les moyens. Il ne s'agit pas ici d'un endoctrinement, d'une répétition de slogans ou d'une profession de foi, mais d'un appel à l'intelligence et au jugement de chacun. J'ai demandé à mon collègue François Richard, qui s'occupait particulièrement de ces questions lorsqu'il travaillait pour Ekolac consultants, de bien vouloir devenir coauteur de cet ouvrage, afin d'offrir aux citoyens un outil leur permettant de comprendre les changements climatiques et d'agir dans une optique de développement durable.

Notre but n'est pas de faire la morale ou de critiquer sans démontrer ni proposer de solutions. Président de l'Académie mondiale des sciences et du comité de suivi de l'UNESCO sur la Conférence de Rio, Francesco di Castri me soulignait, dans une correspondance récente : « Il ne faut pas se limiter à critiquer un système, mais il faut le critiquer sans cesse pour l'améliorer, tout en faisant des choses concrètes sur le terrain en utilisant les opportunités du système. »

C'est ce que nous tenterons de faire dans ce livre : présenter l'état des connaissances, décrire les conséquences appréhendées, identifier les activités et les pays responsables au premier chef du problème et, surtout, proposer des solutions réalistes et gagnantes sur plus d'un plan. Ainsi, si les changements climatiques se révélaient n'être qu'une erreur scientifique, ceux qui auraient agi avec précaution ne seraient pas pénalisés pour autant.

La structure du livre permet au lecteur qui a déjà des notions en physique et en chimie d'entrer directement dans le vif du sujet. Le chapitre 1 constitue une mise en situation de l'évolution récente du dossier des changements climatiques. Les chapitres 2 et 3 traitent du cycle du carbone et des déséquilibres attribuables à l'activité humaine. Nous nous attacherons ensuite à comprendre la régulation du climat mondial et les conséquences d'un déséquilibre du bilan radiatif planétaire. Les chapitres 5 et 6 traitent de la façon dont les scientifiques scrutent les indices climatiques du passé et tentent de prédire l'avenir du climat. Les chapitres 7, 8 et 9 identifieront les activités et les pays responsables de la majorité des émissions ainsi que les mécanismes de négociation de la Convention-cadre des Nations Unies sur les changements climatiques. Enfin, nous explorerons, dans le chapitre 10, les zones d'incertitude, les opinions contraires, alors que les chapitres 11 et 12 présenteront les moyens à mettre en œuvre, sur les plans collectif et individuel, pour atteindre les objectifs du Protocole de Kyoto et pour s'adapter aux modifications climatiques prévues par les experts. Le chapitre 13 a une portée plus générale et permet de clarifier les enjeux des changements climatiques dans une optique de développement durable. Pour en apprendre davantage sur le mécanisme fondamental de l'effet de serre et sur les gaz responsables de ce phénomène, on se reportera – sur le site Internet http://www.changements-climatiques.qc.ca – au texte intitulé « Les ondes du Soleil et les gaz de l'atmosphère », qui renferme des explications supplémentaires. Cet ouvrage et le site Internet qui l'accompagne pourront également servir aux professeurs de sciences, qui y trouveront de nombreux exemples et applications constamment mis à jour pour illustrer leurs cours.

Agir pour prévenir les changements climatiques est à la portée de tous et de toutes. Prenons l'exemple de la consommation de carburant: en choisissant une voiture qui consomme 2 litres de moins par 100 kilomètres, chacun d'entre nous peut éviter d'envoyer dans l'atmosphère 1 tonne[1] de dioxyde de carbone chaque année sans restreindre sa mobilité. Appliqué aux quatre millions de véhicules immatriculés au Québec, par exemple, cette simple économie dépasserait les objectifs de réduction des émissions qui sont dévolus au Québec par le Protocole de Kyoto, en plus des sommes épargnées chaque semaine par les consommateurs de carburant. Et il y a, comme cela, des centaines de petits gestes que pourraient faire chacun et chacune pour limiter les émissions de gaz à effet de serre. Vous en découvrirez quelques-uns dans ce livre et sur son site Internet.

Mais, attention! il n'y a pas de place pour la pensée magique, ici, et il n'est pas question d'un retour nostalgique au bon vieux temps. Il s'agit plutôt de préparer les esprits à comprendre les défis reliés aux changements climatiques dans une société de l'information mondiale et de favoriser des choix éclairés, tant sur le plan politique que dans le domaine de la consommation.

La plupart des mesures qui permettront de contrer les changements climatiques et leurs conséquences appréhendées présentent des avantages parallèles pour ceux et celles qui les mettront en œuvre. Ce livre vous invite à les découvrir.

Claude Villeneuve

1. Ce calcul est basé sur une distance annuelle parcourue de 20 000 km et une production moyenne de 2,5 kg de CO_2 par litre d'essence (essence : 2,35 kg ; gazole (carburant diesel) : 2,77 kg).

CHAPITRE 1

Et si c'était vrai ?

GES : gaz à effet de serre.

ANTHROPIQUE : ce qui provient de l'action humaine.

Manifestation à New York, à l'occasion du Jour de la Terre.

B. Carrière/Publiphoto

n 1990 paraissait aux Éditions MultiMondes, en collaboration avec Environnement Jeunesse, un livre intitulé *Vers un réchauffement global? L'effet de serre expliqué*[1]. Pour beaucoup de gens, à l'époque, cet ouvrage de vulgarisation représentait une première sensibilisation aux changements climatiques et à la problématique de l'augmentation des gaz à effet de serre (GES) liée aux activités humaines. Même si les auteurs ne prenaient pas position de façon catégorique quant à la nature anthropique et à l'imminence du réchauffement climatique, ils encourageaient l'adoption de comportements prudents et prônaient un ensemble d'actions susceptibles, même si l'hypothèse du réchauffement se révélait fausse, de procurer des bénéfices environnementaux à l'échelle locale et régionale.

Depuis cette époque, beaucoup de choses ont changé. Lors de la Conférence des Nations Unies sur l'environnement et le développement de Rio de Janeiro, en 1992, les mises en garde des scientifiques du Groupe d'experts intergouvernemental sur l'évolution du climat (GIEC ; en anglais : Intergovernmental Panel on Climate Change – IPCC), ont été prises au sérieux par les dirigeants politiques du monde, à un point tel que la Convention-cadre des Nations Unies sur les changements climatiques a pu être adoptée, puis ratifiée en 1994. En 1997, les parties signataires s'entendaient sur le Protocole de Kyoto pour la mise en œuvre de la convention. En novembre 2000, la Conférence de la Haye n'avait toujours pas vu la signature du protocole, en grande partie en raison des réticences politiques des Américains et de l'intransigeance des autres parties. Cette signature a été réalisée en catastrophe à Bonn en juillet 2001, mais il faut encore la faire ratifier par les diverses législations.

---

1. C. Villeneuve et L. Rodier, *Vers un réchauffement global?, L'effet de serre expliqué*, Québec, Éditions MultiMondes et Environnement Jeunesse, 1990.

Au printemps 2001 paraissait le Troisième Rapport d'évaluation des groupes de travail du GIEC (Groupes de travail I, II et III). Lors de la Conférence de Shanghai, en janvier 2001, les centaines d'experts des pays membres du Groupe de travail I avaient fait état de leurs principales conclusions au terme de cinq années de recherche supplémentaires. Ces conclusions sont accablantes: non seulement les prévisions de changements climatiques élaborées dans les rapports précédents sont-elles avérées, mais la situation semble empirer de jour en jour. À mesure que les données et les recherches s'accumulent, l'incertitude recule: le climat de la planète se réchauffe plus vite que ne le laissaient prévoir les modèles il y a dix ans. Cette amplification du réchauffement pourrait avoir été exacerbée par un épisode El Niño majeur (A. Bourque, communication personnelle). La couverture de glace de l'Arctique et les glaciers de montagne se rétrécissent de plus en plus rapidement, la température superficielle de l'océan accuse un réchauffement correspondant au transfert d'énergie de l'atmosphère et le niveau de la mer s'est élevé de 15 à 20 centimètres au 20e siècle.

Les travaux du GIEC montrent une remarquable corrélation entre ces phénomènes mesurables et les variations de la composition de l'atmosphère attribuables, pour l'essentiel, à l'activité humaine. Il est désormais difficile de croire qu'il n'y a pas de relation de cause à effet. Cela est d'autant plus important que les experts ont aussi amélioré de façon significative la fiabilité des modèles de prévision du climat et que les incertitudes quant aux tendances prédites se sont réduites en proportion.

On considère par exemple, avec un intervalle de confiance de plus de 90%, qu'on connaîtra au cours du 21e siècle:

✦ Une augmentation des températures moyennes et maximales, et du nombre de jours de canicule sur l'ensemble des continents;

✦ Une augmentation des températures minimales et une diminution du nombre de jours de froid intense sur l'ensemble des continents;

✦ Une réduction des écarts de température diurnes;

Les glaciers sont des indicateurs du climat planétaire. Lorsqu'il fait froid, ils s'épaississent et avancent. Quand il fait plus chaud, ils fondent et reculent.

Jacques Prescott

- ✦ Une augmentation de l'indice composé température-humidité ;

- ✦ Une augmentation du nombre d'événements de précipitations intenses.

Ainsi, les prévisions d'augmentation de la température et de rehaussement du niveau des océans contenues dans le Premier et le Deuxième Rapport d'évaluation sont renforcées dans le Troisième Rapport et la réalité sera probablement pire encore.

Le 16 février 2001 à Genève, le Groupe de travail II du GIEC, chargé d'étudier la vulnérabilité et l'adaptation aux changements climatiques, déposait lui aussi un rapport dans lequel les spécialistes concluaient que les changements climatiques avaient déjà des impacts mesurables et qu'il y avait peu de chances que tous ces changements soient dus au hasard. Le Groupe de travail II craint principalement que les changements climatiques affectent le cycle de l'eau et la disponibilité de l'eau potable, l'agriculture et la sécurité alimentaire, ainsi que les écosystèmes terrestres, dulcicoles et côtiers. Le rapport souligne que la santé humaine pourrait être touchée également, de même que les milieux de vie, certains secteurs industriels et le secteur de la production énergétique, en particulier la production hydroélectrique. Enfin, les experts envisagent la possibilité de difficultés dans le domaine des assurances et des services financiers.

L'hydroélectricité produit relativement peu de GES. Cependant, à l'exception de la Norvège, du Québec et du Manitoba, elle représente une faible portion du parc de production énergétique dans les pays industrialisés.

Pour sa part, le troisième groupe de travail, chargé d'étudier les avenues permettant d'atténuer les impacts du changement, a déposé son rapport lors d'une conférence tenue à Accra, au Ghana, le 3 mars 2001. Reconnaissant que les changements climatiques représentent un problème unique aux multiples ramifications, dans tous les domaines, tant économique, politique et institutionnel que social, écologique et individuel, le troisième groupe de travail propose des pistes pour chacun de ces domaines et conclut en affirmant qu'il y a de l'espoir, mais aussi beaucoup de travail à accomplir.

À la lumière de ces études, il est difficile de ne pas considérer dès aujourd'hui le réchauffement global comme une réalité qui aura une très grande influence sur l'environnement planétaire et sur la qualité de vie de nos descendants. Pourtant, beaucoup de gens et de gouvernements se font encore tirer l'oreille pour adhérer au Protocole de Kyoto et surtout pour s'attaquer aux causes du problème.

DULCICOLE : qui a rapport à l'eau douce.

3

La raison vient de ce que la mise en œuvre du Protocole de Kyoto signifie des changements considérables pour les pays industrialisés et leurs habitants, pas tant en termes de qualité de vie que dans les choix des consommateurs et dans la compétitivité des divers secteurs de l'industrie, particulièrement dans les domaines de la production d'électricité, des combustibles de chauffage et des carburants pour le transport, les métaux et les matériaux de construction. Ces changements heurtent des secteurs dominants de l'économie mondiale au 20e siècle: les combustibles fossiles, pétrole, gaz et charbon, le transport par camions et l'automobile individuelle.

Cela entraîne aussi une révolution politique. En effet, les mécanismes du Protocole de Kyoto se veulent contraignants à l'échelle mondiale, ce qui signifie que les pays qui ne respecteraient pas leurs engagements pourraient encourir des sanctions commerciales de la part des autres pays signataires. Cette ingérence éventuelle dans la politique intérieure des pays ouvre la porte à d'autres types d'interventions qui nécessiteront peut-être la mise en place de mécanismes de gouvernement mondial.

Malgré la quasi-unanimité du monde scientifique et les rapports non équivoques des trois groupes de travail du GIEC, et malgré le fait que les États-Unis ont signé et ratifié la Convention-cadre sur les changements climatiques, le président américain, George W. Bush, déclarait péremptoirement, au début d'avril 2001, que son administration ne ratifierait pas le Protocole de Kyoto, provoquant une commotion politique planétaire et une levée de boucliers de la part des groupes écologistes.

Prêtant foi aux critiques faites à l'encontre du GIEC et déclarant que les instruments du Protocole de Kyoto étaient inapplicables et trop coûteux pour l'économie américaine, le nouveau président se campait dans une position résolument hostile à toute ingérence internationale dans sa politique intérieure et présentait, quelques semaines plus tard, une politique énergétique favorisant nettement l'augmentation de la production énergétique, en particulier dans le domaine des combustibles fossiles. Cela rend peu crédible son discours lorsqu'il dit reconnaître que les changements climatiques sont un problème qui le préoccupe…

Les centrales au charbon sont la principale forme de production d'énergie dans les pays industrialisés. Outre leur faible efficacité (35 %), on leur reproche l'émission de nombreux polluants dont le CO_2 et les gaz précurseurs des précipitations acides.

La Terre compte aujourd'hui un milliard d'habitants de plus qu'il y a dix ans. La plupart des données qui ont servi de base aux travaux du Sommet de Rio ont été rendues obsolètes par la mondialisation des marchés et des entreprises, par l'accélération du développement dans certaines parties du monde, par l'effondrement du bloc soviétique et par la révolution des communications et le développement du réseau Internet. La croissance mondiale de l'économie et la vague de libéralisation des échanges qui déferle sur le monde depuis une décennie remettent en cause la crédibilité des modèles alternatifs de développement.

Mais au-delà de la politique et de l'économie, le monde a réellement changé. Malgré la signature et la ratification de la Convention sur la diversité biologique, la déforestation s'est poursuivie, la disparition des espèces s'est accélérée, la situation des pêcheries s'est détériorée et la plupart des problèmes environnementaux planétaires se sont amplifiés. Comme le prédisait James Hansen du Goddard Institute for Atmospheric Science de la NASA devant un comité du Sénat américain en 1998, les années 1990, à l'exception de 1994, ont sans cesse battu des records de chaleur à l'échelle planétaire. Les événements climatiques catastrophiques se sont multipliés, les zones de malaria et de dengue se sont étendues au-delà des régions où elles étaient autrefois endémiques et les températures dans l'Arctique canadien se sont élevées de plus

Paul G. Adam/Publiphoto

Les canicules, plus fréquentes et intenses, prévues par les scientifiques signifient une augmentation de la demande de lieux de villégiature et une demande énergétique accrue pour la climatisation dans les zones touchées.

Encadré 1.1

Quel réchauffement ?

La température moyenne annuelle de la planète est de 15 degrés Celsius. Depuis le début du 20e siècle, malgré des facteurs de variation naturels tout à fait normaux, elle a augmenté de 0,6 degré, ce qui représente une progression majeure dont on cherche encore un équivalent dans l'histoire. Les scientifiques du GIEC ont tenté d'isoler les facteurs naturels d'évolution du climat des facteurs anthropiques. Ils ont découvert que l'augmentation de température observée s'explique par la combinaison de ces deux derniers types de facteurs, d'où l'hypothèse que nous retiendrons tout au long de ce livre : les activités humaines influent sur le climat planétaire.

de 4 degrés Celsius, retardant la formation de la banquise, si bien qu'on envisageait, en 2000, d'établir des liaisons maritimes régulières entre l'Europe et l'Asie par le légendaire passage du Nord-Ouest, maintenant libre de glaces pendant une bonne partie de l'année.

Le climat a réellement changé et nous nous y habituons... Les grands millésimes

DENGUE : maladie infectieuse virale transmise par la piqûre d'un moustique.

ENDÉMIQUE : qui ne se retrouve que dans un lieu précis.

de Bordeaux et de Bourgogne se succèdent. Les ventes de piscines extérieures et d'appareils de climatisation ne cessent de progresser au Canada. Les épisodes de canicule causant des morts, les incendies de forêt devenus incontrôlables, les sécheresses interminables sont devenues monnaie courante aux États-Unis et ne soulèvent plus autant l'intérêt de la presse. Les modèles climatiques des experts du GIEC prédisent que cela va continuer de s'accentuer dans les prochaines décennies, même si nous réussissons à atteindre les objectifs du Protocole de Kyoto, c'est-à-dire stabiliser les émissions mondiales autour de leur niveau de 1990, en moyenne entre 2008 et 2012. L'analyse des prédictions de ces modèles pour les années 1990-2000 montre rétrospectivement qu'ils ont été conservateurs par rapport à la réalité.

Malgré tout, il se trouve encore des gens pour nier les changements climatiques. Ainsi, les médias rapportent les déclarations de dirigeants de compagnies pétrolières et charbonnières, ainsi que de membres de la communauté scientifique qui refusent l'évidence. Y a-t-il évidence? La nature de la science étant de sans cesse remettre en question les modèles à la lumière des faits, il y aura toujours des controverses. Et devant ces controverses, les citoyens sont souvent démunis, autant que les journalistes d'ailleurs, qui manquent trop souvent de connaissances scientifiques qui leur permettraient de faire la part des choses.

En 1990, l'ouvrage *Vers un réchauffement global?* concluait:

> En attendant de mieux connaître le temps qu'il fera demain, il est important de réviser notre mode de consommation, dans l'optique d'une réduction de la pollution globale, de la préservation de la diversité génétique et de l'amélioration de la qualité de vie de la majeure partie de l'humanité de même que dans le respect de l'environnement et des générations futures. C'est ainsi que nous parviendrons à trouver la solution du développement durable[2].

Cette conclusion est toujours d'actualité, mais les preuves à l'appui d'un réchauffement attribuable aux activités humaines se sont accumulées depuis et sont maintenant incontournables. Il ne s'agit plus de savoir si le climat se modifie, mais à quelle vitesse il se modifie. Nous devrons donc apprendre à nous accommoder du réchauffement planétaire et à en vivre les conséquences. Il faudra aussi prendre les décisions et les mesures qui s'imposent pour éviter que de telles conséquences ne remettent en cause la qualité de vie des six milliards d'habitants de notre planète dont plus du tiers éprouvent déjà des difficultés à se nourrir convenablement.

« Vivre les changements climatiques », c'est d'abord savoir et comprendre, pour ensuite pouvoir agir.

---

2. *Ibid.,* p. 140.

Par-dessus tout, les changements climatiques nous offrent une occasion extraordinaire d'apprendre à gérer la planète comme un tout, et non plus comme une mosaïque de pays indépendants, défendant farouchement leurs prérogatives territoriales. La protection du climat planétaire nous oblige à tenir des négociations internationales, à nous fixer des objectifs communs, à nous serrer les coudes pour aider les pays qui doivent s'industrialiser pour répondre aux besoins croissants de leurs populations. Les changements climatiques nous obligent aussi à une réflexion sur le rôle de la science dans notre société, et sur ses relations avec le pouvoir politique et économique. En somme, c'est l'occasion de nous donner un projet de solidarité humaine planétaire.

Ce livre s'adresse autant aux simples citoyens qu'aux étudiants et aux enseignants désireux de comprendre les causes et les enjeux des changements climatiques. Il s'attache à définir les termes les plus couramment utilisés, à expliquer les phénomènes écologiques planétaires en cause, à identifier les principaux acteurs, ainsi que les solutions à la portée de tous et de chacun pour atteindre les objectifs de la Convention-cadre des Nations Unies sur les changements climatiques.

«Vivre les changements climatiques», c'est d'abord savoir et comprendre, pour ensuite pouvoir agir. Il nous faudra en effet limiter les dégâts et profiter des occasions offertes par les nouvelles conditions climatiques. Les élus ont besoin de signaux clairs de la part de leurs commettants, sans quoi on risque de les voir tergiverser encore longtemps.

Le siècle qui s'amorce ne pourra pas être une simple réplique ou la poursuite des tendances du siècle précédent, car les systèmes qui entretiennent la vie sur la planète sont rendus de plus en plus fragiles par les changements accélérés que leur imposent les contraintes d'origine humaine. Sans vouloir être pessimistes à outrance, il est permis de croire que des points de rupture menacent d'entraîner des conséquences néfastes pour la qualité de vie de nos descendants. Il faudra donc adopter, à l'échelle planétaire, des stratégies qui engagent l'humanité, comme espèce vivante, dans la conservation de la biosphère.

Déjà, l'augmentation de la population humaine s'est ralentie et nous pouvons espérer une stabilisation de la démographie d'ici 2050 environ. De nouvelles technologies nous permettent d'espérer satisfaire nos besoins tout en respectant les capacités de renouvellement des écosystèmes. Si nous réagissons tout de suite, pour leur assurer les marges de manœuvre nécessaires, au moment opportun, les générations qui nous suivront pourront mieux gérer l'équité intergénérationnelle des ressources de la planète.

Vivre les changements climatiques, c'est se préoccuper de ce qui nous attend au cours de ce nouveau siècle.

7

CHAPITRE 2

Rien ne se perd

« Rien ne se perd, rien ne se crée, tout se transforme! » Cette formule attribuée à Lavoisier définit bien la nature du phénomène de l'effet se serre. La Terre baigne dans un flux d'énergie lumineuse venant du Soleil, son étoile de référence. Jour après jour, des vagues d'énergie lumineuse entrent en interaction avec la matière terrestre et sont absorbées, puis réémises vers l'espace sous forme de chaleur. Le flux d'énergie a simplement changé de longueurs d'onde.

Le Soleil émet dans un large spectre dont la lumière visible fait partie. L'énergie qui provient du Soleil sous forme de lumière visible traverse facilement l'atmosphère. Par contre, le rayonnement infrarouge qui retourne de la Terre vers l'espace est absorbé beaucoup plus facilement par les gaz atmosphériques. La perméabilité de l'atmosphère à la lumière solaire et sa capacité de retenir la chaleur sont à l'origine de l'expression « effet de serre » car, à l'instar des parois translucides d'une serre, l'atmosphère laisse passer la lumière mais retient

L'énergie utilisée pour faire voler un avion aujourd'hui provient du Soleil. Elle a été captée par les plantes il y a des millions d'années et stockée dans les formations géologiques sous forme de combustibles fossiles.

Même si la science et la pratique scientifique ont énormément évolué au cours des derniers siècles, beaucoup de gens imaginent encore aujourd'hui les scientifiques comme des excentriques à la recherche d'une utopique pierre philosophale.

la chaleur. Il importe de comprendre ces phénomènes physiques pour bien saisir la problématique de l'effet de serre, puisqu'ils sont à la base du transfert d'énergie entre les ondes électromagnétiques et la matière, sans lequel la vie ne pourrait exister parce que la température à la surface de notre planète serait de -18 °C.

L'énergie du Soleil peut donc, de retour dans l'atmosphère, exciter des atomes et des molécules qu'elle avait, à l'aller, traversés sans encombre sous forme lumineuse et y changer encore une fois de niveau énergétique…

Figure 2.1

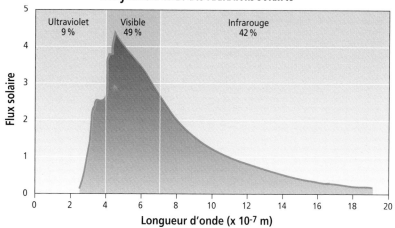

Longueurs d'onde des radiations solaires

Ultraviolet 9 %
Visible 49 %
Infrarouge 42 %

Flux solaire

Longueur d'onde (x 10⁻⁷ m)

Comme le montre le graphique, la majorité des radiations solaires se situent dans le proche ultraviolet, le visible et le proche infrarouge.

Source: Adapté de J.-C. Pecker, *La nouvelle astronomie, Science de l'univers*, Hachette, 1971.

Cette énergie se dissipe lentement dans le système qu'elle traverse, puis quitte l'atmosphère et voyage dans l'espace. (Pour en apprendre davantage sur les phénomènes physiques particuliers aux ondes électromagnétiques et à leur absorption par les gaz à effet de serre, voir Les ondes du Soleil et les gaz de l'atmosphère sur le site Internet: http://www.changements-climatiques.qc.ca.)

La radiation solaire est composée d'ondes électromagnétiques de différentes longueurs, visibles ou invisibles. Les ondes visibles forment la lumière blanche du Soleil, laquelle peut être décomposée en différentes couleurs par les minuscules gouttes d'eau formant l'arc-en-ciel. Chacune des longueurs d'onde de la radiation est porteuse d'une énergie spécifique. Plus sa fréquence d'oscillation est rapide, plus l'onde contient d'énergie. Aux extrémités du spectre de la lumière visible, on retrouve les ultraviolets, à haut niveau énergétique, et les infrarouges, de plus grande longueur d'onde, dont l'énergie est transmise sous forme de chaleur. La figure 2.1 montre le spectre du rayonnement solaire. La lumière visible est au centre du spectre et se compose de longueurs d'onde de couleurs différentes.

Une grande partie du rayonnement solaire est absorbée en altitude dans l'atmosphère et l'énergie y est dissipée sous forme de chaleur. Le substrat terrestre absorbe différentes longueurs d'onde du spectre visible total et les réémet sous forme de chaleur. Les substances noires sont celles qui absorbent le plus de radiations du spectre de la lumière visible. Ainsi, lorsque le rayonnement solaire touche le sol, la fraction visible est absorbée par les substances colorées et son énergie est ensuite dégagée sous forme de chaleur. On peut faire soi-même l'expérience de ce phénomène en portant des vêtements sombres par une belle journée d'été ou en essayant de s'asseoir sur une surface noire éclairée par le Soleil…

La capacité de réflexion d'un corps coloré se nomme albédo. Les corps noirs absorbent au maximum l'énergie lumineuse et ont donc un albédo nul, alors que les substances blanches la reflètent au maximum. C'est pourquoi l'asphalte de nos rues ramollit

ALBÉDO: mesure de la lumière réfléchie par un objet. Les objets clairs ont un albédo plus élevé, les objets sombres, un albédo plus faible.

pendant les journées chaudes d'été. C'est d'ailleurs en grande partie l'albédo plus faible de ces surfaces artificielles qui explique la différence de température observable entre le centre des villes et les banlieues.

De nombreuses études sur le climat doivent se référer à l'albédo, et les modèles climatiques l'incluent dans leurs variables. Les modifications apportées à l'albédo des surfaces par l'activité humaine provoquent souvent des changements climatiques locaux. Ainsi, en transformant une prairie en parc de stationnement, on réduit l'albédo de la surface touchée de 20 à 25 %. Exposé au Soleil, ce parc de stationnement sera donc beaucoup plus chaud que la prairie environnante.

Tableau 2.1

Albédo de quelques surfaces

Surface	Albédo
Neige fraîche, Soleil haut	80-85 %
Neige fraîche, Soleil bas	90-95 %
Vieille neige	50-60 %
Sable	20-30 %
Herbe	20-25 %
Terre humide	10 %
Terre sèche	15-25 %
Forêt	5-10 %
Eau, Soleil horizontal	50-80 %
Eau, Soleil au zénith	3-5 %
Nuage épais	70-80 %
Nuage mince	25-50 %
Albédo planétaire moyen	30 %

Source : Morris Neiburger, *Understanding our Atmospheric Environment,* W.H. Freeman and Company, 1982, 453 p.

Encadré 2.1

L'albédo fait réfléchir

La notion d'albédo est essentielle à la compréhension de l'effet de serre. En effet, la quantité d'énergie de rayons solaires retenue dans l'atmosphère à partir de la surface de la Terre ou des nuages est une fonction inverse de l'albédo des surfaces touchées par ces rayons. L'albédo, qui signifie «blancheur» en latin, correspond à la capacité de réflexion des surfaces ou des corps que frappe la lumière du Soleil. On le mesure en calculant la fraction de la radiation solaire *réfléchie* par une surface. L'albédo d'un corps noir sera donc nul.

Comme il arrive que certains auteurs se réfèrent à l'albédo par son inverse, c'est-à-dire la portion du rayonnement solaire absorbée par un corps ou une surface, il suffit de se rappeler que, généralement, les surfaces claires ont un fort albédo (réfléchissent l'énergie solaire) et que les surfaces foncées ont un faible albédo (absorbent l'énergie). Le tableau 2.1 énumère quelques surfaces et leur albédo.

C'est l'énergie de la radiation infrarouge réémise par les corps colorés après absorption de la lumière visible, qui réchauffe l'atmosphère. En somme, le Soleil éclaire par le haut et réchauffe par le bas.

Ces quelques données constituent l'essentiel de ce qu'il faut comprendre pour apprécier le phénomène de l'effet de serre.

L'effet de serre, un phénomène naturel

La température de l'espace intersidéral dans lequel se déplace la Terre est de l'ordre de − 270 degrés Celsius (°C). Normalement, la chaleur dégagée par la radioactivité naturelle des roches ferait en sorte que la surface de la Terre, même isolée dans l'espace, serait un peu plus chaude d'environ 30 °C. Mais la Terre reçoit du Soleil, sous forme de radiations, un flux énergétique qui, théoriquement, en élève la température à +6 °C en moyenne. Une bonne partie de cette énergie est perdue dans l'espace par la réémission immédiate des radiations reçues, réfléchies en particulier par les corps blancs, comme la neige ou la glace, de sorte que la température moyenne d'équilibre que permettrait d'atteindre le Soleil, à l'échelle de la planète, serait de –18 °C, ce qui correspond à une belle journée de janvier au Canada ou en Russie. La figure 2.2 illustre la répartition des flux énergétiques reçus du Soleil.

Sans l'atmosphère, notre planète n'aurait jamais vu naître la vie. L'atmosphère est

Figure 2.2

Les flux énergétiques du Soleil

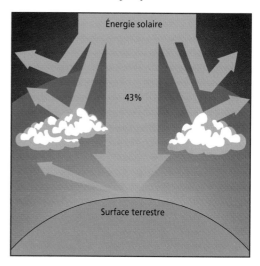

Environ 43 % de l'énergie solaire parvient à la surface de la Terre sous forme de radiations. Le reste soit est réfléchi par la partie inférieure de l'atmosphère, les nuages ou les particules atmosphériques, soit se dissipe dans la partie basse de l'atmosphère, ou encore y retourne après avoir atteint la surface de la Terre et avoir été réfléchi par elle.

Source: Adapté de NASA/GSFC.

composée de divers gaz, plus particulièrement l'azote, l'oxygène, l'argon, l'ozone, la vapeur d'eau, le dioxyde de carbone (CO_2), le méthane, l'oxyde de diazote (N_2O) et les chlorofluorocarbones (fréons). Tous ces gaz absorbent une partie de l'énergie solaire réémise à partir du sol sous forme de radiations infrarouges, en retournent une fraction au sol et laissent s'échapper lentement le reste dans l'espace.

Tableau 2.2

Composition approximative de l'atmosphère terrestre

Gaz	%
Azote	78,09
Oxygène	20,95
Argon	0,93
Dioxyde de carbone	0,03
Tous les autres gaz	0,04

D'après M. Bisson, *Introduction à la pollution atmosphérique*, ministère de l'Environnement du Québec, 1986, 135 p.

Comme nous le disions plus tôt, le Soleil nous éclaire « par le haut », mais réchauffe l'atmosphère « par le bas ». C'est pourquoi l'air est plus froid à mesure qu'on s'éloigne du sol, comme chacun peut le constater en escaladant une montagne.

L'atmosphère retient donc la chaleur solaire de la même façon que les parois en matière plastique ou en verre des serres laissent passer la radiation visible, mais retiennent la chaleur. C'est cette propriété de l'atmosphère qui maintient la température moyenne à la surface de la planète à 15 °C, c'est-à-dire 33 °C de plus que ce que permettrait d'atteindre le bilan radiatif, sans la présence des gaz à effet de serre, comme l'indique la figure 2.3.

L'effet de serre permet d'équilibrer la température moyenne du globe à un niveau suffisant pour que la majeure partie de l'eau demeure sous forme liquide. Comme la plupart des formes de vie ont absolument besoin d'eau sous forme liquide pendant au moins une partie de leur cycle vital, l'effet de serre est nécessaire au maintien de la vie sur la Terre.

Effet de serre ou réchauffement global?

L'effet de serre est un phénomène physique propre à la matière. Pas plus que la gravitation universelle, l'homme ne peut modifier le principe de l'effet de serre, mais il contribue, en modifiant la composition de l'atmosphère, à augmenter la quantité d'énergie retenue par elle. C'est pourquoi nous devrions parler de réchauffement global de l'atmosphère terrestre, plutôt que d'effet de serre, pour désigner le phénomène de déséquilibre climatique auquel nous faisons référence tout au long de cet ouvrage. Même si cette approche tend à masquer certains effets de refroidissement ou des modifications des régimes de précipitations qui ne se traduisent pas nécessairement par un réchauffement des températures à l'échelle locale, elle a le mérite de la simplicité en ne renvoyant qu'à un seul élément mesurable : l'augmentation de la température annuelle moyenne de l'atmosphère terrestre.

Dans les rapports du GIEC, on utilise *climate change*, ou changements climatiques, pour désigner les transformations observables dans le temps, qu'elles soient causées par l'activité humaine ou par la variabilité naturelle du climat, alors que dans la Convention-cadre sur les changements

Pour fins de comparaison, 1 % d'un gaz correspond à 10 000 parties par million ou à 10 millions de parties par milliard.

Figure 2.3

Diagramme illustrant les contributions au bilan radiatif terrestre

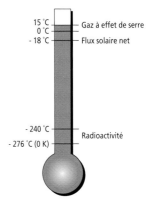

13

FORÇAGE RADIATIF: modification du bilan radiatif causé par une substance ou une modification de l'albédo.

EFFET DE SERRE: phénomène naturel de rétention de la chaleur dans l'atmosphère par les gaz qui la composent.

RÉCHAUFFEMENT GLOBAL: augmentation de la température terrestre moyenne.

CHANGEMENT CLIMATIQUE: modifications qualitatives des paramètres normaux moyens du climat planétaire. Le terme désigne aussi bien une variation dans la température moyenne planétaire qu'un changement dans la fréquence d'événements climatiques extrêmes, tels que les inondations, les tornades ou autres, dans un endroit donné.

climatiques, le terme *climate change* renvoie uniquement aux changements attribuables directement ou indirectement aux activités humaines qui affectent la composition de l'atmosphère et qui s'ajoutent à la variabilité naturelle.

En anglais, on utilise l'expression *radiative forcing*, ou forçage radiatif, pour désigner le déséquilibre du bilan énergétique Terre-atmosphère. On le mesure en watts par mètre carré. Cette expression est plus exacte que le terme «réchauffement», car elle implique que les changements climatiques n'entraînent pas qu'un réchauffement. On peut en effet observer des zones de refroidissement et des phénomènes complexes liés à la dissipation du flux d'énergie, comme nous allons le voir plus loin. On devrait donc parler, pour être précis, de déséquilibres climatiques causés par l'accumulation dans l'atmosphère de gaz à effet de serre d'origine anthropique… Tout un programme!

Il convient donc de distinguer l'effet de serre, qui est une caractéristique de certains gaz de l'atmosphère, le réchauffement global, qui est le résultat à l'échelle de la température moyenne de la planète de l'augmentation des concentrations de gaz à effet de serre dans l'atmosphère, du forçage radiatif, qui correspond à l'accumulation ou à la perte d'une quantité supplémentaire d'énergie par mètre carré de surface terrestre, et les changements climatiques, qui résultent du forçage radiatif à l'échelle locale.

Parties par milliard, parties par million

Les gaz à effet de serre sont présents en très faibles quantités dans l'atmosphère. Comme l'indique le tableau 2.3, le dioxyde de carbone (CO_2) est de loin le plus abondant, représentant en 2000 plus de 370 parties par million, alors qu'il dépassait à peine 310 parties par million dans les années 1950. Cette augmentation de près de 20 % justifie les inquiétudes des scientifiques, car elle est en accélération depuis le début de la révolution industrielle.

Les principaux gaz à effet de serre sont présentés en annexe, avec leur structure chimique et quelques notes sur leur histoire et leur provenance. Il suffira de résumer ici ces caractéristiques pour bien saisir la suite de notre propos.

Tableau 2.3

Concentration de quelques gaz causant l'effet de serre dans l'atmosphère terrestre
(en parties par milliard ; 1 ppb = 0,001 ppm)

Gaz	Concentration
Dioxyde de carbone	372 000[1]
Méthane	1 700
Ozone troposphérique	Abondance locale très faible
Oxyde nitreux	315
Chlorofluorocarbones	± 3

Source: C. Villeneuve et L. Rodier, *Vers un réchauffement global?*, MultiMondes et ENJEU, 1990, p. 43.

1. En 1990, cette valeur était de 353 000 ppb.

Pour connaître les concentrations de gaz à effet de serre dans l'atmosphère globale de la Terre, il faut aplanir de nombreuses difficultés méthodologiques. En effet, une mesure prise sur un échantillon physique par nature subit l'influence des conditions locales, surtout lorsqu'on doit mesurer d'aussi faibles concentrations. Par exemple, l'azote constitue 78 % de l'air. Personne ne s'inquiétera si un échantillon montre une concentration de 78,0001 %. Or, cette variation de 0,0001 % correspond à plus de la moitié de la concentration de méthane moyenne de l'atmosphère… On comprendra que la proximité d'une importante source de méthane, comme un marais, pourrait facilement fausser les mesures.

Les conditions locales, tels la proximité d'une ville, l'altitude, le volcanisme ou même les saisons, entraînent des variations importantes dans les mesures, qui seront annulées par les moyennes obtenues dans de très nombreuses stations d'échantillonnage réparties sur l'ensemble de la planète. Il faut donc des réseaux scientifiques internationaux pour réunir les mesures, fixer des standards permettant d'obtenir des valeurs représentatives à l'échelle régionale et établir les moyennes qui annulent les variations locales.

En théorie, il est possible de mesurer la composition de l'atmosphère à partir de satellites, mais la précision de telles mesures n'est pas suffisante actuellement pour suivre les variations annuelles dues à l'activité humaine.

Le dioxyde de carbone : entre photosynthèse et respiration

À l'échelle globale, le principal gaz à effet de serre est le dioxyde de carbone, ou CO_2. Il est à la fois le plus abondant dans l'atmosphère et celui qui contribue le plus aux changements climatiques. La vapeur d'eau joue aussi un rôle très important, mais ses effets sont surtout perceptibles à l'échelle locale.

Le CO_2 est un gaz très stable. En fait, il s'agit de la forme la plus stable du carbone dans l'atmosphère terrestre. Solide à $-76\,°C$, cette molécule simple, alors appelée «glace sèche», se transforme spontanément en gaz à des températures supérieures, sans passer par la forme liquide. Mis en solution dans l'eau, le CO_2 forme spontanément l'ion bicarbonate (HCO_3^-) qui libère un proton, ce qui acidifie la solution. C'est sous cette forme qu'on le retrouve dans les boissons gazeuses. Comme il est maintenu en surpression dans la bouteille, il a tendance à s'échapper en faisant des bulles lorsqu'on ouvre celle-ci.

Le dioxyde de carbone est le produit final de la combustion des matériaux contenant du carbone et la destinée ultime des composés carbonés digérés par les cellules vivantes en présence d'oxygène.

Le CO_2 a été beaucoup plus présent qu'aujourd'hui dans l'atmosphère, à certaines époques de l'histoire de la planète.

Rizière à Bali, en Indonésie. Le riz est une céréale qui pousse dans des marais artificiels qu'on appelle rizières. La matière organique s'y décompose en l'absence d'oxygène et produit du méthane.

Jacques Prescott

ARCHÉOBACTÉRIES : nouvelle classification de bactéries, telles que les méthanogènes et les extrémophiles. Elles se distinguent des eubactéries par la structure de leur membrane et par d'autres variations d'ordre biochimique.

ÉCOSPHÈRE : ce terme désigne l'ensemble formé par l'atmosphère (gaz), l'hydrosphère (liquide), la lithosphère (solide) et la biosphère (vivant).

La photosynthèse, ensemble de réactions caractéristiques des végétaux et de certaines bactéries, permet de combiner le dioxyde de carbone aux ions hydrogène de l'eau pour former des sucres et autres hydrates de carbone. Le processus produit un déchet, l'oxygène, qui retourne dans l'atmosphère. Grâce à la photosynthèse, le carbone peut être intégré dans les molécules du vivant, dont il est un constituant essentiel. Une forêt, par exemple, est majoritairement constituée de molécules carbonées provenant de la fixation du CO_2 de l'atmosphère par la photosynthèse. L'atmosphère est donc le principal réservoir de carbone assimilable pour les organismes vivants. Une molécule de CO_2 peut demeurer des milliers d'années dans l'atmosphère, mais on estime qu'elle y passera en moyenne 300 ans avant d'être captée par une autre partie de l'écosphère.

Le méthane : un gaz putride

Certaines bactéries qui font la fermentation en l'absence d'oxygène, au lieu du CO_2 rejettent du méthane, ou CH_4, comme résidu de leur métabolisme. Le méthane est donc un gaz abondant dans les endroits où l'oxygène est rare, comme les sédiments des lacs ou des océans, le sol des rizières, ainsi que dans les endroits où l'on stocke de grandes quantités de matière organique, comme les sites d'enfouissement sanitaire. Le méthane est le principal composant du gaz naturel. On en retrouve donc d'énormes quantités dans les gisements pétroliers, où il est le produit de la dégradation par les bactéries des molécules organiques précédant la formation de pétrole. C'est aussi le « grisou » des mines de charbon, où il forme des poches qui ont été la cause d'explosions meurtrières depuis qu'on exploite ce minerai.

Il existe aussi des bactéries méthanogènes qui vivent dans le tube digestif des vertébrés, et en particulier des ruminants. Ces archéobactéries facilitent la dégradation de la cellulose qui compose l'alimentation de ces animaux et permet à ces derniers de tirer profit de leur nourriture, pauvre en sucres et en protéines.

Le méthane est une composante mineure de l'atmosphère ; pourtant on en retrouve de plus en plus en raison de l'activité humaine, mais aussi du réchauffement climatique qui, en faisant fondre le pergélisol

16

de l'Arctique, provoque la libération de microbulles de ce gaz qui y étaient enfermées. À terme, comme l'atmosphère contient une grande quantité d'oxygène, les molécules de méthane ont tendance à s'oxyder et se transforment ainsi naturellement en CO_2. On estime à 12 ans la durée de vie moyenne d'une molécule de méthane dans l'atmosphère.

L'ozone troposphérique : exceptionnel, mais destructeur

La troposphère est la partie la plus dense de l'atmosphère qui se situe à moins de 12 kilomètres de la surface terrestre. Dans cette couche atmosphérique, l'oxygène se trouve essentiellement sous forme de dioxygène (O_2). Cependant, dans de forts champs électriques ou des réactions catalysées par la lumière en présence de composés organiques volatils et d'hydrocarbures, il se forme des molécules instables de trioxygène (O_3), aussi appelée ozone. Les conditions idéales pour la formation d'ozone troposphérique se rencontrent dans les grandes villes à l'heure de pointe, près des axes de circulation ou dans les zones de raffinage du pétrole ou d'activités pétrochimiques.

L'absorption des rayons solaires par le dioxyde d'azote (NO_2) produit de l'oxygène atomique, qui réagit ensuite avec l'oxygène moléculaire pour produire de l'ozone. Un

Le smog généré au-dessus des grandes villes est un des problèmes environnementaux les plus nuisibles à la santé.

A. Cartier/Publiphoto

SMOG : terme provenant de la contraction des mots anglais *smoke* et *fog*.

équilibre dynamique se crée ensuite entre le NO_2 et l'ozone. En basse altitude, l'ozone contribue à former le smog photochimique.

Le smog est un brouillard constitué non pas d'eau mais de l'agglomération de molécules gazeuses provenant surtout de la mauvaise combustion du carburant consommé par les automobiles et les camions. La formation de brouillard photochimique tel qu'on peut en observer au-dessus de plusieurs grandes villes nord-américaines et européennes est due à la présence de concentrations importantes d'hydrocarbures qui, oxydés par l'oxygène atomique, réagissent avec l'oxyde d'azote (NO) pour former du NO_2. Il se produit donc un déséquilibre qui favorise l'augmentation de la quantité d'ozone[1] à basse altitude. La figure 2.4 nous montre l'emplacement de la couche d'ozone stratosphérique et de l'ozone troposphérique.

1. Voir à ce sujet M. Bisson, *Introduction à la pollution atmosphérique*, ministère de l'Environnement du Québec, 1986. 135 p.

Figure 2.4

La couche d'ozone et l'ozone troposphérique

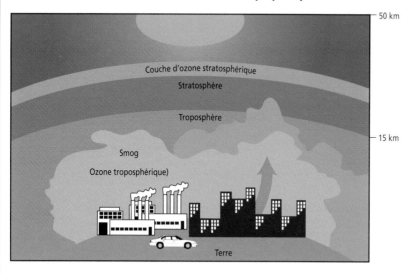

La couche d'ozone qui protège les organismes vivants des effets néfastes des rayons ultraviolets du Soleil est située dans la stratosphère, entre 15 et 50 kilomètres d'altitude. L'ozone troposphérique, qui se forme au sol et jusqu'au-dessus des édifices urbains, par suite des réactions chimiques causées par la pollution, est nocif pour la santé.

Source : Adapté de Environmental News Network, 1999.

L'ozone est très instable et tend à se débarrasser de son troisième atome d'oxygène en oxydant d'autres molécules qu'il rencontre. Cette propriété d'oxydant fort en fait un gaz particulièrement dangereux, car il peut briser des molécules organiques complexes et causer des irritations ou des lésions dans le système respiratoire, sans compter qu'il a un effet nocif sur la cuticule des feuilles et entraîne le vieillissement prématuré des organismes vivants et des matériaux exposés.

Bien que le sujet déborde les objectifs de ce document, signalons que l'ozone est largement utilisé dans les grandes villes, à la place du chlore, pour stériliser l'eau potable. Cet usage particulier devrait suffire à démontrer son caractère agressif envers la matière vivante.

La quantité d'ozone troposphérique est en augmentation constante depuis une quarantaine d'années. En basse atmosphère, l'ozone subsiste en concentrations minimes et pendant un court laps de temps. Car sa grande réactivité chimique fait qu'il se combine rapidement avec d'autres molécules, par exemple les hydrocarbures non brûlés s'échappant des moteurs à combustion interne ou provenant de fuites de gaz, dans des réactions d'oxydation. Sa contribution à l'effet de serre est secondaire, par rapport à celle des autres gaz majeurs, à cause de sa faible concentration et de sa durée de vie limitée, qui va de quelques heures à quelques jours. En revanche, il constitue une préoccupation majeure pour la santé humaine.

Dans la partie de l'atmosphère recouvrant la troposphère, l'air est beaucoup plus rare et le rayonnement solaire plus intense. Dans cette zone située entre 15 et 50 kilomètres d'altitude se trouve la stratosphère. L'ozone y est plus abondant et forme un filtre naturel qui nous protège des rayons ultraviolets. Il ne faut pas confondre cet ozone stratosphérique, utile, avec l'ozone troposphérique, nuisible. En absorbant les ultraviolets, la couche d'ozone contribue aussi à l'effet de serre naturel. Le forçage radiatif provoque cependant des mouvements atmosphériques qui contribuent à amplifier l'effet destructeur des chlorofluorocarbones sur la couche d'ozone stratosphérique et amplifient le trou qui se forme chaque année dans la couche d'ozone au-dessus de l'Antarctique.

Le protoxyde d'azote : il n'y a pas de quoi rire !

Le protoxyde d'azote, ou oxyde de diazote, ou encore oxyde nitreux (N_2O), comme l'indique sa formule chimique, est une molécule simple formée de deux atomes d'azote et d'un atome oxygène. Au début du 20e siècle, on utilisait le protoxyde d'azote comme gaz anesthésiant. C'est à son effet euphorisant qu'on doit son surnom de « gaz hilarant ».

L'agriculture est la principale source d'oxydes nitreux, avec plus de la moitié (52 %) des émissions. La majorité (92 %) résultent d'une nitrification incomplète, favorisée par l'utilisation d'engrais chimiques azotés et l'épandage du fumier.

Les plantes ont en effet besoin d'azote pour fabriquer leurs protéines, mais elles ne peuvent pas se procurer cet élément directement dans l'atmosphère. Elles doivent le capter sous forme de nitrates (NO_3^-) ou

d'ammoniac (NH_3^+) en solution dans l'eau. C'est pourquoi les agriculteurs utilisent les engrais azotés contenant d'importantes quantités de nitrates pour fertiliser leurs cultures. Dans un sol naturel, la fixation de l'azote est assurée par des associations complexes de bactéries qui fabriquent des nitrates soit à partir de l'azote atmosphérique ou à partir de l'ammoniac provenant de la décomposition des résidus organiques. Lorsqu'on ajoute des nitrates en grandes quantités, les bactéries nitrifiantes sont défavorisées au profit des bactéries dénitrifiantes dont l'un des intermédiaires métaboliques est le N_2O, qui s'échappe vers l'atmosphère.

L'industrie, pour sa part, produit 27 % des rejets totaux d'oxyde nitreux, alors que le secteur énergétique est responsable de 16 % des émissions. Le protoxyde d'azote (N_2O) est particulièrement inquiétant en raison de son fort potentiel d'effet de serre (150 fois celui du CO_2) et de sa longévité (plusieurs siècles).

Diverses pratiques agricoles sont source de GES, en particulier le méthane et le protoxyde d'azote, mais aussi le bromure de méthyle.

Les chlorofluorocarbones : des gaz qui donnent froid dans le dos !

Les chlorofluorocarbones (CFC) sont des molécules qui n'existent pas à l'état naturel. Elles ont été synthétisées par l'industrie chimique au début du 20ᵉ siècle.

Les CFC ont connu leur heure de gloire quand ils sont venus remplacer l'ammoniac dans les systèmes de réfrigération au début du 20ᵉ siècle. Ils ont été utilisés à grande échelle et sur tous les continents, principalement comme caloporteurs dans les réfrigérateurs et les climatiseurs, mais aussi comme agent gonflant dans la fabrication de mousse de polystyrène, comme gaz propulseur dans les bonbonnes aérosol, et dans bien d'autres usages, par exemple comme solvant dans l'industrie des microprocesseurs.

À la fin des années 1970, alors qu'il était devenu évident qu'ils causaient, en s'échappant dans l'atmosphère, une importante dégradation de la couche d'ozone stratosphérique, le Protocole de Montréal relatif aux substances qui appauvrissent la couche d'ozone a banni la fabrication et l'utilisation de ces composés, qui ont été remplacés dans les nouveaux appareils pour la plupart de leurs utilisations. Toutefois, il existe encore des stocks considérables de ces produits, qui font l'objet d'une contrebande très active. De plus, l'ensemble du parc de réfrigérateurs et de climatiseurs d'avant 1994 fonctionne encore aux CFC, même si ceux-ci doivent être retirés de la circulation. Malheureusement, la plupart des pays sont dépourvus de mécanismes de récupération obligatoire. Pire encore, les CFC ont un potentiel de réchauffement global plus de 10 000 fois supérieur à celui du CO_2 et ils demeurent environ 70 ans dans l'atmosphère !

Des facteurs aggravants

D'autres substances contribuent aussi aux changements climatiques. Par exemple, les fines gouttelettes que sont les aérosols et les poussières en suspension dans l'air peuvent avoir un effet refroidissant parce qu'ils réfléchissent la lumière vers l'espace, alors que les fines particules de suie émises par les camions et les cheminées d'usine contribuent au réchauffement en diminuant l'albédo des nuages. Le changement de vocation des terres a aussi un effet local important.

Il est très difficile de déterminer avec précision l'effet de ces facteurs, qui rendent incertaines les prévisions quant au rythme de réchauffement. C'est d'ailleurs pour ces raisons qu'il est si difficile d'établir des scénarios concernant le changement climatique au niveau local et régional.

Les particularités d'absorption des gaz à effet de serre

L'impact de l'augmentation d'un gaz atmosphérique sur l'effet de serre n'est pas nécessairement linéaire. Son efficacité dépend de sa concentration effective et de ses bandes d'absorption en présence d'autres gaz. Par exemple, l'ajout d'un kilogramme de CO_2 dans l'atmosphère n'augmente pas beaucoup l'absorption des radiations dans une période où, comme actuellement, la concentration est déjà élevée. Par contre, on n'a à ce jour observé aucun effet de saturation chez les autres gaz à effet de serre, à l'exception de la vapeur d'eau. C'est ce qui explique que James Hansen et ses collègues, dans un article récent[2], aient proposé pour la lutte aux gaz à effet de serre un nouveau scénario qui met l'accent sur la réduction des gaz autres que le CO_2.

Le tableau 2.4 donne les valeurs généralement reconnues de la capacité d'absorption relative de l'infrarouge par les gaz à effet de serre, selon la masse, c'est-à-dire kilogramme pour kilogramme, et selon la masse molaire, c'est-à-dire mole pour mole[3].

Quand on combine la capacité d'absorption avec la concentration effective dans l'atmosphère d'un gaz donné, on obtient le pourcentage de contribution à l'effet de serre pour ce gaz, comme le montre le tableau 2.5.

Tableau 2.4

Capacité d'absorption relative des gaz causant l'effet de serre

Gaz	Poids moléculaire (g/mole)	Absorption/ masse	Absorption/ mole
CO_2	44	1	1
CH_4	14	70	25
N_2O	44	200	200
O_3 troposphérique	48	1 800	2 000
CFC-11	137,2	4 000	12 000
CFC-12	120,8	6 000	15 000

Source : Traduit de H. Rodhe, « A comparison of the contribution of various gases to the greenhouse effect », *Science*, 8 juin 1990, 248:1217-1219.

Tableau 2.5

Contribution relative des gaz causant l'effet de serre

Gaz	Concentration effective en ppbv	Taux d'augmentation annuelle (%)	Contribution relative (%)
CO_2	372×103	0,5	60
CH_4	$1,7 \times 103$	1	15
N_2O	310	0,2	5
O_3 troposphérique	10-50	0,5	8
CFC–11	0,28	4	4
CFC–12	0,48	4	8

Source : Traduit de H. Rodhe, « A comparison of the contribution of various gases to the greenhouse effect », *Science*, 8 juin 1990, 248:1217-1219.

PPBV : parties par milliard en volume (1×10^{-9}).

---

2. J. Hansen, M. Sato, R. Ruedy, A. Lacis et V. Oimas, « Global warming in the twenty-first century: An alternative scenario », *Proc. Natl. Acad. Sci.*, 2000, 97, 9875-9880.

3. Les différences observées entre les deux types de mesures correspondent au fait que les masses molaires des gaz diffèrent considérablement. Ainsi, dans un kilogramme, il y a beaucoup plus de moles de méthane (CH_4) dont la masse molaire est de 14 g, que de moles de CO_2 dont la masse molaire est de 44 g. Le pouvoir absorbant dans la bande des infrarouges ne dépend pas de la masse molaire, mais bien de la stabilité des liaisons chimiques.

Ces valeurs comportent beaucoup d'incertitudes, particulièrement en ce qui a trait à l'ozone troposphérique. Il est intéressant de constater que le CO_2, même s'il est moins efficace que les autres gaz, si l'on compare la masse molaire, est le principal responsable de l'augmentation de température appréhendée.

Il faut aussi prendre en compte, dans l'évaluation de la contribution d'un gaz à l'effet de serre, le temps qu'il faudra pour qu'il soit récupéré dans l'environnement par les réactions naturelles de recyclage ou de transformation chimique.

Le tableau 2.6 donne ces temps, calculés à partir de l'équation de la demi-vie. Les données représentent le temps nécessaire pour diminuer de moitié la quantité de gaz présente dans l'atmosphère.

MÉTHANE : Lors de sa dégradation atmosphérique par des réactions photochimiques, il produit du CO_2, de l'ozone et de la vapeur d'eau, trois gaz qui contribuent aussi à l'effet de serre.

DEMI-VIE : mesure statistique qui permet de déterminer le moment où la moitié des molécules d'une substance seront disparues d'un milieu donné. Selon les substances, il faut trois demi-vies ou plus pour que disparaisse complètement le produit.

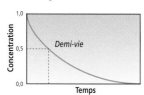

Tableau 2.6
Temps de dégradation des gaz à effet de serre

Gaz	Demi-vie (années)
CO_2	120
CH_4	10
N_2O	150
O_3 troposphérique	0,1
CFC-11	65
CFC-12	120

Source : Traduit de H. Rodhe, « A comparison of the contribution of various gases to the greenhouse effect », *Science*, 8 juin 1990, 248:1217-1219.

Tableau 2.7
Potentiel de réchauffement des gaz à effet de serre en tenant compte de leur temps de dégradation

Gaz	Potentiel de réchauffement	
	par masse	par molécule
CO_2	1	1
CH_4 (effets directs)	15	5
CH_4 (effets directs et indirects)	30	10
N_2O	300	300
O_3 troposphérique	3	4
CFC–11	4 000	11 000
CFC–12	8 000	20 000

Source : Traduit de H. Rodhe, « A comparison of the contribution of various gases to the greenhouse effect », *Science*, 8 juin 1990, 248:1217-1219.

Selon le calcul de Rodhe, la contribution relative de chacun des gaz à l'effet de serre est différente de ce qu'on pouvait évaluer en se basant uniquement sur la capacité d'absorption, comme le montre le tableau 2.7.

Comme on peut le constater, il n'est pas simple d'évaluer la contribution de certains gaz à l'effet de serre, et le portrait que la science fait des « suspects » n'est pas d'une précision illimitée.

Toutefois, les tendances qui se dégagent de cette étude tracent les grandes lignes de la problématique :

- Les différents gaz d'origine anthropique qui contribuent au réchauffement du climat planétaire sont plus efficaces en groupe qu'isolés, car ils absorbent tous des longueurs d'onde différentes.

- Selon leur demi-vie dans l'atmosphère, la contribution de ces gaz à l'effet de serre peut être plus considérable que ne le laissent soupçonner leur coefficient d'absorption et leur concentration instantanée.

Le bilan des contributions

Grâce aux travaux de la NASA, il a été possible d'établir un bilan des contributions des différents gaz à effet de serre, aérosols et particules aux changements climatiques. Ces facteurs provoquent soit un refroidissement, soit un réchauffement de l'atmosphère.

La figure 2.5 présente la contribution relative des gaz à effet de serre et autres facteurs influençant le climat planétaire.

Figure 2.5

Contribution relative des différents facteurs de forçage radiatif depuis 1850

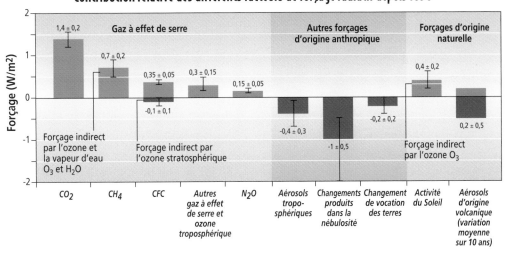

Le forçage radiatif le plus important est causé par le CO_2 (1,4 W/m^2). Le forçage dû au méthane est de moitié inférieur à celui du CO_2 (0,7 W/m^2), alors que le forçage associé à l'ensemble des autres gaz à effet de serre (1,4 W/m^2) équivaut à celui du dioxyde de carbone. Lorsqu'on compare les valeurs de forçage associées à diverses activités, on note que la combustion des carburants fossiles, largement responsable des émissions de CO_2, est aussi une source importante d'aérosols.

Source: Adapté de J. Hansen, M. Sato, R. Ruedy, A. Lacis et V. Oinas, «Global warming in the twenty-first century: an alternative scenario», *Proc. Natl. Acad. Sci.*, 2000, 97, 9875-9880.

La contribution des différents gaz est mesurée en watts par mètre carré (ou en mégawatts par kilomètre carré). Cette mesure synthétise les tableaux précédents et correspond à la contribution en termes d'énergie conservée annuellement ou renvoyée vers l'espace en supplément ou en déficit de l'effet de serre naturel. L'ajout d'un watt par mètre carré correspond à la chaleur que dégagerait sur chaque mètre carré une petite ampoule de 1 watt, comme celles qui ornent les arbres de Noël. Ce forçage radiatif est lié aux impacts des activités humaines sur la composition de l'atmosphère depuis 1850.

Comme on peut le constater dans ce graphique, le CO_2 est de loin le principal agent de réchauffement, suivi du méthane. Les auteurs ont combiné les effets directs et indirects pour bien montrer la contribution relative et l'importance de chacun des phénomènes concernés.

On remarque aussi que le degré d'incertitude qui caractérise les facteurs de refroidissement est beaucoup plus élevé que celui des facteurs de réchauffement, ce qui montre bien les limites des prédictions quant à la direction d'un éventuel changement climatique. De plus, il faut considérer les effets locaux des concentrations d'ozone troposphérique et des nuages contenant des poussières. Enfin, le volcanisme peut avoir des effets temporaires dramatiques, telle l'explosion du Pinatubo aux Philippines en 1991 qui a réduit la température terrestre jusqu'en 1993-1994, alors que les cendres volcaniques en haute altitude réfléchissaient la lumière du Soleil. On peut d'ailleurs identifier, dans l'histoire du dernier millénaire, des épisodes de climat très froid associés à des éruptions volcaniques majeures.

La figure 2.6 résume l'effet des aérosols et des particules de suie dans le forçage radiatif. En gros, les aérosols reflètent la lumière en haute altitude, ce qui entraîne un

Figure 2.6

Effet des aérosols et des particules de suie

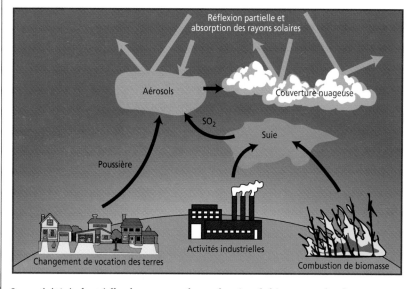

Les activités industrielles, le transport, la combustion de biomasse et les changements de vocation des terres envoient dans l'atmosphère des gaz ainsi que des particules solides formant ce que l'on appelle les aérosols. La présence de ces aérosols dans l'atmosphère, empêchant les radiations solaires d'atteindre la surface de la Terre, occasionne un forçage radiatif négatif.

Source : Adapté de U.S. Dept. of Commerce/NOAA/OAR/ERL/PMEL/*Atmospheric Chemistry*.

24

déficit d'énergie pour le réchauffement de l'atmosphère. La lumière, en effet, ne peut parvenir jusqu'au sol et s'y transformer en rayonnement infrarouge, lequel est lui-même retenu par les gaz à effet de serre. Les particules de suie, pour leur part, absorbent la lumière et la réémettent sous forme de chaleur dans les nuages. La chaleur est donc transférée dans les précipitations et demeure dans l'atmosphère, où elle se dissipe.

Un «travail d'équipe»

Dans ce chapitre, nous avons présenté les principaux gaz qui contribuent à l'effet de serre et qui sont susceptibles de participer au changement du climat de la planète dans les prochaines décennies. Ces gaz sont en constante augmentation dans l'atmosphère en raison de l'activité humaine. On se rend compte que l'effet de serre ne peut être attribué au seul dioxyde de carbone qui tient la vedette actuellement dans les médias. C'est pourquoi six gaz à effet de serre sont directement visés par les négociations du Protocole de Kyoto.

Les ondes électromagnétiques absorbées sont différentes d'un gaz à l'autre. Voilà pourquoi, au total, plusieurs de ces ondes seront absorbées et la portion d'énergie pouvant s'échapper de l'atmosphère terrestre sera moindre que si cette atmosphère était composée d'un seul gaz en plus grande

Le volcan Popocatepelt, au Mexique. De tout temps, les éruptions volcaniques ont perturbé le climat planétaire.

Jacques Prescott

concentration. Si l'atmosphère contenait 50 fois plus de dioxyde de carbone, mais ne contenait que ce gaz, certaines ondes de longueurs différentes de celles appartenant au spectre d'absorption du dioxyde de carbone pourraient en effet être réfléchies vers l'espace. Par ailleurs, les concentrations de certains de ces gaz sont naturellement régulées dans l'atmosphère, alors que d'autres gaz sont totalement artificiels et ont une demi-vie beaucoup plus longue.

L'effet de serre est donc le fruit d'un «travail d'équipe»[4]. La diversité des gaz en cause entraîne la multiplicité des ondes, de différentes longueurs, absorbées. Comme la Terre n'émet pas son énergie sous forme de radiation monochromatique, plus les molécules constituant l'atmosphère seront de nature variée, plus les chances que la majorité

RADIATION MONOCHRO-MATIQUE : radiation qui montre un ensemble de longueurs d'onde d'une seule couleur, donc très voisines.

4. Voir le tableau 2.8 des bandes d'absorption des gaz à effet de serre en page 26 et sur le site http://www.changements-climatiques.qc.ca.

Tableau 2.8

Principales longueurs d'ondes électromagnétiques pouvant interagir avec certains gaz de l'atmosphère terrestre*

Longueur d'onde (m)	CO₂	O₂	Eau	Ozone	Méthane	N₂O
$1{,}80e^{-7}$				•		
$2{,}60e^{-7}$				•		
$3{,}20e^{-7}$				•		
$3{,}40e^{-7}$				•		
$3{,}60e^{-7}$				•		
$4{,}40e^{-7}$				•		
$5{,}38e^{-7}$		•		•		
$7{,}20e^{-7}$		•	•	•		
$7{,}40e^{-7}$		•		•		
$7{,}62e^{-7}$		•		•		
$7{,}80e^{-7}$	•	•		•		
$8{,}10e^{-7}$	•		•			
$9{,}40e^{-7}$	•	•	•			
$1{,}07e^{-6}$	•					
$1{,}10e^{-6}$	•		•			
$1{,}19e^{-6}$	•					
$1{,}24e^{-6}$	•					
$1{,}27e^{-6}$		•				
$1{,}40e^{-6}$	•		•			
$1{,}40e^{-6}$						
$1{,}57e^{-6}$	•					
$1{,}60e^{-6}$	•					
$1{,}90e^{-6}$			•			
$2{,}35e^{-6}$						
$2{,}38e^{-6}$						
$2{,}60e^{-6}$			•			
$2{,}70e^{-6}$	•		•			
$2{,}70e^{-6}$			•	•		
$3{,}27e^{-6}$			•	•		
$3{,}30e^{-6}$			•			
$3{,}30e^{-6}$				•	•	
$3{,}59e^{-6}$				•		
$4{,}20e^{-6}$	•					
$4{,}30e^{-6}$	•					
$4{,}40e^{-6}$	•					
$4{,}50e^{-6}$						•
$4{,}67e^{-6}$				•		
$4{,}75e^{-6}$				•		
$5{,}75e^{-6}$			•			
$6{,}30e^{-6}$			•			
$7{,}50e^{-6}$			•			
$7{,}70e^{-6}$					•	
$7{,}80e^{-6}$						•
$9{,}00e^{-6}$	•			•		
$9{,}40e^{-6}$	•			•		
$9{,}60e^{-6}$	•					
$1{,}04e^{-5}$	•			•		
$1{,}35e^{-5}$						
$1{,}41e^{-5}$	•			•		
$1{,}50e^{-5}$						
$1{,}65e^{-5}$	•					
$1{,}70e^{-5}$						
$2{,}50e^{-5}$				•		
$2{,}90e^{-4}$				•		
$1{,}00e^{-3}$			•	•		•
$1{,}20e^{-3}$		•		•		
$1{,}30e^{-3}$		•		•		
$1{,}60e^{-3}$			•	•		•
$1{,}90e^{-3}$				•		
$2{,}50e^{-3}$				•		
$2{,}50e^{-3}$						
$2{,}60e^{-3}$				•		
$2{,}90e^{-3}$				•		
$3{,}00e^{-3}$						
$3{,}10e^{-3}$				•		
$4{,}00e^{-3}$				•		•
$4{,}00e^{-3}$				•		•
$6{,}00e^{-3}$						
$6{,}80e^{-3}$				•		
$1{,}20e^{-2}$			•	•		•
$1{,}34e^{-2}$				•		
$3{,}30e^{-2}$				•		

* La longueur des ondes constituant le spectre visible ne s'étend qu'entre les bornes suivantes : 4×10^{-7} m et 7×10^{-7}. Dans le tableau, la notation adoptée est la suivante : $4{,}00e^{-7}$ et $7{,}00e^{-7}$.

Source : Réalisé à partir de données tirées de *Handbook of Applied Meteorology*.

On se rend compte que l'effet de serre ne peut être attribué au seul dioxyde de carbone qui tient la vedette actuellement dans les médias.

des ondes émises par la Terre soient absorbées seront grandes.

Nous assistons présentement à une augmentation de la concentration du dioxyde de carbone et du méthane dans l'atmosphère terrestre, en raison d'une utilisation croissante des combustibles fossiles comme source d'énergie, de la prolifération du bétail ruminant, de la culture du riz et de l'enfouissement des matières organiques. Ces deux gaz circulent normalement entre l'atmosphère, la lithosphère, la biosphère et l'hydrosphère à travers ce que les scientifiques appellent le « cycle du carbone ».

Les autres gaz sont étroitement liés aux deux premiers, en ce sens que l'ozone troposphérique est produit en grande partie par la combustion du pétrole et la circulation automobile, qui sont également la source principale des particules de suie. L'oxyde nitreux, pour sa part, provient en majeure partie de l'agriculture industrielle. Quant aux chlorofluorocarbones, ils forment une classe à part, que nous traiterons comme telle.

Le chapitre suivant sera consacré à l'étude plus approfondie du cycle du carbone, puisque c'est là que se jouent les augmentations planétaires de méthane et de dioxyde de carbone.

Installations industrielles agrochimiques. Les activités humaines peuvent prendre une dimension planétaire. Par exemple, la fixation industrielle de l'azote dépasse tous les mécanismes naturels réunis depuis le milieu des années 1980.

Du puits au réservoir

Le carbone de l'atmosphère est stocké dans des végétaux, tels les arbres, sous forme de cellulose et accumulé à l'échelle géologique dans les sédiments organiques, par exemple dans les tourbières et les marais.

L'écosphère est un système complexe comprenant la lithosphère, l'hydrosphère, l'atmosphère et la biosphère. Cette dernière est la mince couche de vie qui recouvre la planète et agit comme facteur de transformation à l'interface des trois autres systèmes physiques. Les bactéries, les plantes et les animaux transforment le milieu physique et font circuler les matériaux essentiels à la vie d'un système à l'autre en une série de cycles biogéochimiques. Le carbone, l'azote, le phosphore, le soufre et le calcium circulent ainsi entre les organismes vivants, par le biais des réseaux alimentaires, de la photosynthèse à la décomposition, et sont emmagasinés dans des formations géologiques qui feront, à terme, à nouveau partie de la lithosphère, origine et destinée des éléments minéraux. Les autres parties de l'écosphère sont des lieux de transition qui contiennent, pendant plus ou moins de temps, des composés de ces éléments indispensables au vivant. En l'absence d'organismes vivants, la planète se transformerait, mais ces transformations seraient beaucoup moins complexes et rapides.

Parmi les éléments qui circulent ainsi à l'échelle planétaire, le carbone revêt une importance particulière. D'abord, parce qu'il constitue la base des molécules caractéristiques du vivant. Les molécules de carbone formant le squelette de nos molécules fondamentales (sucres, lipides et protéines), tous les êtres vivants doivent pouvoir en trouver suffisamment dans leur environnement pour satisfaire leurs besoins vitaux. Les molécules de carbone servent aussi à stocker l'énergie, qu'elles amassent dans les liens qui les unissent. Elles sont donc recherchées universellement par le vivant. Par ailleurs, tant le dioxyde de carbone que le méthane, les deux principaux gaz à effet de serre, sont des composés du carbone. Le premier sert de matériau de base à la photosynthèse, et l'un et l'autre résultent de la décomposition de la matière organique. Le CO_2, enfin, est le produit de la respiration de l'ensemble des cellules vivantes.

Ce chapitre nous permettra de mieux comprendre le cycle du carbone dans l'écosphère et les perturbations anthropiques auxquelles il est soumis.

Une circulation complexe à l'échelle planétaire

Le cycle du carbone représente les étapes du passage d'un immense stock de carbone de l'atmosphère aux roches et à la mer en passant par la végétation, les animaux et… les volcans. On ne peut isoler le cycle du carbone d'un ensemble d'autres cycles biogéochimiques, par exemple celui de l'oxygène. De plus, il s'agit d'un cycle qui a cours depuis des milliards d'années et qui possède ses propres mécanismes de régulation… Tous les ingrédients sont réunis pour donner des maux de tête aux scientifiques les plus ambitieux – et aux négociateurs internationaux – car il manque encore beaucoup de réponses et il faudra vraisemblablement attendre très longtemps avant de les obtenir. Étant donné leur ampleur et leur durée dans le temps, il faudra en effet des moyens considérables et des années de recherches multidisciplinaires pour identifier ou observer les phénomènes et les processus impliqués.

Beaucoup de scientifiques ont tenté d'étudier le cheminement d'un atome individuel dans les diverses étapes de sa circulation à travers un processus biochimique ou géologique. En biologie, on a utilisé à cette fin entre autres des traceurs radioactifs. Cette démarche, toutefois, même si elle est élégante du point de vue technique, reste très limitée en pratique. En effet, les processus qu'on peut ainsi étudier sont infiniment simples en comparaison de la complexité des divers phénomènes qui se déroulent dans les grands cycles biogéochimiques. Il faut donc mettre à contribution les géologues, les géochimistes, les spécialistes des volcans, de l'atmosphère et des courants marins pour comprendre et quantifier une à une les étapes du cycle du carbone. De nombreuses précisions nous sont ainsi venues, depuis dix ans, de ces travaux multidisciplinaires.

Faute d'explication idéale pour illustrer le cycle du carbone, il faut d'abord définir les principaux mécanismes qui en assurent la circulation entre les diverses parties de l'écosphère.

Réservoirs, sources et puits de carbone

Voyons d'abord le principe général. Les éléments de la biosphère subissent des réactions chimiques qui les unissent généralement à d'autres éléments pour former des molécules plus ou moins stables. Ces molécules possèdent des caractéristiques physiques qui les amènent à se retrouver en plus ou moins grandes concentrations dans l'une ou l'autre des parties de l'écosphère. Le carbone, comme d'autres éléments chimiques de notre planète, se trouve dans ce qu'il est convenu d'appeler des «réservoirs», c'est-à-dire des lieux où il est potentiellement disponible en grande quantité, sous une forme stable.

Le tableau 3.1 indique la répartition du carbone dans les différents réservoirs de l'écosphère.

On constate, à la lecture de ce tableau, que l'immense majorité du carbone de la planète se trouve dans les fonds océaniques, sous forme de sédiments calcaires ou de carbonates dissous. À l'opposé, la quantité de carbone disponible dans l'atmosphère est de beaucoup inférieure à celle contenue dans les carburants fossiles (charbon, pétrole et gaz naturel) de la lithosphère, ainsi que dans la biomasse (organismes vivants) et dans la matière organique en décomposition de la biosphère. Lorsqu'on brûle une forêt, par exemple, ce carbone se retrouve dans l'atmosphère.

Pour transiter d'une partie à l'autre de l'écosphère, le carbone passe par des processus chimiques ou biologiques qui le

Principaux réservoirs de carbone

Partie de l'écosphère	Réservoir	Quantité de carbone (en gigatonnes)
Atmosphère	CO_2	770
	CH_4	3
Biosphère	Forêts	610
	Sols	1 580
Hydrosphère	Surface océanique	1 020
	Profondeurs océaniques (carbonates dissous)	38 100
Lithosphère	Charbon	4 000
	Pétrole	500
	Gaz naturel	500
	Sédiments calcaires	20 000 000

Source : Adapté de J.F. Kasting, « The carbon cycle, climate, and the long-term effects of fossil fuel burning », *Consequences*, 1996, vol. 4, n° 1, et de J.C. Duplessy et P. Morel, *Gros temps sur la planète*, Paris, Odile Jacob, 1990, p. 158.

transforment chimiquement tout en lui donnant une stabilité maximale. Ce qui préoccupe, actuellement, c'est l'augmentation constante de la quantité de carbone dans le réservoir atmosphérique, puisque le CO_2 est un gaz à effet de serre.

Pour caractériser les mouvements du carbone de l'atmosphère, de l'hydrosphère et de la lithosphère vers l'atmosphère, les scientifiques ont élaboré les notions de puits et de source. Une source de carbone est un processus qui a pour résultat net d'augmenter la quantité de carbone dans l'atmosphère. Un volcan, par exemple, projette dans l'atmosphère d'énormes quantités de CO_2 à chaque éruption. Le puits, au contraire, est un processus par lequel une quantité nette

GIGATONNE : unité de mesure qui égale un milliard de tonnes (10^9 tonnes).

C'est dans l'océan que la majeure partie du carbone passe à la lithosphère sous forme de calcaire.

IGBP SCIENCE

de carbone est retirée de l'atmosphère. La captation et la dissolution du CO_2 à la surface des océans et la sédimentation des carbonates dans les fonds océaniques constituent des puits de carbone. Normalement, les puits équilibrent les sources, et la concentration de CO_2 de l'atmosphère tend à demeurer stable. Par la photosynthèse et la respiration cellulaire, les organismes vivants illustrent bien le fonctionnement du cycle du carbone à court terme.

Figure 3.1

Quelques molécules formées d'atomes de carbone

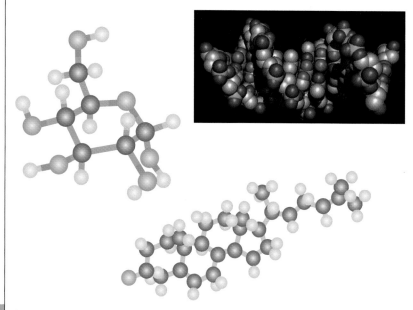

À gauche, une molécule de glucose $C_6H_{12}O_6$ (les atomes de carbone sont en gris), en haut, une molécule d'ADN et en bas, une molécule de cholestérol, caractérisée par de longues chaînes de carbone.

Sources: James Wescott, Bristol University (molécule de glucose) et Richard B. Hallick, University of Arizona (molécule de cholestérol).

Les échanges à l'intérieur des écosystèmes

Les organismes vivants jouent un rôle fondamental dans les processus de transformation de la Terre. De la modification de la composition atmosphérique primitive à la formation des sols, en passant par la constitution des carburants fossiles, on retrouve des traces du vivant dans la plupart des grandes transformations qu'a subies la surface de la planète depuis son origine.

La nature atomique du carbone, constituant de base des molécules essentielles du vivant, permet d'associer cet élément de façon répétitive en longues chaînes et de briser ces chaînes ou de les reconstituer en utilisant un minimum d'énergie.

La figure 3.1 présente la formule chimique de quelques molécules importantes pour les organismes vivants. À remarquer, en particulier, les longues chaînes qui constituent les glucides et les lipides. Le carbone s'associe à d'autres atomes, comme l'hydrogène, l'oxygène, l'azote, le phosphore et le soufre, pour former la majorité des molécules caractéristiques de l'ensemble des êtres vivants.

La source de carbone pour tous les êtres vivants est le dioxyde de carbone atmosphérique, un constituant mineur de l'atmosphère. On en retrouve en effet actuellement seulement 370 parties par million

32

dans l'air, c'est-à-dire 0,037 %. À titre de comparaison, l'argon, un gaz inerte, compte pour près de 1 % de l'atmosphère, qui contient aussi 21 % d'oxygène et environ 78 % d'azote. La concentration préindustrielle de CO_2 était encore plus faible, avec seulement 280 parties par million!

Le dioxyde de carbone provient de la combustion, des éruptions volcaniques et de la respiration des êtres vivants. Sa concentration a beaucoup varié dans l'histoire de l'atmosphère terrestre, mais il est aujourd'hui plus abondant qu'au cours des 150 000 dernières années.

Le cycle du carbone s'effectue à travers des échanges rapides dans la biosphère, grâce à la fixation du CO_2 par les plantes et à sa réémission par la respiration des êtres vivants en présence d'oxygène. La dégradation des molécules contenant du carbone dans les milieux d'où l'oxygène est absent, comme le fond des marais, produit un autre gaz: le méthane. Celui-ci est présent en très faible quantité dans l'atmosphère terrestre, puisqu'il est généralement oxydé par des réactions photochimiques et se retrouve transformé en CO_2.

La photosynthèse : grand fixateur de carbone

Au début de la vie sur la Terre, l'atmosphère était très différente de ce qu'elle est aujourd'hui. Avec l'apparition de la photosynthèse,

elle s'est lentement transformée, pour atteindre les paramètres de sa composition actuelle.

À l'origine, la présence de l'oxygène dans l'atmosphère est liée à la photosynthèse. L'atmosphère terrestre primitive ne contenait à peu près pas d'oxygène. Comme la photosynthèse libère un excédent d'oxygène par rapport aux besoins métaboliques des plantes, l'atmosphère s'est graduellement enrichie de cet élément. On estime que l'atmosphère contenait, il y a un milliard d'années, environ 1 % de la quantité actuelle d'oxygène. C'est grâce à l'activité photosynthétique du phytoplancton que la quantité d'oxygène atmosphérique est devenue suffisante pour que se forme la couche d'ozone. Celle-ci, en diminuant la pénétration du rayonnement ultraviolet, a rendu possible la vie en dehors de l'eau et la conquête du milieu terrestre.

Les végétaux captent l'énergie du Soleil depuis plus de trois milliards d'années grâce à la photosynthèse.

PHYTOPLANCTON : ensemble de végétaux et de bactéries photosynthétiques, souvent microscopiques, qui vivent en suspension à la surface des eaux douces ou salées.

33

La photosynthèse est l'une des caractéristiques fondamentales qui ont permis à la vie telle que nous la connaissons aujourd'hui de se développer. Les êtres vivants qui recourent à ce processus fixent le CO_2 atmosphérique et l'assemblent sous forme de molécules de glucose (un sucre simple). La photosynthèse s'effectue à partir d'une source d'énergie fiable et pratiquement inépuisable: l'énergie lumineuse du Soleil. Pour tous les organismes photosynthétiques, le problème de l'alimentation est ainsi résolu: la lumière, l'eau, le CO_2 et quelques sels minéraux leur permettent de fabriquer eux-mêmes leur nourriture. Ces organismes, particulièrement les plantes et les algues, possèdent une molécule spéciale, la chlorophylle, qui leur permet d'absorber de façon sélective certaines longueurs d'onde de la lumière visible. L'énergie contenue dans ces ondes est utilisée par la plante pour fabriquer des molécules carbonées plus complexes, qui serviront ensuite à son alimentation. Lorsque la plante sera mangée par des animaux, ceux-ci retireront, grâce à la digestion, les molécules dont ils tireront leur énergie et les éléments constitutifs nécessaires à leur croissance et à leur subsistance.

Grossièrement, l'équation de la photosynthèse se résume ainsi:

$$CO_2 + H_2O + \text{lumière} \rightarrow C_6H_{12}O_6 \text{ (glucose)} + O_2$$

La plante fixe d'abord l'énergie solaire en associant six molécules de CO_2 pour former une molécule de glucose dont les liens contiennent de l'énergie chimique utilisable par toutes les cellules vivantes. Lorsqu'elles en ont besoin, les cellules récupèrent cette énergie en dégradant la molécule de glucose par la respiration cellulaire. En présence d'oxygène, la respiration cellulaire se fait selon une équation qui est apparemment l'inverse de la photosynthèse, c'est-à-dire:

$$C_6H_{12}O_6 \text{ (glucose)} + O_2 + ADP + PO_3^- \rightarrow CO_2 + H_2O + ATP + \text{chaleur}$$

L'ATP, ou adénosine triphosphate, est un intermédiaire énergétique essentiel pour les réactions enzymatiques cellulaires. Comme une pile rechargeable, elle est alternativement chargée en énergie sous sa forme ATP et déchargée sous sa forme ADP (adénosine diphosphate).

En l'absence d'oxygène, les cellules peuvent quand même utiliser l'énergie du glucose ou d'autres molécules organiques par diverses formes de fermentation. Ces processus sont moins efficaces que la respiration cellulaire et produisent, comme déchets, du méthane et du CO_2.

Comme nous l'avons vu plus tôt, le méthane est produit en grande quantité dans les marais, dans les accumulations de matière organique, comme les fosses à fumier et les dépôts d'ordures, ainsi que dans l'estomac des ruminants. Ces derniers, en effet, produisent du méthane par l'intermédiaire des bactéries qui décomposent la matière organique contenue dans leur alimentation. Ils digèrent ensuite les bactéries qui se sont multipliées dans leur estomac. Pour la plupart des animaux, les fibres végétales, constituées de cellulose, ne sont pas digestibles. Par contre, certains microorganismes digèrent assez bien ce matériau. En fait, les nutritionnistes recommandent une alimentation riche en fibres justement parce que nous ne pouvons à peu près pas les dégrader et qu'elles servent ainsi à remplir l'intestin et à accélérer le transit intestinal. Les bactéries qui vivent dans l'intestin décomposent partiellement la cellulose et en utilisent les sucres simples par fermentation[1]. Les bactéries du tube digestif produisent, entre autres gaz, des acides gras, du méthane et du CO_2, qui s'échappent par l'orifice le plus proche lorsque la pression devient trop grande. Chez les bovins, la fermentation de la cellulose se produit dans l'estomac et, par conséquent, les vaches éructent, alors que chez les chevaux, la fermentation se fait dans le cæcum, partie de l'intestin située juste avant le côlon, et les gaz sont évacués par l'arrière.

Figure 3.2

Circulation du carbone dans les écosystèmes terrestres

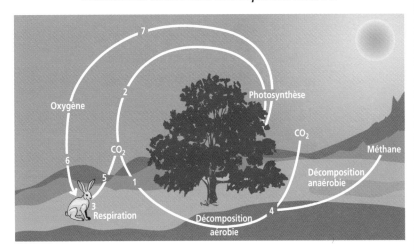

Source : C. Villeneuve.

1. Le CO_2 est disponible dans l'atmosphère.
2. Le CO_2 est absorbé par les plantes, qui s'en servent pour fabriquer les sucres et les fibres qui leur sont nécessaires.
3. Les herbivores mangent les plantes et utilisent l'énergie et les matériaux qui leur permettront de croître et de se reproduire.
4. Les décomposeurs transforment les matières carbonées provenant des tissus animaux et végétaux. Dans certains cas, cette décomposition est incomplète, d'où la formation de combustibles fossiles. De plus, la décomposition en absence d'oxygène (anaérobie) produit du méthane (CH_4).
5. La respiration de tous les animaux, des plantes terrestres et de certains décomposeurs renvoie du CO_2 dans l'atmosphère.
6. Pour que puisse s'effectuer cette respiration, il faut la présence d'oxygène (O_2) dans l'atmosphère.
7. L'oxygène est en grande partie fourni par les plantes, qui effectuent la photosynthèse durant la journée ; il est respiré par tous les organismes qui en ont besoin.

CELLULOSE : grosse molécule formée de longues chaînes de glucose. Ses propriétés chimiques en font une matière très difficile à dégrader. Le bois est essentiellement composé de cellulose, laquelle sert à faire le papier.

35

---

1. Pour en savoir plus, voir D. Lairon, «Les fibres alimentaires», *La Recherche*, mars 1990, vol. 21, n° 219, p. 284-292 et C. Villeneuve et S. Lambert, *La Biosphère dans votre assiette*, ENJEU, 1989.

Figure 3.3

Variations des concentrations de CO_2 observées depuis 1958 à Mauna Loa (Hawaï), à Samoa (Polynésie), à Barrow (Alaska) et au pôle Sud

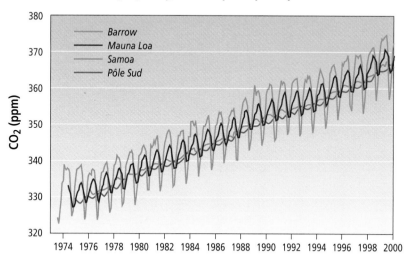

Les courbes en couleurs correspondant aux mesures prises au pôle Sud et à Samoa illustrent bien le peu de variation saisonnière de la concentration de CO_2 en raison de la quasi-absence de terres émergées aux latitudes élevées dans l'hémisphère Sud. À l'inverse, la station de Barrow en Alaska présente d'importantes modulations, qui peuvent s'expliquer par la différence d'intensité saisonnière de la photosynthèse dans l'hémisphère Nord où l'on retrouve les immenses forêts boréales.

Source : National Oceanic and Atmospheric Administration (NOAA), Climate Monitoring and Diagnostics Laboratory (CMDL), Carbon Cycle-Greenhouse Gases.

Comme le montre la figure 3.2, le carbone circule de façon cyclique entre les écosystèmes grâce aux effets combinés de la photosynthèse, de la respiration cellulaire et de la décomposition. Il s'agit toutefois d'un cycle à court terme, faisant passer les atomes de carbone d'une partie à l'autre de l'écosystème.

La photosynthèse constitue un excellent moyen de régulation de la quantité de dioxyde de carbone atmosphérique. En effet, c'est plus de 110 milliards de tonnes de CO_2 (un septième de tout le CO_2 atmosphérique) qui sont fixées annuellement par la seule photosynthèse. Cette quantité se partage en 60 milliards de tonnes pour les végétaux terrestres et 50 milliards de tonnes intégrées aux écosystèmes marins par les algues et le phytoplancton océanique.

La photosynthèse n'a pas d'effet net sur l'accumulation ou la diminution du CO_2 atmosphérique à long terme. Le carbone fixé par les plantes est en effet retourné à l'atmosphère, à plus ou moins longue échéance, par la décomposition des résidus végétaux des sols, par la respiration des animaux et des plantes ou par les incendies. Les effets saisonniers de la photosynthèse sont toutefois remarquables comme l'indique la figure ci-contre.

Pour bien comprendre la figure 3.3, il faut savoir que la plus grande partie des terres émergées de la planète et le plus grand biome forestier mondial, la forêt boréale, sont situés dans l'hémisphère Nord. Au printemps et en été, les végétaux terrestres sont actifs et font la photosynthèse. On peut donc voir diminuer rapidement la concentration de CO_2, qui remonte par la suite d'une proportion presque équivalente pendant l'hiver, quand la photosynthèse s'arrête. On parle d'une variation interannuelle d'environ 6 parties par million correspondant à la fixation d'environ 13 gigatonnes de carbone dans la végétation terrestre des continents de l'hémisphère Nord. La contribution de l'hémisphère Sud et de la zone tropicale sont à peu près invisibles sur ce graphique, puisqu'il n'y a pas d'arrêt de la photosynthèse dans la zone tropicale et qu'il y a très peu de terres émergées au sud du 30ᵉ parallèle.

Les forêts ne sont pas les poumons de la planète

Malgré l'efficacité des végétaux terrestres et des grandes forêts tropicales dans la réalisation de la photosynthèse, il est largement exagéré d'en parler comme des «poumons de la planète». En effet, pour 110 milliards de tonnes de carbone fixées chaque année, la photosynthèse mondiale remet en circulation environ 140 milliards de tonnes d'oxygène. De cette quantité, les forêts et les animaux utilisent à peu près la même proportion. Le bilan photosynthétique des forêts est à peu près égal, c'est-à-dire qu'elles consomment autant d'oxygène qu'elles en produisent. Il n'y a donc pas de gains nets. De plus, quand une forêt vieillit, elle consomme plus d'oxygène qu'elle n'en produit.

L'oxygène que nous respirons vient de toutes les formes de photosynthèse, c'est-à-dire du milieu marin (50 milliards de tonnes) aussi bien que de l'ensemble des cultures vivrières. Mais, surtout, les quan-

Malgré leur importance historique pour la présence d'oxygène dans l'atmosphère, les végétaux contribuent très peu au maintien de la concentration atmosphérique de ce gaz aujourd'hui.

tités dont nous parlons sont minimes en comparaison de la proportion d'oxygène présente dans l'atmosphère, soit près de 21 %, c'est-à-dire 210 000 parties par million, ou encore 210 millions de parties par milliard, pour comparer avec les gaz à effet de serre présentés au chapitre 2. Enfin, les quantités d'oxygène échangées chaque année, de manière physique, entre l'atmosphère et les océans sont beaucoup plus grandes que celles qui résultent de l'activité photosynthétique. Bref, s'il est vrai que les forêts produisent de l'oxygène quand elles font la photosynthèse, il est tout à fait faux d'affirmer que la déforestation menace notre approvisionnement en oxygène comme s'entêtent à le répéter écologistes et médias.

Les forêts mondiales pourraient disparaître totalement, et la quantité d'oxygène atmosphérique ne s'en trouverait pas modifiée de façon significative à court terme. Par contre, le CO_2 atmosphérique augmenterait très rapidement, et on assisterait à d'autres types de catastrophes, en particulier à une crise d'extinction massive des espèces vivantes et à une perturbation catastrophique du cycle de l'eau.

Comme la photosynthèse permet de stocker pendant quelques siècles du carbone sous forme de bois dans les arbres, nous pourrons cependant considérer les forêts, sous certaines conditions de gestion, comme un puits de carbone.

CATIONS : ions qui ont au moins une charge positive nette lorsqu'ils sont dissociés dans l'eau. Le calcium forme un ion ca++, qui possède deux charges positives.

Considérons donc nos forêts comme un précieux puits de carbone, une réserve de matières premières pour satisfaire les besoins de l'humanité, un régulateur de précipitations à l'échelle régionale et, surtout, un réservoir de biodiversité irremplaçable.

Chacune de ces qualités est une raison bien suffisante pour en prendre soin et les gérer avec prudence et circonspection.

Le réservoir océanique

Normalement, la principale source de CO_2 atmosphérique est liée au volcanisme, et le principal puits, à la fixation océanique des carbonates. Contrairement au cycle de la photosynthèse-respiration-décomposition, le cycle physique est bouclé sur de très longues périodes de temps, de l'ordre de plusieurs centaines de millions d'années, voire de milliards d'années. Pour simplifier, il suffit de dire que le CO_2 se transforme en ion bicarbonate (HCO_3^-) et libère un proton (H^+) lorsqu'il est en présence d'eau. Cette réaction réversible se produit dans un sens ou dans l'autre, selon l'équilibre des concentrations de CO_2 dans l'air et de bicarbonate dans l'eau. À la surface des océans, le dioxyde de carbone tend donc à se mêler à l'eau et à former des carbonates lorsqu'il rencontre des cations, comme le calcium. Il forme alors des carbonates qui sont plus ou moins solubles dans l'eau de mer. Les organismes vivants peuvent aussi incorporer les carbonates dans leur squelette ou leur coquille. Par exemple, la coquille des huîtres et autres mollusques est composée de carbonates de calcium. Les diatomées, microscopiques algues du plancton dont on peut voir un échantillon à la figure 3.4, fixent aussi une grande quantité de carbonates dans leur coquille.

Figure 3.4

Échantillon de diatomées

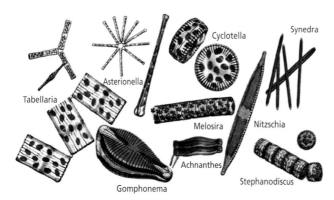

Quelques formes spectaculaires de diatomées.

D'un autre côté, les eaux de pluie entrent en réaction avec le CO_2 atmosphérique et forment de l'acide carbonique, ce qui contribue à acidifier légèrement les pluies naturelles (pH 5,6). Ces pluies peuvent donc plus aisément solubiliser les carbonates présents dans les roches calcaires et les entraîner dans leur ruissellement vers les océans.

Les carbonates présents dans les océans finissent, sous la pression de l'eau, par former des roches calcaires. Et ils se retrouvent dans les fonds marins, soit à travers les réactions chimiques qui les font précipiter ou fixés dans les coquilles des animaux marins qui s'accumulent sur les fonds après la mort de leurs occupants.

Ainsi, tant par la dissolution chimique que par l'action des êtres vivants, un déséquilibre chimique amène le CO_2 à se mêler naturellement à l'eau de mer, surtout si elle est froide. En effet, la solubilité des gaz dans l'eau diminue à mesure qu'on réchauffe cette dernière. En général, à l'équateur, l'océan perd du dioxyde de carbone au profit de l'atmosphère alors que, dans les eaux froides du Groenland, du Pacifique nord ou de l'Antarctique, le CO_2 est entraîné vers le fond par les courants créés par l'augmentation de la densité de l'eau.

La figure 3.5 montre la courbe de solubilité du CO_2 dans l'eau.

Figure 3.5

Solubilité du dioxyde de carbone dans l'eau

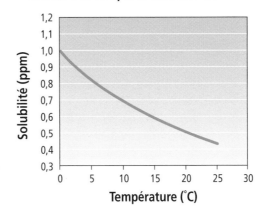

La courbe de solubilité illustre bien la caractéristique du dioxyde de carbone, qui est plus facilement soluble dans l'eau froide que dans l'eau chaude.

Source: C. Villeneuve et L. Rodier, *Vers un réchauffement global?*, MultiMondes et ENJEU, 1990, p. 71.

Il est maintenant plus facile de comprendre que les océans jouent un rôle crucial dans la régulation du CO_2 atmosphérique, puisqu'une augmentation de quelques degrés des eaux de surface pourrait se traduire par un dégazage et une perte de CO_2 qui viendrait accentuer l'effet des activités humaines.

Un équilibre maintenu par le volcanisme

Les échanges entre l'océan et l'atmosphère conduisent à une accumulation nette de carbone dans l'océan, qui contient d'ailleurs environ 50 fois plus de CO_2 dissous que l'atmosphère. Ainsi, en l'absence d'une source de gaz carbonique frais, l'atmosphère se serait suffisamment appauvrie en CO_2, en moins d'un million d'années, pour que disparaisse toute forme de vie dépendant de la photosynthèse. Comme nous le verrons un peu plus loin, la principale source naturelle de gaz carbonique atmosphérique est le volcanisme.

L'équilibre du gaz carbonique dépend donc essentiellement des sources volcaniques et des variations de température globales de la Terre. En effet, lorsque le climat planétaire se rafraîchit, le CO_2 atmosphérique se dissout plus abondamment dans l'eau de mer, provoquant ainsi un appauvrissement de l'atmosphère. Une période glaciaire sera caractérisée par un bas niveau de CO_2, donc par une diminution de l'effet de serre, qui cause à son tour un refroidissement encore plus important. Par contre, comme les surfaces recouvertes de glace mobilisent une bonne partie des précipitations, le climat général est plus sec, ce qui diminue la solubilisation du CO_2 atmosphérique et la dissolution des carbonates.

Le volcanisme n'étant pas soumis aux fluctuations de température, le CO_2 a tendance à s'accumuler lentement, produisant un effet de serre qui réchauffe progressivement la planète et la ramène à des conditions interglaciaires. Pendant ces périodes chaudes, la température monte parallèle-ment à la surface des océans, libérant une quantité plus grande de CO_2; le cycle de l'eau s'accélère et le climat se réchauffe, jusqu'à ce que l'absorption chimique du CO_2 l'emporte sur les émissions volcaniques, ce qui relance le cycle du refroidissement. Ces modifications climatiques se font toutefois de façon très progressive, sur une période d'environ 10 000 ans. L'augmentation de la concentration de CO_2 observée au cours des 150 dernières années est infiniment plus rapide que tout phénomène naturel observé dans le passé.

La formation des carburants fossiles

On appelle carburants fossiles les matières minérales carbonées dont la combustion peut fournir de l'énergie. L'existence de ces matériaux (pétrole, charbon, tourbe et gaz naturel) s'explique par l'incapacité historique des décomposeurs de dégrader toute la matière organique.

Dans certains écosystèmes, la matière organique s'accumule sans être décomposée. Dans les tourbières, par exemple, l'acidité est trop forte pour que la matière organique se décompose. En effet, les mousses qui recouvrent les lacs se transformant en tourbières échangent avec l'eau des ions calcium contre des ions hydrogène responsables de l'acidification[2]. L'acidité des tourbières est telle qu'elles peuvent

2. Voir C. Villeneuve, *Des animaux malades de l'homme ?*, Québec Science Éditeur, 1983, 345 p.

conserver pendant des centaines d'années des cadavres en parfait état de momification[3]. Cette décomposition lente est attribuable au fait que l'acidité des tourbières empêche la plupart des décomposeurs d'y vivre et favorise l'accumulation de matière organique.

Du dinosaure dans votre moteur

Dans les marais, l'accumulation de matière organique se fait très rapidement dans un milieu où l'eau s'oxygène mal. La décomposition en absence d'oxygène étant moins efficace, les sédiments recouvrent rapidement la matière organique, qui peut ainsi se conserver très longtemps. On pense actuellement que les réserves mondiales de charbon ont été formées à partir de la végétation de marais immenses d'une période appelée Carbonifère. C'était il y a 300 millions d'années, longtemps avant l'âge d'or des dinosaures. Comme le montre la figure 3.6, cette époque était caractérisée par la dominance de fougères arborescentes qui poussaient à la bordure des continents. Les conditions de sédimentation étaient telles, dans les marais côtiers, que de très grandes quantités de matière organique s'accumulaient dans l'eau et étaient rapidement recouvertes, ce qui les soustrayait à l'action des décomposeurs.

Figure 3.6

Aspect des forêts du Carbonifère

Représentation de ce que devait être un paysage du Carbonifère. Les océans, les lacs et les rivières étaient bordés d'imposantes forêts de fougères arborescentes.

Source : U.C. Berkeley Museum of Paleontology.

Enfin, au fond des océans ou des lacs profonds, la majeure partie de la matière organique échappe aux décomposeurs et est recouverte par des sédiments. C'est ainsi que s'est formé, par exemple, le pétrole par l'accumulation de cadavres de petits animaux et de petites plantes marines contenant chacune un peu d'huile. Les pressions géologiques ont créé des nappes d'huile enfermées entre les formations rocheuses qui s'y prêtaient[4].

---

3. Voir L.E. Levathes, «Mysteries of the bog», *National Geographic,* vol. 171, n° 3, 1987, p. 397-420.

4. Voir J.-M. Carpentier, *L'énergie en héritage,* Montréal, Éditions du Méridien, 1989, 216 p.

Les combustibles fossiles dont on tire aujourd'hui les carburants se sont formés par minéralisation, c'est-à-dire par lente décomposition chimique et stabilisation dans les couches géologiques. Ces carburants représentent de l'énergie solaire fixée par les plantes il y a plusieurs centaines de millions d'années, après que la photosynthèse a fixé le CO_2 atmosphérique sous forme de matière vivante. Ce qui revient à dire que nos voitures carburent à l'énergie solaire fossilisée.

Le processus de minéralisation, encore actif dans les océans, les marais et les tourbières, peut aussi être considéré comme un puits de carbone. Ce processus est cependant si lent que ce sont des quantités négligeables de carbone qui sont ainsi fixées chaque année. Nous consommons donc annuellement des quantités de carburant qui auront mis environ un million d'années à se former.

Les plus récentes évaluations permettent de croire qu'il existe, sous forme de charbon, de pétrole et de gaz naturel, l'équivalent de 5 000 milliards de tonnes de carbone fixées dans la lithosphère, dont 80 % sous forme de charbon.

Des réservoirs à l'atmosphère

Pour compléter son cycle, le carbone circule entre la lithosphère et l'hydrosphère, puis retourne dans l'atmosphère par le vol-canisme et la consommation de combustibles fossiles. Cette partie du cycle du carbone comporte encore de nombreuses inconnues, du point de vue scientifique, car l'ampleur des quantités de carbone échangées est encore difficile à évaluer.

De la lithosphère à l'atmosphère : la patiente érosion

Certaines roches de la surface émergée des continents présentent une forte concentration de carbonates. Ces roches ont généralement une origine marine. Elles sont dégradées par l'action des climats, en particulier l'érosion, et par l'action biologique et contribuent, elles aussi, au recyclage du carbone.

À l'échelle des temps humains, la surface de la Terre nous paraît immuable. Les côtes que décrivaient Jacques Cartier et les navigateurs qui l'ont suivi, les montagnes à l'aide desquelles les explorateurs faisaient le point dans le Saint-Laurent ainsi que les rivières qui alimentent le fleuve ont peu changé durant les quatre derniers siècles. De même, les pèlerins qui se rendent en Terre sainte s'attendent toujours à retrouver intacts les lieux où est censé avoir séjourné Jésus-Christ, il y a 2 000 ans.

Pourtant, ces événements ne représentent qu'un instant à l'échelle géologique, et l'histoire des hommes ne tient aucun registre des paysages qui existaient il y a 10 000 ans, à l'époque de l'invention de l'agriculture, ou il y a 20 000 ans, en plein cœur de la dernière glaciation. Naturellement, l'écriture n'existant pas à cette époque, il faut se fier aux peintures rupestres pour établir, par exemple, que les mammouths et les caribous fréquentaient le sud de la France. Mais il est probable que le mont Blanc était déjà le plus haut sommet d'Europe à cette époque et qu'il avait la même apparence qu'aujourd'hui.

Certains facteurs climatiques (pluie, vent, gel et dégel) contribuent à adoucir le relief, à creuser des vallées et à rendre les sols aptes à accueillir la végétation, mais il faut pour cela des centaines de milliers, voire des millions d'années.

La majeure partie du carbone terrestre est enfermée dans des roches sous forme de calcaire ou dans des sédiments qui se transformeront à la longue en roches calcaires. Plusieurs formations géologiques contiennent du calcaire ou des carbonates provenant de réactions chimiques entre l'air et les roches et surtout de la précipitation des carbonates dans les fonds marins. Lorsque le calcaire est exposé aux facteurs atmosphériques, les carbonates sont entraînés par l'érosion et ruissellent en solution jusque dans les milieux marins, là où se déroule le grand processus de transformation chimique et de formation des roches sédimentaires.

Au cours des millénaires, les mouvements de la croûte terrestre poussent les formations sous-marines vers la surface des continents, où elles sont à nouveau érodées sous l'action des facteurs climatiques. Il se fait ainsi une circulation constante des carbonates présents dans les roches continentales, qui sont mis en solution et transportés vers la mer, puis ramenés vers la terre ferme par l'action tellurique.

De l'hydrosphère à l'atmosphère : circulation marine

Lorsqu'on observe la concentration de dioxyde de carbone dans les carottes de glace prélevées dans l'Antarctique ou au Groenland, on remarque une correspondance étroite entre la quantité de CO_2 présente dans les microbulles d'air enfermées dans la glace et la température qui régnait sur Terre au moment de leur formation. Ce phénomène n'est pas l'effet du hasard. Il existe en effet un mécanisme d'ajustement entre la concentration de CO_2 atmosphérique et la température, qui met en jeu la solubilité du dioxyde de carbone dans l'eau froide, la circulation des courants marins et le cycle de l'eau.

Le dioxyde de carbone, comme l'oxygène d'ailleurs, est beaucoup plus facilement soluble dans l'eau froide que dans l'eau chaude (figure 3.5), de telle sorte que l'eau de surface des mers froides se charge constamment de CO_2 et d'oxygène. Comme elle est plus dense que l'eau chaude, l'eau froide s'enfonce, formant ainsi des courants marins de fond riches en oxygène et en dioxyde de carbone, qui descendent du nord vers le sud. Le courant du Labrador, qui pénètre dans le golfe du Saint-Laurent par le détroit de Belle-Isle, est un exemple de ce type de courant. Il contribue de façon importante à la productivité de la rive nord du golfe. Par contre, il refroidit sensiblement le climat de Terre-Neuve et de la région de la Côte-Nord, sur la rive gauche du Saint-Laurent.

À mesure que les eaux circulent dans les courants de profondeur, les matières organiques tombant de la surface sont utilisées par les organismes vivant au fond de l'océan, lesquels en retirent l'oxygène pour leur respiration et relâchent le dioxyde de carbone. En se déplaçant du nord vers le sud, les courants marins de profondeur s'enrichissent donc en CO_2 et s'appauvrissent en oxygène.

Dans les mers chaudes et les zones de remontée des courants profonds (au bord des continents ou dans des régions géographiquement définies), les eaux riches en CO_2 rendent ce gaz à l'atmosphère en se rééquilibrant en fonction de la température superficielle.

De la lithosphère à l'atmosphère: le volcanisme

L'essentiel du carbone, dans la lithosphère, se présente sous forme de roches riches en carbonates et de combustibles fossiles. Voyons comment il passe directement dans l'atmosphère.

Scientifiques étudiant l'activité volcanique du mont Saint Helens. Les volcans peuvent émettre d'impressionnantes quantités de CO_2, même en dehors des périodes éruptives.

Lors de la formation de notre planète, l'activité volcanique fut la source première de CO_2 atmosphérique. Même si nous vivons actuellement une période pendant laquelle le volcanisme est relativement peu actif, celui-ci n'en joue pas moins un rôle très important dans le cycle du carbone. Il permet le retour dans l'atmosphère du CO_2 fixé dans les roches par la formation des carbonates en milieu marin.

Le volcanisme est la plus grande source naturelle de CO_2 dans l'atmosphère. Comme nous l'avons vu, cependant, son action est équilibrée par la capacité de captage des océans.

Les continents sont supportés par de larges plaques qui se déplacent sur le magma formant le cœur de la Terre. Aux zones de jonction des plaques, une partie du plancher océanique s'enfonce sous les plaques continentales et la remontée de magma dans les dorsales océaniques, à l'autre extrémité des plaques, permet un lent déplacement des continents. Dans ces zones, le volcanisme est très actif. Une partie des formations calcaires est ainsi entraînée sous les continents par le phénomène de subduction des plaques tectoniques. Une fois en profondeur, ces roches sont chauffées et s'incorporent au magma, qui sera à la longue expulsé vers l'atmosphère par le volcanisme. Or, quand le fond marin s'enfonce dans le magma, les roches qui le composent subissent un véritable grillage, en raison des températures élevées qui règnent à cette profondeur. Ainsi, leurs éléments plus légers, principalement le CO_2 provenant du grillage des carbonates et l'eau d'hydratation des différents minéraux, sont expulsés par l'activité sismique, en particulier par les volcans.

Ce phénomène contribue au recyclage à long terme (environ 200 millions d'années) du CO_2 atmosphérique. Mais comme ce ne sont pas toutes les roches calcaires qui sont entraînées dans le magma, on peut considérer que la majeure partie du carbone fixé dans la lithosphère y restera captif, sauf si l'homme s'en mêle…

Les perturbations anthropiques du cycle du carbone

En pratique, la concentration atmosphérique de CO_2 est liée à des phénomènes géologiques et climatiques. Elle a varié dans l'histoire de la planète, mais depuis la révolution industrielle, l'action humaine constitue une source majeure de CO_2 dont l'augmentation s'accélère constamment depuis près de deux siècles, principalement en raison de l'exploitation des combustibles fossiles, pour la production d'énergie, et de la déforestation. L'activité humaine entraîne aussi des modifications dans l'activité de certains puits de carbone. Le chapitre 7 reprendra en détail les activités humaines qui contribuent à l'augmentation des concentrations de gaz à effet de serre dans l'atmosphère. Nous ne brosserons ici qu'un tableau d'ensemble des impacts de l'humanité sur le cycle du carbone.

La combustion des carburants fossiles

La révolution industrielle a commencé avec l'invention de la machine à vapeur et le remplacement du bois par le charbon comme principal combustible, tant pour le chauffage que pour l'énergie motrice. Depuis le début du 19e siècle, dans les industries, les transports et le chauffage urbain, le charbon, le pétrole et le gaz naturel sont devenus incontournables. Présents en grandes quantités dans des formations géologiques superficielles, charbon, pétrole et gaz ont soutenu

PHÉNOMÈNE DE SUBDUCTION : mouvement du plancher océanique qui s'enfonce sous les plaques continentales.

Forêt tropicale du Brésil. La surface occupée par les forêts tropicales primaires a été réduite de moitié au 20ᵉ siècle.

Jacques Prescott

la croissance de l'industrie manufacturière et ont permis la concentration des populations dans les villes et l'expansion du commerce à l'échelle mondiale.

Comme nous l'avons expliqué auparavant, les combustibles fossiles proviennent du stockage, dans des couches géologiques propices, de grandes concentrations de matière organique. Celle-ci se minéralise, c'est-à-dire perd ses molécules les plus légères par biodégradation et est déshydratée par la pression. On retrouve donc des hydro-carbures (molécules formées de carbone et d'hydrogène) de différentes longueurs, qui dégagent de l'énergie sous forme de chaleur lorsqu'on les brûle. C'est ainsi qu'on en a fait la source d'énergie privilégiée de l'humanité. Or, le résidu de la combustion des hydrocarbures, comme celui de la respiration des organismes vivants, c'est le CO_2.

Ainsi, en extrayant et en brûlant des combustibles fossiles nous provoquons un court-circuit dans le cycle du carbone qui se traduit par une augmentation soutenue de la concentration atmosphérique de ce gaz à effet de serre. D'environ 280 parties par million qu'elle était à l'époque préindustrielle, la concentration de CO_2 atmosphérique a aujourd'hui dépassé 370 parties par million, c'est-à-dire une augmentation de près du tiers. Et cela continue. Chaque année, la combustion des carburants fossiles envoie dans l'atmosphère plus de six milliards de tonnes de carbone!

La destruction des forêts tropicales

La moitié des forêts tropicales de la planète ont disparu, au cours des cinquante dernières années, et ont été remplacées par des zones agricoles, des friches ou des développements urbains. En général, lorsque la forêt est remplacée par des cultures végétales, qui accumulent le carbone, ou lorsqu'elle se régénère, sa capacité de fixer le CO_2 est compensée, mais c'est rarement ce qui se produit. Le changement de vocation des terres au profit de l'urbanisation ou des pâturages pour l'élevage bovin entraîne une perte nette de la capacité de fixation du CO_2. De plus, comme les arbres coupés sont souvent brûlés sur place, la destruction des forêts tropicales constitue une source nette de carbone évaluée à environ 1 milliard et demi de tonnes de CO_2 supplémentaire chaque année.

Les émissions de méthane

Le méthane est le deuxième en importance parmi les gaz à effet de serre dont la concentration dans l'atmosphère est influencée par l'activité humaine. Produit naturellement par la décomposition de la matière organique en l'absence d'oxygène, le méthane provient surtout des milieux humides et des sédiments lacustres.

C'est l'agriculture, en particulier l'élevage et la production de riz, qui constitue la principale source anthropique de méthane, suivie par la décomposition dans les sites d'enfouissement sanitaire et les fosses à fumier. Ces sources représentent deux fois la production naturelle de méthane[5].

Comme nous l'avons mentionné auparavant, le méthane finit par se retrouver oxydé dans l'atmosphère, où sa demi-vie est d'une dizaine d'années, avant d'être transformé en CO_2.

Bilan des perturbations anthropiques

L'augmentation continue des émissions liées aux activités humaines ne semble pas près de diminuer d'intensité. En effet, la population humaine est en pleine croissance et il faudra à peine dix ans pour voir s'ajouter un autre milliard d'habitants aux six milliards qui peuplent aujourd'hui la planète. Comme ces nouveaux habitants naissent surtout dans les pays en développement, où le riz constitue la céréale de base, il faut considérer que les émissions de méthane ne cesseront d'augmenter. Par ailleurs, les habitants des pays industrialisés ou en voie d'industrialisation consomment de plus en plus de bœuf, d'où une augmentation considérable de méthane de source bovine.

Enfin, les besoins en énergie, les ventes de véhicules et les distances parcourues continuent d'augmenter tous les ans, ce qui entraîne une consommation à la hausse des produits pétroliers, du charbon et du gaz naturel, et l'accroissement des émissions de CO_2.

L'augmentation de gaz à effet de serre est compensée en partie par des phénomènes naturels comme la dissolution dans les océans et une efficacité accrue de la photosynthèse. Le CO_2 est généralement considéré comme un facteur limitatif de la photosynthèse. Lorsqu'on augmente sa concentration jusqu'à 2 % (20 000 ppm), la croissance des plantes s'en trouve favorisée, si par ailleurs elles ne manquent ni d'eau, ni de sels minéraux, ni de lumière. L'augmentation de CO_2 est donc en partie récupérée par une croissance accrue des forêts, phénomène qu'on observe un peu partout dans l'hémisphère

5. J. Hansen *et al.*, «Global warming in the twenty-first century: An alternative scenario», *Proc. Natl. Acad. Sci.*, États-Unis, 2000, 97, 9875-9880.

Figure 3.7

Schéma du cycle du carbone intégrant l'activité humaine

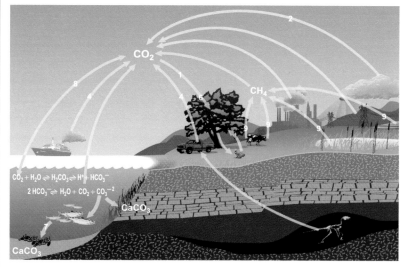

CO_2

CH_4

$CO_2 + H_2O \rightleftharpoons H_2CO_3 \rightleftharpoons H^+ + HCO_3^-$

$2\ HCO_3^- \rightleftharpoons H_2O + CO_2 + CO_3^{-2}$

$CaCO_3$

$CaCO_3$

1. Le carbone est disponible pour les plantes sous forme de CO_2 dans l'atmosphère.
2. À l'origine, le CO_2 venait des volcans, mais de nos jours s'ajoute le CO_2 provenant des diverses formes de combustion...
3. ... particulièrement des combustibles fossiles, charbon, pétrole et gaz naturel...
4. ... pour les besoins de l'industrie, du transport et du chauffage domestique.
5. Les animaux et les plantes rejettent du CO_2 dans l'atmosphère durant une phase de leur respiration.
6. Les plantes, lorsqu'elles font la photosynthèse, absorbent le CO_2 atmosphérique et le transforment en sucres.
7. Les plantes et les animaux marins rejettent aussi du CO_2 lors de leur respiration, mais la plus grande partie de ce CO_2 est transformée en carbonates (sels), qui s'accumuleront dans la coquille de plusieurs animaux marins et finiront par former des dépôts, dont on extrait, entre autres, la craie.
8. Une énorme quantité de CO_2 atmosphérique se dissout dans l'eau de mer, diminuant de façon importante l'accumulation de ce gaz dans l'atmosphère et réduisant ainsi l'effet de serre. En fait, il se crée un équilibre entre la concentration de CO_2 atmosphérique et celle de CO_2 marin.
9. Le méthane est formé dans les marais lors de la décomposition anaérobie des produits originellement vivants. Depuis l'avènement de l'élevage intensif, le bétail est une source importante de ce gaz dans l'effet de serre. La moitié du méthane produit sera lentement (sur environ 10 ans) oxydé sous forme de CO_2 atmosphérique.
10. L'oxygène produit lors de la photosynthèse est utilisé par les organismes aérobies, comme l'homme et les animaux.

Source : C. Villeneuve.

Nord. Mais cela est bien insuffisant pour compenser l'augmentation annuelle des émissions !

Selon des évaluations récentes (Kasting, 1996) des 7,1 gigatonnes de carbone d'origine anthropique envoyées dans l'atmosphère chaque année, à peu près la moitié s'y accumule, causant une augmentation moyenne de 1,7 ppm de la concentration atmosphérique de CO_2. En 1998, toutefois, cette augmentation a été de 2,7 ppm.

La figure 3.7 présente le bilan des perturbations du cycle du carbone causées par l'activité humaine et l'augmentation de la concentration atmosphérique qui résulte chaque année de l'incapacité des systèmes naturels de prendre en charge cet excédent.

Un modèle intégrateur du cycle du carbone

Les mécanismes de circulation du CO_2 dans la biosphère sont complexes et mettent en jeu les divers systèmes chimiques, biologiques et physiques qui caractérisent la planète. Le recyclage du carbone, sur des millions d'années ou à court terme, est très étroitement lié aux variations climatiques observables à l'échelle globale. On peut donc s'attendre à ce que des perturbations dans le cycle du carbone se traduisent à terme par des impacts climatiques difficiles à prévoir ou à gérer, étant donné l'ampleur des phénomènes appréhendés et la complexité des

Figure 3.8

Bilan des perturbations anthropiques dans le cycle du carbone

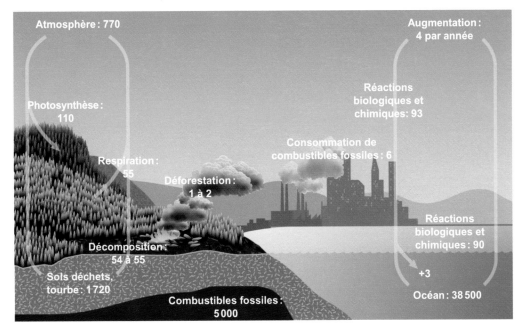

On peut observer, dans cette illustration, les différentes sources de dioxyde de carbone d'origine humaine : les industries, le transport (la combustion de carburants fossiles), le changement de vocation des terres. (Les chiffres sont en milliards de tonnes.)

Source : C. Villeneuve.

solutions qu'il faudrait appliquer. La figure 3.8 représente une vision synthétique du cycle du carbone, tel que nous l'avons expliqué dans ce chapitre, et intègre les activités humaines.

Il est important de bien voir les différentes voies que peut emprunter le carbone dans sa circulation entre l'océan, l'atmosphère et la lithosphère et qui constituent des cycles d'une durée variable. La circulation du carbone à travers les êtres vivants est toutefois la plus rapide, de l'ordre d'une journée à quelques centaines d'années.

Nous verrons, dans les prochains chapitres, comment est déterminé le climat planétaire et quelles conséquences l'augmentation des gaz à effet de serre peut nous faire craindre à cet égard.

CHAPITRE 4

Comment faire la pluie et le beau temps

Le climat se définit comme un ensemble de paramètres caractérisant l'état de l'atmosphère en un point précis de la planète pendant une période de temps déterminée. Cette période étant généralement longue (jusqu'à quelques milliers d'années), on parle donc de l'ensemble des conditions météorologiques à long terme d'une région donnée. Naturellement, les conditions climatiques varient selon l'échelle spatiale et temporelle.

Les principales composantes du climat sont la température et les précipitations. Ces deux facteurs s'influencent mutuellement et déterminent les conditions dans lesquelles la vie pourra s'épanouir à un endroit particulier du globe. Par exemple, de fortes précipitations sous forme de pluie supposent que l'air est chargé de vapeur d'eau, ce qui réduit l'ampleur des fluctuations de température et contribue à maintenir une température moyenne annuelle plus élevée, car la vapeur d'eau est un gaz à effet de serre. Le vent est aussi un facteur climatique important qui, outre son effet mécanique sur les êtres vivants, contribue à accélérer l'évaporation et amplifie ainsi l'effet de sécheresse qui peut résulter de faibles précipitations.

Le climat se mesure à l'échelle locale (on parle alors de microclimat), à l'échelle régionale et à l'échelle mondiale. La nature des divers climats joue un rôle essentiel dans l'ajustement des caractéristiques écologiques des écosystèmes. La combinaison des températures moyennes et des précipitations détermine les grands types de végétation sur les continents et explique la répartition des biomes terrestres.

Comme le montre la figure 4.1, des biomes comme le désert et la prairie sont situés dans des zones de faible pluviosité, alors que les forêts de tous types se trouvent dans les zones de pluviosité plus intense. Plus la température moyenne est faible, moins il faut de pluviosité pour retrouver des écosystèmes forestiers. À l'inverse, plus la température moyenne est élevée, plus il

Après la pluie vient le beau temps. Le vieil adage illustre bien la variabilité du climat à chaque point de la planète.

Paul G. Adam/Publiphoto

Figure 4.1

Distribution des grands biomes
en fonction de la température et de la pluviosité

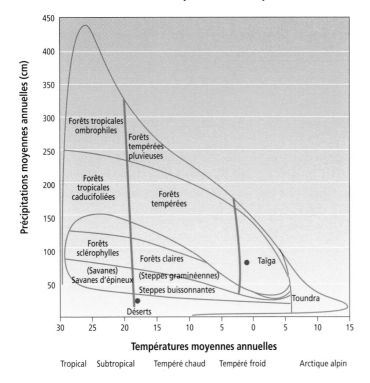

Le type de végétation qu'on retrouvera sur un territoire est principalement déterminé par la combinaison de la température moyenne annuelle et des précipitations totales moyennes annuelles. Un biome est une grande formation végétale dominée par un certain type de végétation. On peut voir que plus la température moyenne annuelle est élevée, plus il faut de précipitations pour maintenir une forêt. Une modification du climat, même mineure, peut provoquer d'importantes transformations des biomes. (La figure 4.2 illustre la répartition mondiale des biomes.)

Source : C. Villeneuve, *Eau secours!*, Québec, MultiMondes et ENJEU, 1996, p. 25.

élevée suppose plus d'évaporation ; il faut donc des précipitations plus abondantes pour maintenir des conditions favorables à certaines formes de végétation plus exigeantes. On estime qu'il y a aridité lorsque les précipitations mensuelles moyennes ne dépassent pas deux fois la hauteur en millimètres de la température moyenne mensuelle mesurée en degrés Celsius.

C'est un élément important à retenir, car même si la température terrestre est supposée augmenter dans les prochaines décennies, il n'est pas certain que les précipitations suivront de manière équivalente. Or, pas de précipitations, pas de production forestière ni agricole. De plus, les experts du changement climatique prévoient que les précipitations se produiront plus souvent sous forme d'événements violents et localisés, ce qui pourrait aussi entraîner des différences majeures dans la disponibilité de l'eau à l'échelle locale et régionale en certains points de la planète. Un orage violent qui déverse 300 millimètres d'eau une fois par mois n'est pas l'équivalent d'une pluie de 30 millimètres tous les trois jours, en termes climatiques, même si le total de précipitations est le même à la fin du mois. De même, la température moyenne doit être interprétée en termes d'extrêmes. Une température qui varie entre +30 et 0° donne une température moyenne de 15 °C, alors que des valeurs extrêmes de 20 et de 10 donneront aussi une valeur moyenne de 15 °C. En général, les climats humides sont moins

faut de pluie pour que des forêts se développent. Cela s'explique par l'évaporation. Une température moyenne annuelle plus

Figure 4.2

Répartition mondiale des biomes

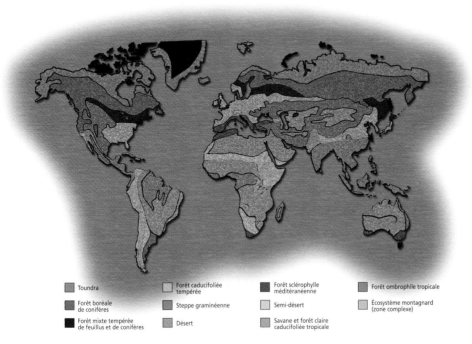

▩ Toundra	☐ Forêt caducifoliée tempérée	▩ Forêt sclérophylle méditéranéenne	▩ Forêt ombrophile tropicale
▩ Forêt boréale de conifères	▩ Steppe graminéenne	☐ Semi-désert	▩ Écosystème montagnard (zone complexe)
■ Forêt mixte tempérée de feuillus et de conifères	▩ Désert	▩ Savane et forêt claire caducifoliée tropicale	

Les biomes de la planète sont de grandes zones délimitées en fonction du climat et du type de végétation qu'on y retrouve à l'état naturel. Les biomes sont les suivants : toundra, forêt boréale, forêt tempérée, steppe semi-désert, désert, savane, forêt tropicale, écosystème montagnard.

Comme on peut le voir dans cette figure, c'est la combinaison de la position sur un continent, de la proximité des océans, de la latitude et de l'altitude qui expliquent la température moyenne et les précipitations annuelles, lesquelles, à leur tour, expliquent les types de végétation terrestre.

Source : Adapté de F. Ramade, *Dictionnaire encyclopédique de l'écologie et des sciences de l'environnement*, Paris, Édiscience International, 1993, p. 76.

contrastés, alors que les climats des lieux éloignés des océans et des grands plans d'eau sont plus secs et présentent de plus fortes variations saisonnières. La végétation doit s'adapter à ces conditions.

Le Soleil, moteur climatique

L'essentiel de l'énergie disponible pour expliquer les phénomènes météorologiques à l'échelle planétaire provient du rayonnement lumineux du Soleil. Ce flux d'énergie,

Figure 4.3

Schéma général de la circulation des masses d'air

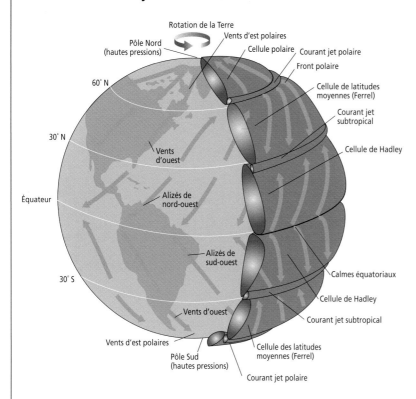

Du pôle Nord en descendant vers l'équateur et, à l'inverse, du pôle Sud en remontant vers l'équateur, on rencontre les vents dominants d'est au-dessus du 60e parallèle, suivis des vents dominants d'ouest entre le 60e et le 30e parallèle, puis les alizés, qui convergent du nord-est et du sud-est vers l'équateur et qui sont à l'origine de la formation des cellules de Hadley de part et d'autre de l'équateur. Les mouvements ascendant et descendant des masses d'air entre le 30e et le 60e parallèle forment les cellules de Ferrel. Au-delà du 60e parallèle, tant dans l'hémisphère Nord que dans l'hémisphère Sud, ces mouvements forment les cellules polaires. Ce schéma présente une situation idéalisée, la réalité étant très variable.

Source : Adapté de Université de l'Illinois, Urbana-Champaign.

FORCES DE CORIOLIS :
forces générées en réaction à
la rotation de la Terre.

constamment renouvelé, réchauffe l'atmosphère et crée des mouvements de convection où l'air chaud, plus léger, tend à monter jusqu'à une altitude où il refroidira et où sa densité le fera redescendre, formant ainsi des cellules de circulation d'air, tel que l'illustre la figure 4.3.

C'est la zone équatoriale qui reçoit, sur une année, le maximum d'ensoleillement direct. Cela provoque, au niveau de la mer, une intense évaporation d'eau et un échauffement des eaux de surface, ce qui a un impact majeur puisque l'océan accumule ainsi une très grande quantité de chaleur qui sera répartie, par le biais des courants marins, tel le Gulf Stream, vers les latitudes moyennes.

L'air chargé d'humidité qui s'évapore des zones équatoriales s'élève et se refroidit, ce qui provoque la condensation de l'eau sous forme de nuages qui seront transportés par les vents d'altitude. Ceux-ci sont mus par l'effet de la rotation de la Terre et, en vertu des forces de Coriolis, prédominent de l'ouest vers l'est dans l'hémisphère Nord et de l'est vers l'ouest dans l'hémisphère Sud. Ainsi, la côte ouest d'un continent est généralement mieux arrosée que la côte est dans l'hémisphère Nord, alors que c'est le contraire dans l'hémisphère Sud. De même, les flancs est et ouest d'une haute chaîne de montagne ne reçoivent pas la même quantité de précipitations.

Les zones situées entre l'équateur et les tropiques sont donc abondamment arrosées et ce sont les endroits où on retrouve les luxuriantes forêts tropicales humides. Pendant leur périple en altitude, les masses d'air se sont progressivement asséchées et l'air refroidi redescend aux environs de 30° de latitude Nord et Sud, où il provoque des vents alizés desséchants allant en direction opposée des vents d'altitude. Ce mouvement cyclique forme ce qu'on appelle la cellule de Hadley.

Aux pôles, à l'inverse de l'équateur, la radiation solaire est faible, voire nulle pendant la moitié de l'année. La température de l'air est donc très froide, ce qui crée des masses d'air sec et dense qui tendent à se diriger près de la surface du sol, du pôle vers les latitudes moyennes. Cet air sec et dense forme le front polaire, qui a tendance, selon les saisons, à se déplacer plus ou moins loin vers les latitudes moyennes. Lorsque les masses d'air du front polaire rencontrent l'air chargé d'humidité des latitudes moyennes, elles provoquent des précipitations et s'élèvent à nouveau, retournant vers les pôles. C'est ce qui forme la cellule polaire, qui explique qu'il y ait très peu de précipitations sous les très hautes latitudes. L'île d'Ellesmere, au nord du Canada, reçoit moins de précipitations en moyenne chaque année que le Sahara.

À l'interface des cellules de Hadley et des cellules polaires, les masses d'air ont tendance à être entraînées indirectement dans une circulation qui forme une cellule de Ferrel. Celle-ci est caractérisée par des mouvements d'air ascendants au nord et descendants au sud. L'air s'humidifie du sud vers le nord. Cela explique pourquoi les vents de surface sont dirigés du sud vers le nord à ces latitudes intermédiaires, amenant de fortes charges d'humidité à la rencontre du front polaire.

Forêt de la Réserve du Dja, au Cameroun. Les forêts tropicales humides nécessitent des pluies très abondantes, qui peuvent atteindre 10 mètres par année dans certaines localités.

Jacques Prescott

Naturellement, ces cellules ne sont pas fixes. Au gré des saisons, les cellules polaires s'étendent vers les latitudes moyennes en hiver et retraitent vers les pôles en été. Ceci explique, par exemple, pourquoi la rive nord de la Méditerranée connaît des étés secs et des hivers pluvieux, alors que sur la rive sud, le climat est beaucoup plus sec. De même, les vents alizés peuvent être observés beaucoup plus près des pôles en été qu'en hiver. Ces phénomènes étaient connus intuitivement des navigateurs à voile des 16e et 17e siècles, qui utilisaient des routes situées plus au sud, avec des vents alizés les amenant vers l'ouest pour traverser en Amérique au printemps, et qui revenaient à la faveur des vents soufflant vers l'est par des routes situées plus au nord, lorsqu'ils voulaient regagner les ports européens à l'automne.

Les masses d'air sec qui redescendent aux environs de 30° de latitude de chaque côté de l'équateur expliquent aussi pourquoi les plus grands déserts sont situés sous ces latitudes, l'effet combiné de la radiation solaire et de l'air sec provoquant une évaporation rapide de l'eau des rares précipitations.

Les vents distribuent une partie importante de l'énergie solaire sous forme de chaleur, mais l'atmosphère est si ténue que l'air se refroidit dès la nuit venue. Ce sont les océans qui mettent en réserve la plus grande partie de l'énergie solaire et qui la redistribuent à la grandeur de la planète, influant à leur tour sur les climats.

La circulation océanique planétaire

L'océan mondial, avec ses 362 millions de kilomètres carrés, occupe la plus grande partie de la Terre. Sa profondeur moyenne est de 4 000 mètres et il couvre 71 % de la surface de la planète, ce qui en fait la plus importante composante de l'écosphère, à la fois en surface et en volume.

Les masses d'eau océaniques ont un comportement complexe. D'abord, l'eau atteint sa densité maximale[1] à une température de 4 °C. La figure 4.4 montre la courbe de variation de la densité en fonction de la température de l'eau.

Figure 4.4

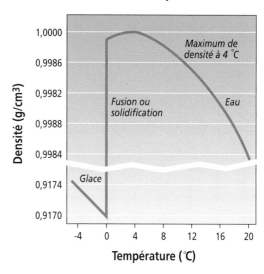

Évolution de la densité de l'eau en fonction de la température

La densité de l'eau est à son maximum entre 1° et 4 °C. Elle diminue ensuite avec l'augmentation de la température. Sa densité minimum se situe toutefois à 0 °C, son point de congélation.

Source: C. Villeneuve, *Eau secours!*, Québec, Éditions MultiMondes, 1996, p. 12.

Cela signifie que de l'eau à 4 °C a tendance à s'enfoncer dans la mer, créant ainsi un courant descendant. Une eau plus chaude ou plus froide aura tendance à rester plus près de la surface. La glace, quant à elle, est beaucoup moins dense que l'eau et flotte.

Ainsi, de part et d'autre de l'équateur, les eaux de surface sont chaudes et légères,

---

1. Voir C. Villeneuve, *Eau secours !*, Québec, Éditions MultiMondes, 1996.

et elles ont tendance à flotter sur des masses d'eau plus froides qui recouvrent le fond de l'océan. Des courants sont donc produits par l'expansion de l'eau de surface, qui tend à occuper plus d'espace en se dilatant sous l'effet de la chaleur emmagasinée. Ces eaux tièdes sont transportées vers le nord-est dans l'Atlantique et vers le sud-ouest dans le Pacifique et l'océan Indien. À mesure qu'elles s'éloignent de la zone tropicale, ces eaux s'évaporent et transfèrent leur énergie à l'atmosphère, devenant progressivement plus froides et plus salées, donc plus denses,

jusqu'à ce que leur densité les fasse couler littéralement vers le fond en produisant un courant froid qui suit les accidents géographiques sous-marins.

Ce phénomène de convection océanique planétaire crée une circulation sous-marine qui se comporte comme un véritable «tapis roulant», comme l'indique la figure 4.6. Et c'est d'ailleurs ce qui explique que la Scandinavie et l'Écosse, situées à une latitude beaucoup plus élevée que le Québec, aient un climat beaucoup plus doux.

Figure 4.6

Courant de convection océanographique planétaire

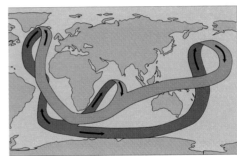

Source : IGBP (International Geosphere-Biosphere Programme, décembre 2000, n° 2, p. 9.

Figure 4.5

Carte simplifiée de la circulation des grands courants océaniques

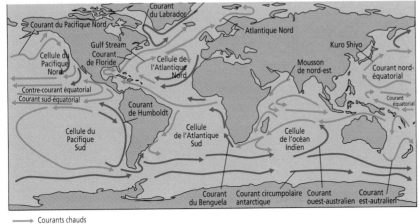

→ Courants chauds
→ Courants froids

Les courants froids sont en bleu, les courants chauds, en rouge. On observe un phénomène giratoire, une rotation, de part et d'autre de l'équateur, dans chacun des océans. Comme pour la direction des vents, cette rotation est causée par l'effet de Coriolis.

La productivité marine, une question de nutriments

Pour réaliser la photosynthèse, les plantes et les algues ont besoin de lumière, d'eau et de CO_2, bien sûr, mais aussi de quelques molécules qu'elles ne peuvent fabriquer elles-mêmes. Parmi celles-ci, les nutriments qui leur permettent de satisfaire leurs besoins en azote, en phosphore et en potassium (que les jardiniers connaissent par les lettres NPK), en soufre, en fer et en magnésium, pour ne mentionner que ceux-là. Comme les plantes ne consomment pas d'autres êtres vivants, elles doivent trouver ces éléments dans leur milieu sous une forme soluble. Lorsqu'un de ces éléments vient à manquer, même si tous les autres sont présents, la croissance végétale est impossible et l'élément absent ou déficitaire devient un facteur limitatif pour la plante.

Dans l'océan, les minéraux viennent soit de la décomposition de la matière organique, soit des roches solubles, ou encore des substances minérales drainées par les fleuves à partir de continents. C'est pourquoi les zones côtières, les estuaires des grands fleuves et les zones peu profondes situées au-dessus du plateau continental sont riches en plancton végétal. On y retrouve en effet, outre l'eau et la lumière, les sels minéraux constamment renouvelés. Ces zones forment un peu moins de 10 % de la surface océanique.

Quatre-vingt-dix pour cent des océans sont donc un désert biologique où les organismes vivants réussissent à fixer l'équivalent de deux cuillers à thé de matière organique par mètre carré et par année. Les zones de remontée de courants marins font toutefois exception, alors que les eaux froides et chargées de minéraux qui remontent à la surface à partir des profondeurs, en raison d'un accident géographique ou de la rencontre d'un autre courant, ont l'effet d'un véritable fertilisant pour le phytoplancton. Malgré qu'elles n'occupent que 0,1 % de la surface des océans, ces zones produisent près de la moitié des poissons, grâce à une productivité végétale six fois plus élevée et à une efficacité de transfert de la biomasse deux fois meilleure que celle des zones océaniques, comme l'indique le tableau 4.1.

Les grands courants océaniques froids sont aussi responsables de l'approvisionnement des fonds marins en oxygène dissous. Sans cet apport, les communautés animales qui vivent en profondeur seraient privées de ce gaz qui se dissout à la surface de l'océan avant d'être entraîné vers les profondeurs.

Rorquals communs au large de l'île Verte.

Enfin, au cours de leur périple au fond des océans, les courants froids se chargent d'éléments nutritifs, comme les phosphates, le fer et divers sels, qui sont souvent un facteur limitatif pour le phytoplancton océanique. Lorsque les courants remontent du fond, à la faveur d'obstacles sous-marins ou à proximité des côtes, ces éléments sont utilisés par le phytoplancton, qui connaît alors une véritable explosion, engendrant une intense activité biologique. Le phytoplancton est ensuite consommé par le zooplancton qui sert d'aliment aux petits poissons, et ainsi de suite, jusqu'aux plus grands prédateurs océaniques. Ces zones de remontée des eaux profondes (*upwelling*), sont responsables de près de la moitié de la production de poissons de l'ensemble des

Tableau 4.1

Production estimée de poissons dans les diverses zones océaniques

Zone	Pourcentage de la surface océanique	Productivité primaire moyenne annuelle* (gms C/m²/an)	Productivité primaire totale (10^9 t C organique)	Nombre de niveaux trophiques	Efficacité du transfert énergétique	Production de poissons (10^5 tonnes)
Surface océanique ouverte	90	50	16,3	5	10	16
Zone côtière	9,9	100	3,6	3	15	12×102
Zones de remontée de courants profonds	0,1	300	0,1	1,5	20	12×102
Total						24×107

* La productivité primaire est le résultat de l'activité photosynthétique. Malgré l'étendue neuf fois supérieure des surfaces océaniques ouvertes, leur production de poissons est presque cent fois moindre que celle des zones côtières, qui est égale à celle des zones de remontée de courants profonds (*upwelling*).

Source : Adapté de J.R. Ryther, « Photosynthesis and fish production in the sea », *Science*, 1969, n° 166, p. 74-76.

océans, même si elles ne représentent qu'un millième de leur surface comme l'indique le tableau 4.1.

C'est la faute à El Niño !

Naturellement, les courants océaniques ne sont pas d'une constance parfaite. Comme tous les phénomènes naturels, ils sont l'objet de fluctuations périodiques plus ou moins cycliques. L'une de ces fluctuations, parmi les plus importantes et qui affecte le climat planétaire, est le phénomène connu sous le nom d'El Niño. Ce phénomène périodique, qui arrive en moyenne deux à trois fois par décennie, se traduit par un blocage de la remontée des eaux profondes du Pacifique par suite de l'inversion des courants du Pacifique équatorial. Comme la remontée des eaux froides cesse le long de la côte du Pérou à l'époque de Noël, les pêcheurs locaux ont surnommé le phénomène El Niño, c'est-à-dire, en espagnol, l'Enfant Jésus. Pour eux, cependant, ce n'est pas un phénomène heureux, puisque les populations de poissons dont ils dépendent pour leur survie sont rapidement menacées par l'appauvrissement des eaux marines superficielles, une situation qui dure plusieurs mois. Au-delà de cette baisse de productivité océanique, El Niño engendre des changements climatiques à l'échelle mondiale, illustrant bien l'interdépendance de l'atmosphère et des courants marins.

Comme l'indique la figure 4.7a, en temps normal, les vents soufflent d'est en ouest dans le Pacifique équatorial, entre la côte ouest de l'Amérique du Sud, et l'Australie et l'Indonésie à l'ouest. Cela provoque

Figures 4.7a et b

Diagrammes simplifiés du phénomène El Niño

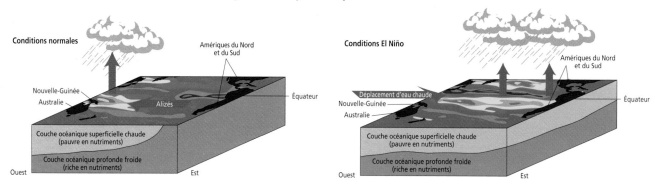

Dans des conditions normales, les vents alizés au-dessus du Pacifique poussent les masses d'air vers l'ouest et l'eau chaude en surface s'accumule dans le Pacifique ouest, où l'humidité est élevée en raison de l'évaporation. Lors des épisodes El Niño, les alizés faiblissent, l'eau chaude s'étend tout au long de l'équateur, il n'y a plus de remontée d'eau froide le long de la côte du Pérou et cette région normalement aride devient très arrosée, alors que les terres à l'ouest du Pacifique subissent des sécheresses.

Lorsque les températures sont plus chaudes, les eaux chaudes superficielles sont poussées vers l'est et, avec elles, les nuages qui donnent des précipitations au-dessus du Pacifique ou sur la côte ouest de l'Amérique du Sud, provoquant des inondations et des événements climatiques extrêmes. Cela réduit la température du côté est du Pacifique et les courants reviennent à la normale.

Source: Adapté de NASA, 2001.

la formation d'un courant chaud superficiel qui entraîne en sens contraire un courant sous-marin d'eau froide, lequel remonte vers la côte ouest de l'Amérique du Sud chargé d'éléments nutritifs. Ces vents entraînent aussi une quantité importante de vapeur d'eau qui provient des eaux chaudes de surface et qui arrose abondamment l'Indonésie et la côte est de l'Australie.

Le phénomène El Niño est désormais jumelé à un autre phénomène observé dans l'océan Pacifique, découvert récemment et que l'on nomme «oscillation australe». On désigne le tout sous l'appellation ENOA.

L'oscillation australe est une variation de la pression atmosphérique à la surface de l'océan Pacifique entre la région tropicale sud-est et la région de l'Australie-Indonésie. Dans des conditions normales, l'atmosphère au-dessus du Pacifique sud-est est dominée par une zone de haute pression à l'est, alors qu'une basse pression domine à l'ouest, ce qui provoque des vents dominants d'est en ouest. On calcule un indice d'oscillation australe (IOA) en soustrayant la pression au niveau de la mer, à l'ouest, de celle à l'est. Durant les épisodes El Niño, l'IOA a une valeur négative, ce qui a pour effet d'inverser la direction des vents, causant ainsi les

ENOA : El Niño-oscillation australe (en anglais, ENSO: El Niño-Southern Oscillation).

phénomènes décrits plus haut le long de la côte ouest de l'Amérique du Sud et jusque dans l'Est du Canada.

Les années où sévit El Niño sont fertiles en rebondissements climatiques des deux côtés de l'océan Pacifique. En 1982-1983, par exemple, lors d'un épisode El Niño particulièrement fort, il est tombé en moins de six mois plus de 2 500 millimètres de pluie dans les déserts côtiers de l'équateur et du nord du Pérou, ce qui les a littéralement transformés en prairies luxuriantes. De leur côté, l'Australie et l'Indonésie vivaient de cruelles sécheresses. En 1997-1998, à l'occasion d'un autre phénomène El Niño, de très importantes tempêtes, dont le verglas[2] qui paralysa Montréal et la Montérégie pendant plusieurs jours, firent rage aux États-Unis et au Canada, laissant par endroits plus de dix centimètres de glace et privant par le fait même des millions de personnes d'électricité, dans certains cas pendant plus de trois semaines.

Un autre phénomène, de moindre envergure, affecte le climat en sens contraire d'El Niño. Il s'agit de La Niña, qui se produit lorsque la température des eaux de surface du Pacifique équatorial est plus froide que la normale à l'est. La Niña affecte le régime des précipitations sur la côte ouest des États-Unis, provoquant des

Bernard Saulnier

sécheresses en Californie et des hivers chaotiques où les vagues de froid succèdent à des températures presque estivales. La Niña a des effets presque opposés à ceux d'El Niño.

Au 20e siècle, le phénomène El Niño s'est accentué. Il se produit beaucoup plus fréquemment et les épisodes de grande intensité s'accentuent. En 1999, les scientifiques du National Center for Atmospheric Research (NCAR) des États-Unis ont fait l'hypothèse[3] que cela était lié aux changements climatiques, puisque le phénomène répond aux augmentations de la

2. Pour consulter les études d'impact sur l'environnement de la grande tempête de verglas de 1998, voir le site Internet http://www.ekolac.qc.ca.

3. EPA, 2000, El Niño-Southern Oscillation, Climate Change Fact Sheet.

température moyenne terrestre observées pendant cette période. Pour sa part, le Troisième Rapport d'évaluation du GIEC, même s'il ne prévoit pas d'augmentation de la fréquence du phénomène El Niño au cours du nouveau siècle, n'en prédit pas moins une intensification de ses effets et des extrêmes climatiques qui l'accompagnent.

De la mer à la montagne

Mais il n'y a pas que la mer qui contrôle le climat. Les accidents topographiques sont aussi un facteur important dans la vie sur les continents.

Chacun a pu remarquer que l'air se rafraîchit lorsqu'on escalade une montagne. Cela est dû à la densité plus faible de l'atmosphère en haute altitude. En effet, 50 % du poids de l'atmosphère est situé dans les deux premiers kilomètres au-dessus du niveau de la mer. Une atmosphère plus rare signifie une moindre capacité de retenir la chaleur par l'effet de serre, surtout que la vapeur d'eau, un gaz à effet de serre très important, se raréfie en altitude puisque l'air froid ne peut pas contenir autant d'humidité. Lorsqu'un nuage rencontre une montagne, il a tendance à précipiter, sous forme de pluie ou de neige. L'eau ainsi tombée empruntera naturellement le réseau hydrographique qui descendra jusqu'à la mer.

La vie ne serait pas possible sur les continents sans l'apport des précipitations, et cette partie du cycle de l'eau est particulièrement importante pour l'espèce humaine, car toute notre production agricole dépend du régime des précipitations dans les zones cultivées, la disponibilité de l'eau étant souvent le facteur limitatif de la productivité végétale. De même, pour notre approvisionnement en eau potable, nous dépendons du réseau hydrographique et des nappes souterraines, où l'eau des précipitations s'accumule et séjourne pendant des périodes plus ou moins longues. Distillée, l'eau qui s'évapore des continents et des océans ne contient pas de sels minéraux. C'est cette eau douce qui est indispensable à tous les organismes qui vivent sur les continents, végétaux ou animaux.

L'océan, qui occupe 71 % de la surface de la planète, est la source de la majeure partie de l'eau qui s'évapore et se retrouve dans l'atmosphère. C'est aussi là que retombe 89 % de l'eau évaporée, le reste (36 000 kilomètres cubes) étant transporté par les vents au-dessus des continents. Cet apport constitue le tiers des précipitations que reçoit la terre ferme alors que les deux autres tiers proviennent de l'évaporation des eaux continentales et de l'évapotranspiration des végétaux. La présence d'une chaîne de montagnes contribue à retenir l'humidité sur le versant qui fait face aux vents dominants. On observe donc beaucoup plus de précipitations sur le côté ouest des montagnes dans l'hémisphère Nord, et à l'inverse, sur le côté est dans l'hémisphère Sud. C'est pourquoi on retrouve des déserts côtiers à l'ouest du Chili et de la cordillère des Andes, alors qu'aux États-Unis et au Canada, c'est sur le flanc est des Rocheuses que se trouvent les zones désertiques ou semi-désertiques.

À mesure qu'il circule au-dessus des continents, l'air a tendance à s'assécher, ce qui donne des climats continentaux plus secs et donc plus contrastés que les climats maritimes à la même latitude.

Et les gaz à effet de serre?

Les gaz à effet de serre n'empêchent pas l'énergie de quitter la surface de la Terre, mais en retardent simplement le départ. Toute l'énergie reçue du Soleil, plus l'énergie produite par la radioactivité naturelle des roches est émise vers l'espace. Au total, la Terre doit émettre autant d'énergie qu'elle en reçoit et qu'elle en produit. Le système climatique doit s'adapter pour équilibrer son bilan radiatif, et la température globale de la planète reflète cet équilibre. Si le Soleil arrêtait de nous fournir de l'énergie, la planète ne se refroidirait pas immédiatement. Il y aurait une période d'ajustement pendant laquelle l'eau des océans perdrait progressivement de l'énergie en se refroidissant, mais la vie sur les continents deviendrait rapidement impossible, en raison de l'arrêt du cycle de l'eau et de l'incapacité des plantes à effectuer la photosynthèse.

Les montagnes Rocheuses. L'atmosphère moins dense à mesure qu'on s'éloigne du niveau de la mer explique les fluctuations plus marquées du climat dans les zones montagneuses.

Y. Derome/Publiphoto

63

Même si la pluie nous semble moins agréable que le soleil, elle est indispensable au maintien de la vie sur les continents.

En transportant l'énergie d'un point à l'autre de la planète, les gaz à effet de serre comme la vapeur d'eau contribuent à rendre la planète habitable dans son ensemble. Ils agissent comme une couette qu'on place sur son lit en hiver. La couette ne produit pas de chaleur, mais permet de conserver plus longtemps celle du corps et de la répartir.

Or, depuis plus de deux siècles, les humains ont émis dans l'atmosphère de grandes quantités de gaz à effet de serre tels que le dioxyde de carbone, ajoutant une couverture supplémentaire à la couette existante. La quantité de chaleur retenue dans l'atmosphère est plus grande, et cette énergie devra être dissipée dans l'espace ou stockée temporairement dans l'écosphère.

L'océan est ainsi un grand accumulateur d'énergie, et sa température superficielle augmente depuis un siècle sous l'effet de la chaleur supplémentaire retenue dans l'atmosphère par la quantité grandissante de gaz à effet de serre, ce qui explique d'ailleurs le réchauffement marin observé au 20e siècle. L'atmosphère, qui répond beaucoup plus rapidement, s'est aussi réchauffée de façon notable, soit plus de 0,6 °C au 20e siècle. C'est pourquoi on parle de réchauffement global; il n'y a pas que l'atmosphère qui se réchauffe, mais aussi l'océan, ce qui fait craindre qu'il soit difficile d'éviter les impacts des gaz à effet de serre déjà émis dans l'atmosphère.

Mais le réchauffement n'est pas la seule façon dont le climat ajuste son bilan radiatif. Plus de chaleur signifie plus d'évaporation, donc des changements dans l'abondance et la répartition des précipitations. C'est aussi plus d'énergie dans l'air, donc plus de vents violents, d'orages et ainsi de suite.

Certains des effets escomptés, comme la plus grande quantité de nuages, peuvent masquer l'effet du réchauffement, puisque ceux-ci reflètent une partie de la lumière, sans qu'elle puisse transférer son énergie à la Terre. D'autres impacts, au contraire, tel le réchauffement des océans, vont amplifier le réchauffement par une libération accrue du CO_2 contenu dans les eaux qui remontent des fonds océaniques. Enfin, en libérant le méthane présent dans le pergélisol, le réchauffement nous réserve sans doute encore bien des surprises par rapport à la prédiction des climats futurs.

Comment le climat évoluera-t-il dans le temps? Pour répondre à cette question,
il faut s'intéresser à ce qui est arrivé dans le passé.
Après tout, notre planète en a vu d'autres!

COMMENT FAIRE LA PLUIE ET LE BEAU TEMPS

CHAPITRE 5

À la recherche du climat passé

Les archives climatiques inscrites dans la glace permettent de retracer le climat de plusieurs dizaines de milliers d'années dans le passé.

Ève-Lucie Bourque

Scientifique analysant une carotte de glace (en mortaise).

David Etheridge/Simon Faser Science Photo Library/Publiphoto

arler de changements climatiques suppose que nous sachions ce que peut être un climat « normal ». Or, nous l'avons déjà dit, les variations interannuelles du climat sont relativement grandes. En quelques décennies, en un point précis de la planète, la température annuelle moyenne peut varier de plusieurs degrés, à la hausse ou à la baisse. Une année exceptionnellement froide ou chaude peut, à l'échelle planétaire, varier de 1 ou 2 °C par rapport à la moyenne, cachant ainsi des variations plus fines. Pour détecter une tendance telle que le réchauffement de 0,6° du climat planétaire sur un siècle, il faut consulter des séries historiques les plus longues possibles, établir des moyennes et déterminer l'écart des données climatiques disponibles aujourd'hui par rapport à ces moyennes.

Le présent chapitre reprend certains thèmes abordés dans notre livre de 1990, *Vers un réchauffement global?*, et reproduit l'essentiel de l'histoire des climats anciens décrite alors. Nous avons cependant enrichi cet historique des plus récentes découvertes dans le domaine. Non seulement les progrès technologiques permettent-ils de retracer l'évolution précise des températures au cours des 160 000 dernières années, mais il est désormais possible de remonter jusqu'à plusieurs centaines de millions d'années pour aller « sentir » et analyser la composition de l'air qui flottait autour de la Terre en ces temps anciens. Les récentes avancées de la recherche ont surtout permis d'accroître notre capacité de synthétiser et de relier les différentes sources de données sur les climats passés. Par ailleurs, la reconstitution des paléoclimats a aussi permis, grâce aux modèles climatiques, d'isoler l'effet de causes de variabilité naturelles, comme l'activité volcanique et le cycle d'activité des taches solaires, et ainsi de déterminer plus précisément ce qui constitue une variation normale du climat.

Nous rappellerons donc, dans ce chapitre, les évidences historiques, biologiques, chimiques, géologiques et astronomiques qui tendent à prouver que le climat est beaucoup plus dynamique que nous sommes généralement portés à le croire. L'histoire fournit en effet de nombreux exemples de variations climatiques considérables, qui se sont traduites par des glaciations ou des transformations écologiques d'envergure.

Ces variations n'avaient pas d'autre origine que des causes naturelles. En effet, l'espèce humaine n'a commencé à atteindre des effectifs significatifs, à l'échelle de la biosphère, qu'au début du 20e siècle. Nous verrons comment on a pu déduire les fluctuations passées du climat de la Terre et comment les observations nous permettent de distinguer les variations naturelles des influences humaines, ce que l'on nomme le «signal anthropique». Pour ce faire, nous nous attarderons entre autres à quelques épisodes de réchauffement climatique passés, clairement identifiés. Nous verrons qu'aucun de ces épisodes n'équivaut, ni en intensité ni en durée, à celui dont nous sommes les témoins depuis quelques décennies.

Dans la boîte à outils des paléoclimatologues et autres explorateurs du climat, on retrouve des techniques et des méthodes en constante évolution et dont le plein potentiel est encore loin d'être atteint, d'où la controverse qui émerge à l'occasion autour de certaines découvertes. L'étude des carottes de glace, l'analyse de la composition des sédiments marins et lacustres, l'examen des anneaux de croissance des arbres et les techniques d'archéologie sont parmi les méthodes dont nous ferons le survol ici, avant de présenter, au chapitre 6, un aperçu des modèles climatiques qui permettent, dans une certaine mesure, de superposer les observations récentes aux données historiques. Ce domaine de la science du climat est des plus intéressants, puisqu'il sert de base à la prévision des climats à venir.

Enfin, l'étude du passé et son lien avec la modélisation du futur nous aident à comprendre pourquoi on doit s'inquiéter des conséquences du réchauffement global. Les hypothèses quant à ces conséquences sont basées, comme nous le verrons, sur les scénarios officiels élaborés par l'autorité en la matière, c'est-à-dire le Groupe d'experts intergouvernemental sur l'évolution du climat (GIEC)[1].

L'histoire et les climats

L'histoire est pleine d'éléments qui permettent de déduire des informations sur les climats du passé. Bien sûr, on peut obtenir des mesures de température précises pour le dernier siècle[2], mais cela est plus difficile

1. Voir le chapitre 8 pour la description détaillée de cette organisation internationale composée de scientifiques de partout et de tous les domaines.

2. Les services climatiques américains viennent de mettre à la disposition du public une base de données sur les températures enregistrées dans les stations météorologiques de ce pays depuis 1895. On peut les consulter à l'adresse http://www.ncdc.noaa.gov/ol/climate/research/cag3/cag3.html.

pour l'époque précédant l'invention des instruments scientifiques de mesure du climat. On peut toutefois s'aider en étudiant l'ampleur de l'expansion géographique de certaines cultures et l'histoire de la colonisation des territoires.

Par exemple, l'histoire nous apprend qu'en 982 Erik le Rouge découvrit le Groenland et en amorça la colonisation à partir de l'Islande. C'était l'époque où les Vikings régnaient sur la Scandinavie et effectuaient des expéditions un peu partout au nord de l'Europe. On sait également qu'une agriculture et un élevage de subsistance furent pratiqués au Groenland pendant quelques siècles, ce qui laisse supposer que le climat y était à l'époque semblable à celui du nord de l'Écosse aujourd'hui.

Cette occupation humaine hâtive, à une époque où les capacités techniques étaient réduites, donne à penser que le climat était, au temps des Vikings, plus clément qu'aujourd'hui. Cela est vrai en partie, comme semblent le démontrer les reconstitutions les plus récentes du climat de l'hémisphère Nord. On pensait effectivement, jusqu'à récemment, que la température globale de l'époque était plus élevée que de nos jours. Or, cet «optimum médiéval», comme on l'a appelé, s'est révélé de nature beaucoup plus régionale que globale, ce qui tend à confirmer que le réchauffement accéléré que nous observons depuis la fin du 20e siècle constitue un événement sans précédent au cours des 1 000 dernières années[3].

L'occupation de la «Terre verte» par les Vikings ne fut jamais bien importante, si l'on se fie aux découvertes archéologiques effectuées depuis. Elle se termina vers 1347, à cause de difficultés croissantes dans les échanges de biens et de services avec la mère patrie, lesquels étaient par ailleurs absolument nécessaires, ce qui démontre que l'autarcie de la colonie était sans cesse remise en question. Il semble que les conditions de glace dans les eaux entourant le Groenland, vers cette époque, rendirent la communication de plus en plus difficile. L'arrivée d'une période de températures plus froides, que l'on a appelé le «Petit Âge glaciaire», aurait ainsi contribué à l'interruption forcée de la colonisation du Groenland, dont on sait que la population, au début du millénaire, entretenait des contacts réguliers avec la métropole, ce qui laisse supposer des conditions plus favorables alors.

Après un abandon de presque quatre siècles, les Danois sont revenus au Groenland vers 1721. Aujourd'hui, ce territoire autonome du Danemark, d'une population estimée à environ 55 000 habitants, possède une économie essentiellement dépendante de l'extérieur, en raison du déclin de la pêche. On n'y pratique, non plus, ni culture

TERRE VERTE : Groenland signifie « terre verte » en norvégien.

AUTARCIE : caractère de celui qui se suffit à lui-même.

69

---

3. On trouve un résumé de quelques études récentes à se sujet sur le site Internet du US Global Change Research Program : http://www.usgcrp.gov.

Figure 5.1

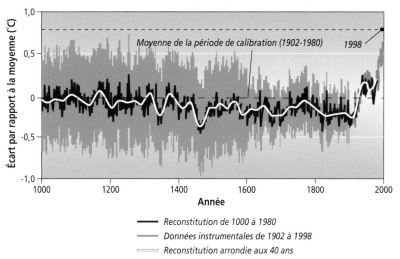

Reconstitution des températures moyennes annuelles, par des données historiques, depuis le Moyen Âge

Légende du graphique :

Axe des ordonnées : Écart par rapport à la moyenne (°C), de -1,0 à 1,0

Moyenne de la période de calibration (1902-1980)   1998

Axe des abscisses : Année, de 1000 à 2000

— Reconstitution de 1000 à 1980
— Données instrumentales de 1902 à 1998
= Reconstitution arrondie aux 40 ans

La représentation des températures annuelles moyennes a été réalisée grâce aux reconstitutions obtenues par la dendrochronologie, l'analyse de carottes de glace et la lecture d'instruments divers. Cette reconstitution des températures moyennes montre que l'année 1998 a été plus chaude de deux fois l'écart type de n'importe quelle année depuis 1 000 ans. Les écarts types sont illustrés en jaune (l'écart type représente, en quelque sorte, l'étendue caractéristique d'une mesure en dessous et au-dessus de la moyenne). Les différentes lignes représentent (de haut en bas) :

- La reconstitution (1000 à 1980) ;
- Les données instrumentales (1902 à 1998) ;
- La moyenne de la période de calibration (1902 à 1980) ;
- La reconstitution arrondie aux 40 ans (pour réduire l'incertitude) ;
- La tendance linéaire (1000 à 1850).

Source : National Oceanic and Atmospheric Administration (NOAA).

céréalière ni élevage, ce qui pourrait nous inciter à croire que les conditions climatiques actuelles du Groenland sont encore moins favorables qu'il y a mille ans. En fait, les exigences des populations actuelles sont différentes de celles des populations de l'époque et l'autosuffisance des collectivités, en cette ère de mondialisation, n'est plus une nécessité aussi vitale qu'au 10e siècle.

Par ailleurs, les conditions ayant prévalu pendant les quelques siècles où les Vikings ont eu des colonies au Groenland étaient peut-être liées à un réchauffement climatique régional dans l'Atlantique Nord. Cela vient de ce que les effets d'un réchauffement, même mineur, du climat planétaire se font d'abord sentir aux latitudes élevées, comme l'illustrent l'ouverture du passage du Nord-Ouest[4] et la diminution du couvert de glace de l'océan Arctique, ces dernières années.

La figure 5.1 montre les écarts de température du dernier millénaire, mesurés par diverses méthodes indirectes, par rapport à la moyenne calculée pour la période de 1902 à 1980, où l'on disposait de données instrumentales fiables. Malgré les marges d'incertitude considérables pour les données

4.   Ce passage a acquis une dimension quasi mythique pour les navigateurs, explorateurs et commerçants du 18e siècle au 20e siècle. Il devait exister une voie maritime permettant de relier les riches marchés asiatiques en passant par le nord du Canada, au lieu de devoir contourner le cap de Bonne Espérance en Afrique ou le cap Horn à la pointe de l'Amérique du Sud. On mettait en moyenne deux ans pour parcourir la distance, dans des conditions souvent très difficiles, et il en fut ainsi jusqu'aux années 1990, alors que le passage fut libéré de ses glaces suffisamment longtemps pour réduire la traversée à moins de deux semaines.

provenant de mesures indirectes, il est facile de repérer les basses moyennes caractéristiques du Petit Âge glaciaire (de 1400 à 1850 approximativement) de même que l'envolée du mercure correspondant au réchauffement des dernières décennies. On voit clairement que la variabilité dans les mesures se réduit au 20ᵉ siècle en raison de méthodes de calcul plus efficaces. Cependant, l'augmentation de la température annuelle moyenne dépasse la variabilité des mesures reconstituées à partir des données historiques, ce qui incite d'autant plus à prendre au sérieux l'hypothèse d'un changement climatique.

Plusieurs autres indices de nature historique permettent de croire qu'il y a eu, dans l'histoire récente de l'humanité, des fluctuations assez importantes du climat terrestre, à tout le moins à l'échelle régionale. Dans le sud de l'Europe, même avant l'invention de l'écriture, les dessins retrouvés sur les parois des grottes où vivaient les hommes préhistoriques, il y a des dizaines de milliers d'années, représentaient des animaux typiques des écosystèmes arctiques. On chassait par exemple, à cette époque, le renne et le bœuf musqué dans le sud de la France. Ces animaux sont aujourd'hui l'apanage de l'Arctique. Des peintures rupestres datant de 10 000 ans, dans le Sahara, montrent des paysages verdoyants et une faune abondante sur les rives de grands plans d'eau. L'Afrique du Nord n'était-elle pas le grenier de l'empire romain il y a moins de 2 000 ans ?

► Encadré 5.1

L'optimum médiéval : un phénomène local ou global ?

Entre 800 et 1200 de notre ère, l'Europe a connu une période chaude appelée « optimum médiéval », comparable à celle que nous vivons et marquée par des hivers doux et des étés chauds et secs. Cette période donna lieu à un retrait glaciaire qui, dans les Alpes, semble avoir été semblable à celui que nous observons aujourd'hui. À partir de 1350 et jusqu'à 1850, le climat européen et nord-américain se refroidit pour donner ce que nous appelons le Petit Âge glaciaire. Bien sûr, nous avons appris cela par le recoupement de sources indirectes. Pour l'Europe, ce furent en particulier les récits historiques ; pour les autres continents, la tâche est beaucoup plus difficile. Le recoupement des événements et des températures de l'optimum médiéval et du Petit Âge glaciaire en Europe avec les récits des historiens a été relaté par Brian Fagan[5] dans un livre publié en 2000. Pourtant, les courbes de Mann (figure 5.1) de la reconstitution du climat du dernier millénaire ne portent pas trace de l'optimum médiéval, ce qui pourrait laisser croire qu'il s'agit d'une variation climatique locale. Cette opinion n'est cependant pas partagée par l'ensemble de la communauté scientifique.

Dans un article publié à l'été 2001, Wallace Broeker[6], de l'Université Columbia, souligne la grande incertitude qui entoure les températures de la reconstitution de Mann et indique que l'optimum médiéval pourrait avoir été un réchauffement semblable à celui que nous observons aujourd'hui et relèverait d'un phénomène naturel qui affecterait le climat planétaire tous les 1 200 ans environ. Cela expliquerait pourquoi les températures moyennes ont commencé à s'élever rapidement à la fin du 19ᵉ siècle, sans que les concentrations de CO_2 n'aient crû de façon significative à cette époque. Broecker ne remet toutefois pas en doute la contribution anthropique au réchauffement climatique et se contente de souligner que la rapidité de l'augmentation observée pourrait être attribuable à la combinaison des deux phénomènes. Pour déterminer si l'optimum médiéval était une variation locale du climat de l'Atlantique Nord ou correspondait à une augmentation globale de la température terrestre, il propose d'étudier les traces d'avancée et de recul des glaciers dans les deux hémisphères.

---

5. B. Fagan, *The Little Ice Age. How Climate Made History*, New York, Basic Books, 2000, 246 p.
6. W.S. Broeker, « La fonte des glaces au Moyen Âge », *La Recherche*, 2001, 343:34-38.

71

Figure 5.2

Pyramide maya

Une pyramide typique de la civilisation maya, disparue il y a plus de 1 000 ans. Le temple 1 de Tikal, au Guatemala, est un vestige qui témoigne encore de l'impressionnante civilisation maya, dont le déclin précipité pourrait s'expliquer en partie par un climat devenu soudainement plus sec vers 800 après J.-C.

Plus près de nous, des scientifiques[7] se sont intéressés au déclin soudain des populations précolombiennes, en particulier la très avancée civilisation maya, connue pour son architecture et le degré d'avancement de ses connaissances astronomiques. C'est vers l'an 800 de notre ère que la civilisation maya aurait subitement décliné. Plusieurs hypothèses ont été avancées pour tenter d'expliquer ce phénomène, entre autres les guerres, les maladies, le chaos social. Des découvertes récentes tendent cependant, sans nier l'importance des autres facteurs, à donner au climat un rôle clé dans la chute des cités mayas. En effet, l'étude de sédiments lacustres provenant de la péninsule du Yucatán permet de déduire qu'une sécheresse importante a sévi à cette époque. Il est donc tout à fait plausible que le stress causé par le manque d'eau ait contribué à précipiter la diminution soudaine de la population des Mayas.

Il serait possible et intéressant de multiplier les anecdotes historiques, telles que les mauvaises récoltes, les famines, le gel permanent de lacs et de rivières, qui toutes peuvent indiquer des variations de quelques degrés dans les températures annuelles des contrées où l'on effectue des relevés historiques systématiques. Toutefois, cela allongerait inutilement notre propos, sans compter que les témoignages humains sont par définition sujets à controverse, vu leur nature régionale et anecdotique. Il est très difficile pour un scientifique de prendre en compte des données qui n'ont pas été collectées systématiquement, selon une méthode reproductible. Nous allons donc présenter quelques méthodes permettant de remonter dans le temps, afin d'obtenir des indices climatiques sur les époques où les

---

7. L'équipe de David A. Hodell, de l'Université de Floride, a recueilli les échantillons de sédiments lacustres qui ont particulièrement intéressé l'archéologue expert de la civilisation maya, Jeremy A. Sabloff, directeur du Musée d'archéologie et d'anthropologie de l'Université de Pennsylvannie.

Quand le climat fait l'histoire

Dans un livre[8] publié à l'automne 2000, Brian Fagan, professeur d'archéologie à l'Université de Californie, explore le rôle déterminant qu'a joué le climat dans l'histoire européenne pendant le Petit Âge glaciaire. Le chercheur recoupe des données concernant aussi bien les dates de vendanges et les états financiers des monastères que les éruptions volcaniques importantes, ainsi que les données dendrochronologiques ou les observations des chroniqueurs de l'époque. Selon cet auteur, les changements climatiques typiques du Petit Âge glaciaire ont provoqué des famines et une misère sociale telles que la révolution industrielle et la Révolution française peuvent être attribuées en grande partie aux avatars climatiques. Fagan nous met en garde contre les changements climatiques à venir, qui pourraient engendrer un certain chaos, surtout dans les pays où l'on pratique encore une agriculture de subsistance et là où les populations peuvent être menacées par les caprices de la météo.

Les changements climatiques qui ont caractérisé le Petit Âge glaciaire montrent en effet que l'instabilité est la règle, alors que des décennies de temps chaud et sec étaient suivies de périodes extrêmement froides et pluvieuses. Or, la présence d'une plus grande quantité de gaz à effet de serre dans l'atmosphère devrait augmenter cette instabilité et l'accentuer. Fagan craint par-dessus tout que la circulation océanique globale ne s'arrête en raison de la fonte des glaciers arctiques, ce qui placerait l'ensemble de l'Europe dans des conditions presque glaciaires, semblables à celles qui ont prévalu au Dryas lors d'un tel événement (épisode de la déglaciation entre 12 000 et 10 000 ans avant aujourd'hui). Qu'adviendrait-il des centaines de millions de personnes qui peuplent ce continent si l'agriculture y devenait impossible et que le climat se mette à ressembler à celui du nord du Canada ? La perspective donne froid dans le dos !

---

8. B. Fagan, *The Little Ice Age. How Climate Made History*, New York, Basic Book, 2000.

instruments météorologiques, et par conséquent les relevés, étaient inexistants, imprécis ou moins systématiques qu'aujourd'hui.

Le secret est écrit dans la glace

Les glaciers et les calottes polaires ont comme caractéristique de rester gelés toute l'année. Une partie des précipitations neigeuses qu'ils reçoivent s'y accumulent, année après année, et finissent pas se transformer elles-mêmes en glace. Dans les épaisseurs de glace des calottes polaires et des glaciers en général sont ainsi enfermées des traces du climat passé. Mais comment fait-on pour y lire la température qu'il faisait à l'époque où la glace s'est formée? Il s'agit de faire appel aux variations des concentrations relatives des différents isotopes de l'oxygène et de l'hydrogène présents dans l'eau.

ISOTOPES : formes différentes d'atomes d'un même élément. Ils sont constitués d'un nombre égal de protons et d'électrons, mais leur noyau atomique contient un nombre variable de neutrons. À l'exception de leur poids atomique et de certaines propriétés physiques, ces différents isotopes possèdent les mêmes caractéristiques chimiques. On peut les séparer les uns des autres par différentes techniques qui exploitent leurs propriétés physiques, par exemple le point d'ébullition.

Les deux isotopes recherchés, pour l'oxygène, sont respectivement l'oxygène-16 (^{16}O) et l'oxygène-18 (^{18}O). Ces deux isotopes peuvent constituer des molécules d'eau; une petite fraction de celles-ci proviendra du ^{18}O ($H_2^{18}O$), tandis que la très grande majorité viendra du ^{16}O ($H_2^{16}O$). Physiquement, ces deux types de molécules d'eau diffèrent, bien que très légèrement, par la température d'ébullition ou par la facilité d'évaporation ou de condensation. La différence fondamentale entre ces deux formes d'oxygène tient en fait à leur poids, qui est 12 % plus élevé pour le ^{18}O.

Quand le Soleil chauffe la mer, des molécules d'eau s'évaporent. On s'en doute bien, celles qui contiennent du ^{18}O ont besoin d'un peu plus d'énergie, pour passer en phase gazeuse, que les molécules contenant du ^{16}O. En conséquence, lorsqu'il fait plus chaud, la quantité de ^{18}O dans l'eau qui constitue les nuages est légèrement plus élevée. À son tour, la neige provenant de ces nuages associés à des périodes chaudes sera caractérisée par une teneur en ^{18}O plus importante. Lorsqu'il fait plus froid, au contraire, le rapport entre la concentration de ^{18}O et celle de ^{16}O diminue, parce que l'énergie n'est pas suffisante pour vaporiser les molécules moins volatiles de ^{18}O.

Comme la neige qui forme les calottes glaciaires provient principalement de l'eau évaporée des océans, les glaces permettent de connaître la composition isotopique des océans au fil du temps et sont donc un reflet de la température globale. Ainsi, lors de périodes froides, la concentration de l'isotope ^{18}O dans la glace sera faible, et le rapport $^{18}O/^{16}O$, moins élevé que lors des périodes chaudes.

L'hydrogène est l'autre élément dont les isotopes peuvent être utilisés pour «lire» la température passée. L'hydrogène-2, mieux connu sous le nom de deutérium, ou hydrogène lourd, est la forme qui se retrouve en plus faible concentration dans la glace lors des épisodes froids. Comme dans le cas de l'oxygène, le rapport de la forme lourde (H-2) à la forme normale (H-1) d'hydrogène sera plus faible en période froide, toujours en raison du fait qu'il faut plus d'énergie pour évaporer une molécule plus lourde. Les isotopes d'hydrogène sont utilisés comme repères climatiques entre autres par l'équipe du Dr Jouzel, du Laboratoire de modélisation du climat et de l'environnement de France, pour l'analyse des glaces de l'Antarctique.

Les analyses des diverses équipes de scientifiques qui ont étudié les carottes de glace provenant de l'Antarctique et du Groenland permettent de tracer des courbes de température estimées à partir des isotopes de l'oxygène ou de l'hydrogène. La similitude entre les courbes du Groenland et celles de l'Antarctique est étonnante.

La récolte des précieux glaçons

Un projet américain, le Greenland Ice Sheet Project 2 (GISP2)[9], qui regroupe des équipes de chercheurs de plusieurs universités, a entrepris en 1992 de poursuivre les travaux du GISP1, dans le but de percer plus en profondeur le secret des glaces du Groenland.

Les forages dans la glace nécessitent de l'équipement très spécialisé, compte tenu de la précision exigée lors de l'analyse des échantillons. L'équipement utilisé par les chercheurs pour extraire les carottes de glace provient du Polar Ice Coring Office (PICO) de l'Université de l'Alaska. Il consiste en une perceuse de 20 m de longueur, équipée d'un cylindre, de couteaux, d'un moteur et autres accessoires, le tout relié à un câble d'alimentation de 4 000 m de longueur. La perceuse est descendue au fond du puits de forage et prend des sections de 2 à 6 m de longueur, qui sont remontées et transférées avec beaucoup de soins à l'intérieur d'un laboratoire où elles seront l'objet de prélèvements. La manipulation de ces précieux glaçons exige des habits et des instruments spéciaux qui préviennent toute contamination.

Des échantillons soigneusement emballés et préservés sont ensuite acheminés vers les différents laboratoires, qui en dévoileront les secrets. Ainsi, par l'examen des caractéristiques physiques des strates de dépôt, des chercheurs établissent les variations annuelles d'accumulation de la neige. Des équipes déterminent les ratios entre les différents isotopes d'oxygène de façon très précise, par spectrométrie de masse, alors que d'autres chercheurs se penchent sur la composition ionique par la mesure de la conductivité électrique. D'autres encore tentent d'identifier l'origine des poussières déposées en utilisant la microscopie à balayage électronique, cherchant par là à étudier les activités volcaniques passées. Il est même possible d'identifier les grains de pollen emprisonnés entre les couches de glace et d'obtenir ainsi des indices sur la composition végétale et, indirectement, sur les conditions climatiques de leur lieu d'origine.

Figure 5.3

L'extraction des carottes de glace

Des carottes de glace recueillies à quelques milliers de mètres de profondeur et en plusieurs endroits de la planète sont utilisées pour l'étude des isotopes. On peut également y trouver de l'information sur les poussières atmosphériques, les transformations du couvert végétal, l'accumulation de glace et les émissions anthropiques.

Source : NOAA Paleoclimatology Program.

---

9. On retrouve un historique de ce projet sur le site Internet de l'Université du New Hampshire, qui coordonne la recherche : http://gust.sr.unh.edu/GISP2/MoreInfo/Ice_Cores_Past.html. Par ailleurs, un article de Kendrick Taylor, paru dans l'*American Scientist* de juillet-août 1999, passe en revue les résultats de l'étude des paléoclimats à partir d'échantillons des calottes glaciaires. On peut consulter cet article sur le site Internet http://www.amsci.org/amsci/articles/99articles/taylorintro.html#ice.

Parmi ces carottes, certaines proviennent de forages effectués dans la glace du continent Antarctique, près de la station de Vostok, dans une épaisseur de plus de 2 000 m. L'âge des plus anciennes couches de glace qu'on y trouve a été estimé à 500 000 ans, période qui couvre au moins les deux dernières périodes interglaciaires, dont la plus ancienne pouvant être identifiée remonte à 240 000 ans avant notre ère. Selon les interprétations des rapports isotopiques $^{18}O/^{16}O$ des échantillons de glace, les variations de température moyennes entre les périodes glaciaires et interglaciaires sont d'environ 6 °C.

Les variations de température que révèle la glace se confirment par l'analyse des sédiments marins accumulés depuis des centaines de milliers d'années. On utilise à cette fin des foraminifères[10] de l'espèce *Globigerinoides ruber*, récoltés sur un site où les courants océaniques déposent de grandes quantités de sédiments, comme le Bermuda Rise, par exemple. Les isotopes de l'oxygène se retrouvent dans les mêmes proportions dans la coquille de ces organismes que dans la glace formée à la même époque.

Parallèlement à cette composition isotopique, des prélèvements de glace et l'estimation des concentrations de différents gaz emprisonnés[11] ont permis de déceler des variations pour le dioxyde de carbone. Selon ces mesures, les concentrations atmosphériques de CO_2 varient parallèlement à la température moyenne qui a prévalu lors de la formation de la glace. La figure 5.4 illustre bien la similitude des variations du CO_2 atmosphérique et de la température estimée à partir de la concentration en deutérium. La relation de cause à effet, entre la variation de la concentration de dioxyde de carbone atmosphérique et la température moyenne, ne peut toutefois être établie à partir de ces mesures.

Fait tout aussi intéressant, selon les calculs, les variations de température seraient beaucoup plus importantes que celles que l'on serait disposé à associer à la variation de

---

10. Les foraminifères sont des microorganismes zooplanctoniques de l'embranchement des protozoaires qui se forment une capsule calcaire avec les éléments contenus dans l'eau de mer. Chez les espèces qui vivent près de la surface, on retrouve dans la composition des coquilles les mêmes proportions d'isotopes de l'oxygène que dans l'eau de mer, dont la composition est elle-même directement influencée par le climat. En datant les couches de sédiments et en faisant correspondre les périodes de formation des capsules calcaires avec celles de la glace, on peut obtenir des informations concordantes sur le climat de ces époques.

11. Lorsque la glace se forme, une petite quantité de tous les gaz atmosphériques s'y trouve emprisonnée. Des chercheurs estiment toutefois que l'air capturé devient complètement isolé seulement après 22 ans en moyenne. Cela s'explique en raison des échanges gazeux qui continuent de se produire à travers la surface poreuse de la neige pendant qu'elle s'accumule. Il existe donc une infime marge d'erreur sur les concentrations des gaz emprisonnés par rapport à l'âge de la glace.

la concentration de CO_2 (atmosphérique). Les «exagérations» entre les variations de température et les variations de concentration de CO_2 (atmosphérique) vont d'un facteur de cinq à un facteur de quatorze! Une étude récente fait même état d'une situation qui va complètement à l'encontre de toute la logique du réchauffement causé par l'accumulation de dioxyde de carbone (voir l'encadré 5.4).

Les oscillations de température, périodes de réchauffement suivies de périodes de refroidissement, furent nombreuses pendant cet intervalle de 160 000 ans[12]. Toutefois, cette période ne couvre en fait que deux grands modes climatiques que l'on qualifie de glaciaire et interglaciaire. Il y a environ 150 000 ans, les températures moyennes étaient relativement froides. Aux alentours de – 130 000 à – 115 000 ans, au contraire, les températures auraient été parmi les plus chaudes de toutes celles estimées selon les méthodes en usage. On a nommé cette période particulière l'Éémien; elle correspond à l'avant-dernière période interglaciaire, la dernière étant celle que nous vivons

Figure 5.4

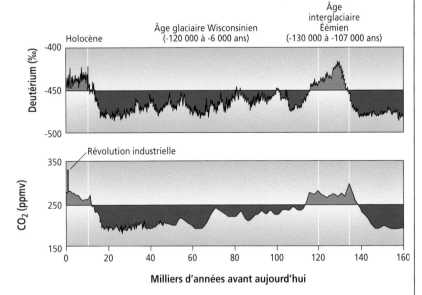

Comparaison des courbes de concentration du deutérium et du CO_2 depuis 160 000 ans

Milliers d'années avant aujourd'hui

Les analyses de la concentration du deutérium dans la glace de l'Antarctique pour les 160 000 dernières années peuvent servir à illustrer les changements climatiques survenus au cours de cette période, qui couvre le dernier grand cycle glaciaire-interglaciaire. C'est ce qu'on peut observer sur la courbe du haut. Par ailleurs, la courbe du bas illustre les variations de la concentration atmosphérique du CO_2 telles que les révèlent les analyses de différentes carottes de glace de l'Antarctique.

Sources: 1. Pour le deutérium: Jean Jouzel, Laboratoire de modélisation du climat et de l'environnement, France. 2. Pour le CO_2: C. Keeling, Scripp's Institution of Oceanography; A. Indermuhle et A. Neftal, Université de Berne; J. Barnola *et al.*, Laboratoire de glaciologie et géophysique de l'environnement, France. La figure est tirée de *American Scientist*, juillet-août 1999, vol. 87, n° 4.

---

12. La glace des glaciers étant formée par la pression qui s'exerce sur la neige qui s'accumule chaque année, des microbulles d'air y sont enfermées et conservées. En analysant ces microbulles on peut reconstituer directement la composition de l'atmosphère à une époque donnée. C'est ainsi qu'a été déterminée la concentration de CO_2 atmosphérique de l'époque préindustrielle, évaluée à 280 ± 5 ppm pour l'année 1750. On peut trouver un résumé des méthodes d'extraction et d'analyse des gaz enfermés dans les glaces dans: A. Neftel, H. Friedli, E. Moor, H. Lötsher, H. Oeschger, U. Siegenthaler et B. Stauffer, *Historical CO_2 Record from the Siple Station Ice Core. Trends: A Compendium of Data on Global Change*, Carbon Dioxide Information Analysis Center, Oak Ridge National Laboratory, U.S. Department of Energy, Oak Ridge, Tennessee, 1994.

Figure 5.5

Les variations de la température de surface de l'océan

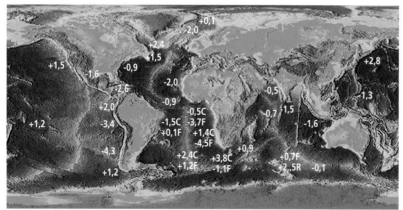

C = Coccolite   F = Foraminifère   R = Radiolaire

Les nombres indiquent la différence de température de surface de l'océan entre l'avant-dernière période interglaciaire (il y a 125 000 ans) et aujourd'hui. Les valeurs négatives signifient des températures plus froides lors de l'Éémien, mais on constate que la plupart des valeurs équivalent à celles d'aujourd'hui. Les valeurs sont en degrés Celsius (°C) et sont estimées à partir de données d'analyses de foraminifères (F), de coccolites (C) et de radiolaires (R).

Source : NDGC Marine Geology and Geophysics Program.

reviendrons plus loin sur ce phénomène astronomique.

Plus récemment, il y aurait eu quatre glaciations et réchauffements subséquents de petite amplitude, se terminant il y a environ 25 000 ans par une période très froide, alors qu'il faisait en moyenne 23 ± 2 °C plus froid que de nos jours[13] au-dessus du Groenland. Cette époque marque la fin de la dernière grande glaciation, alors que le réchauffement s'est effectué rapidement pour donner des températures moyennes semblables à celles que nous connaissons présentement.

Les épisodes tels que le Petit Âge glaciaire sont d'une importance secondaire, par rapport aux variations de température plus considérables qui accompagnent une grande glaciation ou une période interglaciaire.

L'humanité vit présentement la dernière des périodes interglaciaires à ce jour, c'est-à-dire une période de réchauffement séparant deux âges glaciaires. Commencée il y a environ 20 000 ans, la présente période, nommée Holocène, a connu son apogée il y a 6 000 ans, alors que les températures ont atteint jusqu'à 2,5 °C de plus que les valeurs

présentement. Les températures estimées pour cette période auraient été de 1 à 2 °C plus chaudes que celles d'aujourd'hui. Ce réchauffement serait associé à un changement de l'inclinaison de la Terre appelé « précession des équinoxes », qui se produit régulièrement tous les 26 000 ans. Nous

13. Ces résultats proviennent d'une étude réalisée à partir de carottes de glace du Groenland et parue dans la revue *Science* (D. Dahl-Jensen, K. Mosegaard, N. Gundestrup, G.D. Clow, S.J. Johnsen, A.W. Hansen et N. Balling, « Past temperatures directly from the Greenland Ice Sheet », *Science*, 1998, 282:268-271). Ils montrent bien l'importance des variations locales du climat, car à cette époque la température globale de la planète était de moins de 2 °C inférieure à celle d'aujourd'hui.

actuelles. Ce réchauffement, tout comme celui d'il y a 125 000 ans, trouve son explication dans la position de la Terre par rapport à son orbite. En effet, par un lent mouvement d'oscillation sur son axe, la Terre change d'inclinaison selon un cycle de 26 000 ans, ce qui contribue à réduire ou à augmenter la quantité de rayonnement solaire atteignant les diverses latitudes de la planète. Mais le dernier réchauffement, mesuré grâce aux données paléoclimatiques, n'aurait pas été uniforme sur tout le globe, ni également réparti entre les saisons. Si le climat a été plus chaud il y a 6 000 ans, cela ne s'est produit que dans l'hémisphère Nord et pour la saison estivale seulement. La théorie astronomique sur laquelle se fonde cette interprétation ne peut cependant pas servir à expliquer le réchauffement rapide qui s'observe depuis quelques décennies.

Les prévisions des scientifiques quant au réchauffement global sont donc d'autant plus inquiétantes que les périodes chaudes et froides alternent. Si on atteignait le réchauffement prévu par les modèles, on vivrait sans doute la période la plus chaude que la Terre ait connue depuis 150 000 ans. Tout un programme quand on pense que dans l'épisode le plus chaud du passé récent il y avait des girafes dans la région parisienne !

Les penchants de la Terre

Nous savons donc que la planète connaît des fluctuations climatiques périodiques qui

Figure 5.6

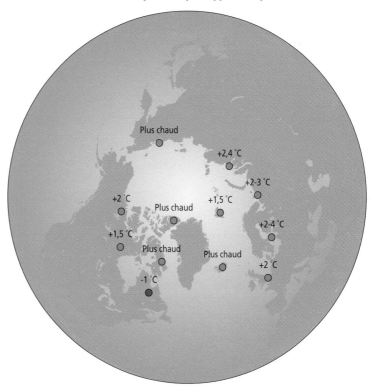

Carte du globe il y a 6 000 ans ; écarts de température par rapport à aujourd'hui

La figure montre les écarts estimés entre les températures d'il y a 6 000 ans dans l'hémisphère Nord et celles d'aujourd'hui. La différence peut atteindre 2,5 °C.

Source : National Oceanic and Atmospheric Administration.

ne sont en rien liées à l'influence humaine. Comment s'expliquent ces fluctuations ?

Le Soleil est la source d'énergie première de la Terre, et les interactions entre notre étoile et notre planète modulent le climat de façon marquante. Ainsi, les

Un pavé dans la mare ?

« La science se trompe-t-elle ? Le CO_2 ne serait pas la cause du réchauffement climatique. » Voilà le genre de titre que l'on voit régulièrement dans nos quotidiens et qui malheureusement témoignent d'une méconnaissance des méthodes scientifiques de la part des médias. Cette nouvelle est parue en décembre 2000 après la publication d'un article dans la revue *Nature*. Cet article scientifique (voir la source de la figure 5.7) a suscité de vives réactions, à tout le moins dans le milieu de la recherche sur le climat ; à la façon dont il a été présenté dans les médias populaires, il a probablement semé des doutes profonds chez plusieurs lecteurs déjà perplexes. Est-il nécessaire de réduire les émissions de gaz à effet de serre ? Voyons de quoi il retourne.

Figure 5.7
Anomalies détectées dans le climat des périodes géologiques anciennes

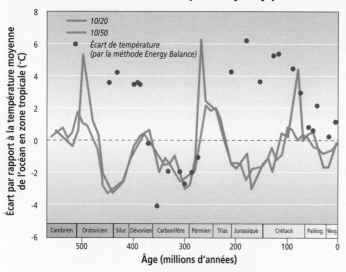

La figure montre les variations de la température de surface de l'océan, estimées à partir des concentrations de l'oxygène-18 dans les organismes marins accumulés dans les sédiments (les deux lignes), et les variations de cette température, calculée à l'aide d'un modèle basé sur les concentrations de CO_2 atmosphérique (les points).

Source : J. Veizer, Y. Godderis et L.M. François, « Evidence for decoupling of atmospheric CO_2 and global climate during the phanerozoic eon », *Nature*, 7 décembre 2000, 408 :698-701.

Ce que les auteurs ont présenté, ce sont deux anomalies, entre deux courbes de la température de surface de l'océan, observées à deux époques distinctes le long de l'échelle phanérozoïque, c'est-à-dire au cours des derniers 540 millions d'années. Pour arriver à ces résultats, les chercheurs ont d'abord analysé la concentration relative des isotopes de l'oxygène dans les coquilles d'organismes marins, ce qui leur a permis de tracer la courbe de la température de surface de l'océan. C'est en effectuant de nombreux forages dans les sédiments marins du nord du Pacifique que les scientifiques ont pu recueillir des échantillons couvrant une aussi longue période. Les auteurs ont ensuite utilisé un modèle climatique pour tracer une courbe similaire, calculée cette fois en fonction des variations des concentrations de CO_2 atmosphérique (voir la figure 5.7).

On peut facilement constater la similitude des courbes sur au moins deux tiers de la période couverte. Deux anomalies se présentent toutefois durant des périodes froides, il y a 440 et 150 millions d'années ; alors que les courbes à partir des données de l'isotope ^{18}O indiquent cette basse température, la courbe modélisée montre des températures bien au-dessus de la moyenne. Voici quelques hypothèses émises par les auteurs pour expliquer le phénomène :

- Le Soleil, à cette époque, aurait été 5 % moins lumineux qu'aujourd'hui, et même une concentration de CO_2 à la hausse n'aurait pas suffi à inverser le phénomène de glaciation déjà en place.

- Les estimations des concentrations de CO_2, pour ces époques éloignées, ne sont peut-être pas tout à fait précises, étant donné les difficultés d'interprétation des échantillons de sol et de matière organique disponibles.

- À l'échelle des temps géologiques, des facteurs autres que le CO_2 atmosphérique sont vraisemblablement responsables en partie des variations de température : le déplacement des continents entre les hémisphères, modifiant la circulation océanique, le cycle de l'eau, la couverture de glace et l'ennuagement influent sur la stabilité du climat.

On peut conclure, au sujet de ces hypothèses, que si l'on arrive à tenir compte de tous les facteurs affectant le climat dans nos modèles, on aura de moins en moins d'occasions de remettre en question la nécessité de réduire les émissions de gaz à effet de serre. Surtout lorsqu'on sait que les anomalies climatiques ont été observées à l'échelle des temps géologiques !

Les auteurs eux-mêmes ne remettent d'ailleurs pas en cause la nécessité de réduire les émissions de gaz à effet de serre, au contraire.

De telles études permettent de tester les modèles en faisant ressortir des anomalies entre les faits et les hypothèses. C'est là qu'elles trouvent toute leur pertinence car, en sciences, l'exception ne confirme jamais la règle ; l'anomalie doit être expliquée pour qu'on puisse continuer de croire à la règle.

variations dans le déplacement de la Terre autour du Soleil modifient la quantité de radiations que la planète reçoit de l'astre chaque année. À leur tour, les variations dans la quantité de radiations, d'énergie de source solaire, reçues par la Terre peuvent amener, pour la planète, des réchauffements et des refroidissements moyens importants.

Même la variation du champ magnétique du Soleil influe sur la quantité de rayons cosmiques atteignant la Terre, ce qui pourrait, en retour, agir sur la couverture nuageuse à basse altitude. Nous y reviendrons à la section suivante.

Les premiers modèles mathématiques et les recherches sur les caprices du mouvement terrestre ont été réalisés au cours du 20e siècle et publiées entre 1924 et 1957. Évidemment, le modèle original n'était pas parfaitement au point et il a été révisé par son auteur, Milankovitch, ainsi que par d'autres chercheurs.

La trajectoire de la Terre autour du Soleil est elliptique, mais cette ellipse n'est que très légèrement allongée. Par ailleurs, l'axe de rotation de la Terre n'est pas perpendiculaire au plan de l'ellipse. Enfin, l'influence des autres planètes sur ces mouvements fait que ni la forme de l'ellipse ni l'inclinaison de l'angle de rotation de la Terre ne sont constantes dans le temps. Ces perturbations produisent des changements dans la quantité d'énergie reçue du Soleil, donc dans les climats terrestres.

Figure 5.8

L'inclinaison de la Terre par rapport au plan de l'ellipse

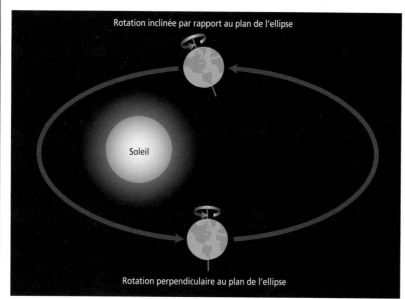

Il s'écoule environ 26 000 ans entre ces deux positions extrêmes de l'inclinaison de l'axe de rotation de la Terre. Présentement, cet axe occupe une position à peu près intermédiaire par rapport à celle qu'il occupait à la fin du dernier âge glaciaire, il y a 11 000 ans. À cette époque, la Terre était au plus près du Soleil pendant l'été de l'hémisphère Nord. Aujourd'hui, l'hémisphère Nord est plus près du Soleil en janvier, mais le faible angle d'incidence des rayons nous procure les températures froides et le climat rude de l'hiver.

Source: C. Villeneuve et L. Rodier, *Vers un réchauffement global?*, MultiMondes et ENJEU, 1990, p. 100.

CHANGEMENT D'INCLINAISON DE LA TERRE: la variation de l'angle d'inclinaison de l'axe de rotation de la Terre s'appelle « nutation ». Il correspond à une variation de 22 à 25 degrés. Dans les figures 5.9, 5.10 et 5.11, nous avons exagéré le phénomène pour favoriser la visualisation.

La figure 5.8 montre deux inclinaisons différentes de la Terre, pour une même trajectoire planétaire.

Bien que notre intention ne soit pas ici de donner un cours d'astronomie, signa-lons qu'en plus des deux variations astro-nomiques présentées il y en a une troisième selon laquelle les mêmes inclinaisons extrêmes ne se retrouvent pas toujours à la même position de la trajectoire principale de la Terre. Par exemple, présentement, pen-dant l'été de l'hémisphère Nord, l'incli-naison assurant le maximum d'insolation correspond à l'éloignement presque maxi-mum de la Terre par rapport au Soleil. Il y a environ 11 000 ans, l'inclinaison d'été coïn-cidait avec le rapprochement Terre-Soleil maximum. L'écart de température entre les saisons, dans l'hémisphère Nord, était alors plus grand, et l'on pense que ceci aurait lar-gement favorisé la fonte des glaciers.

Les illustrations 5.9, 5.10 et 5.11 mon-trent comment le changement d'inclinaison de la Terre peut occasionner un supplément d'irradiation, lorsque la Terre se trouve dans sa position d'été pour l'hémisphère Nord. Pour visualiser cet effet, le lecteur doit s'ima-giner placé directement entre la Terre et le Soleil.

Tous ces cycles (variation de l'incli-naison, variation de la forme de l'ellipse et déplacement de la position d'ensoleillement maximale sur l'ellipse[14]) sont d'une com-plexité telle qu'il a fallu 50 ans pour en arriver à un modèle satisfaisant. Résultat, il semble que l'on soit maintenant forcé de reconnaître une importance substantielle

14. Ce que nous présentions précédemment comme l'inclinaison « estivale », à une position rapprochée ou éloignée du Soleil.

Figure 5.9

Forte inclinaison de la Terre

Figure 5.10

Inclinaison moyenne de la Terre

Figure 5. 11

Faible inclinaison de la Terre

Dans la figure 5.9, l'angle d'inclinaison est grand. On peut facilement voir le dessus de la calotte polaire. En été, cette partie serait donc fortement «chauffée» par le Soleil. On peut présumer que les températures estivales seraient agréables et que les glaces auraient fortement tendance à se «ramollir»!

À l'opposé, la figure 5.11 montre une très faible inclinaison de l'axe de rotation de la Terre. Cette fois-ci, le nord du Canada recevrait un éclairage tangentiel et n'absorberait que peu d'énergie, et les étés nordiques seraient plutôt frais. Évidemment, nous avons largement exagéré ces variations de l'inclinaison terrestre. Dans la réalité, cette variation se fait entre 21,8° et 24,5°, selon un cycle d'environ 26 000 ans. Bien que modeste, l'inclinaison est de loin la variable astronomique la plus importante, faisant varier d'environ 14% la quantité d'énergie solaire que peut recevoir l'hémisphère Nord.

Source: C. Villeneuve et L. Rodier, *Vers un réchauffement global?,* MultiMondes et ENJEU, 1990, p. 101-102.

aux contraintes astronomiques sur les variations du climat (figure 5.12). Fait intéressant, selon ce modèle, nous devrions «bientôt» connaître un autre âge glaciaire[15].

Le cycle du Soleil

Plusieurs se rappelleront la panne d'électricité majeure d'origine inconnue qui plongea dans le noir la région de Montréal au printemps 1989. Toutes sortes de scénarios furent alors imaginés pour expliquer le phénomène… Finalement, on conclut à une importante influence du champ magnétique du Soleil sur les installations de transport de l'électricité. L'année 2000 a été aussi une année de très forte activité solaire, comme ont pu l'observer les amateurs d'aurores

---

15. Il n'y a pas de quoi s'alarmer, car les variations d'inclinaison de la Terre ne se calculent qu'en milliers d'années.

Figure 5.12

Diagramme des variations d'insolation

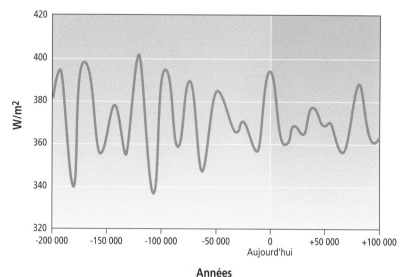

Le diagramme ci-dessus montre les variations d'insolation en été, à 65° N, d'après les calculs de l'astronome André Berger.

Source: C. Villeneuve et L. Rodier, *Vers un réchauffement global?*, MultiMondes et ENJEU, 1990, p. 103.

Électricité et champ magnétique du Soleil. Les vents solaires plus importants, qui accompagnent les pics d'activité des taches solaires, ne provoquent pas seulement des aurores boréales spectaculaires, ils peuvent aussi causer des perturbations dans le transport d'électricité.

boréales. Si le nombre de pannes du réseau d'Hydro-Québec a été réduit, c'est sans doute que la société d'État a réussi à bien sécuriser les lignes électriques.

Selon des études récentes[16], l'activité magnétique du Soleil pourrait non seulement agir sur notre approvisionnement en électricité, mais également sur le climat de la planète! Les résultats obtenus par le chercheur P. Brekke sont en lien avec trois aspects de l'activité du Soleil: le rayonnement solaire global, la variation du rayonnement ultraviolet et le magnétisme des taches solaires.

Considérés comme des sources externes de forçage radiatif, ces aspects sont estimés et mesurés selon les paramètres suivants:

✦ La variation du rayonnement solaire global depuis 1750 est estimée entre 0,3 et 0,6 W/m², alors que la moyenne est d'environ 1 370 W/m².

La figure 5.13 illustre cette variation pour les 400 dernières années.

✦ Les UV joueraient, selon les chercheurs, un rôle dans le réchauffement de

---

16. On peut consulter un document visuel sur Internet résumant l'une de ces études, par P. Brekke, du Goddard Space Flight Center : http://zeus.nascom.nasa.gov/~pbrekke/presentations/USCAPITOL.

l'ozone stratosphérique. Les changements attribuables au rayonnement UV depuis 1 700 sont évalués entre 0,45 et 0,75 W/m².

✦ Enfin, le rayonnement magnétique modifierait la couverture de nuages à basse altitude dans l'atmosphère. C'est ce que soutient entre autres une étude de Henrich Svensmark, du Danish Meteorological Institute de Copenhague, au Danemark, qui impute à ce phénomène un forçage radiatif de 1,5 W/m² pour la période 1901-1995. La figure 5.14 illustre ce phénomène.

Selon Svensmark, un champ magnétique intense en provenance du Soleil, comme il s'en produit lors des périodes de forte activité des taches solaires, aurait pour effet d'introduire un plus grand nombre de particules dans l'atmosphère terrestre. Or, les nuages se forment quand la vapeur d'eau se condense au contact de particules ; s'il y a plus de particules dans l'atmosphère, il y aura plus de nuages. Et si la couverture nuageuse augmente en basse altitude, le réchauffement s'en trouve accru par l'effet de serre. Pour appuyer cette découverte, un chercheur du Rutherford Appleton Laboratory en Angleterre, Michael Lockwood[17], a estimé que le flux magnétique moyen du Soleil

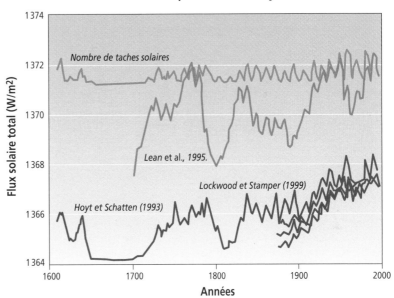

Le diagramme montre les variations de rayonnement solaire global (TSI) selon différents auteurs et la variation du nombre de taches solaires (en haut).

Source : http://zeus.nascom.nasa.gov/~pbrekke/presentations/USCAPITOL.

avait augmenté de 131 % (un facteur de 2,31) entre 1901 et 1992, période qui couvre 8,5 cycles de taches solaires.

Ces résultats sont de nature à faire sourciller certains vétérans de la recherche sur le climat, alors que d'autres jugent leurs arguments évidents. Ainsi, il est généralement

TACHES SOLAIRES : zones plus sombres et plus froides qui se créent par suite de la concentration des lignes de champ magnétique du Soleil. Leur fréquence varie selon un cycle de 11 ans et a atteint son maximum autour de 2000-2001.

85

17. M. Lockwood, R. Stamper et M.N. Wild, « A doubling of the sun's coronal magnetic field during the last 100 years », World Data Centre C-1 for STP, Rutherford Appleton Laboratory, Chilton, Angleterre, *Nature*, vol. 399, 3 juin 1999, p. 437-439.

Figure 5.14

Relation possible entre la couverture nuageuse et les vents solaires

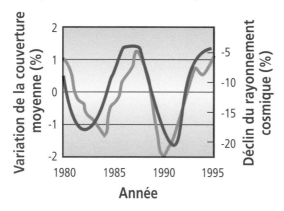

La figure met en parallèle des mesures de couverture nuageuse, ou nébulosité, faites par satellite (lignes en +) et les flux de rayons cosmiques (ligne pleine). Le moins qu'on puisse dire, c'est qu'il semble y avoir une grande corrélation entre les minima et maxima enregistrés pour les deux paramètres.

Source : Adapté de Henrik Svensmark, « Influence of cosmic rays on earth's climate », *Physical Review Letters*, 30 novembre 1998, vol. 81, n° 22, p. 5027-5030.

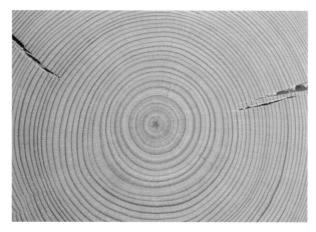

À la fin de l'été, la croissance d'un arbre en diamètre s'arrête, celui-ci passant en aoûtement. La largeur de l'anneau de croissance (bande claire) dépend directement de la température et des précipitations pendant la saison de croissance.

reconnu que les nuages de basse altitude contribuent au réchauffement des températures nocturnes (minimum) à un rythme plus rapide que pour les températures diurnes (maximum). Mais l'augmentation de la couverture nuageuse à basse altitude devrait normalement causer un forçage négatif, en raison de la réflexion des rayons solaires par les nuages. Quoi qu'il en soit, selon James Hansen, les données sur les nuages sont encore insuffisantes pour accorder de la crédibilité à la théorie du réchauffement lié au rayonnement cosmique. Et même s'il est évident que le rayonnement solaire a contribué au réchauffement global observé ces dernières décennies, les équipements de plus en plus sophistiqués des scientifiques tendent à confirmer l'importance des activités humaines par rapport aux phénomènes naturels.

La dendroclimatologie : lire le climat dans les arbres

La dendroclimatologie est une discipline qui utilise les anneaux de croissance annuels des arbres comme indice des conditions climatiques. Un tronc d'arbre coupé montre en effet des anneaux concentriques, plus ou moins espacés, qui correspondent chacun à une année de croissance, comme le montre la figure 5.15. Durant les bonnes années climatiques, où la température et les précipitations sont favorables, la croissance de l'arbre est meilleure et la distance entre deux anneaux est plus grande. Des chercheurs québécois[18] ont ainsi étudié la croissance de l'épinette noire dans la forêt boréale du Québec, au lac Bush, et démontré que la croissance des arbres avait été moins rapide avant 1890[19]. Les données obtenues par dendrochronologie montrent une croissance réduite des arbres depuis le 14e siècle.

Des recherches sur la forme générale de l'arbre ont également montré que les précipitations de neige étaient moins importantes pendant ces années froides, du moins dans le nord du Québec.

La figure 5.16 montre les variations de la largeur des anneaux de croissance de l'épinette noire dans la région du lac Bush[20].

Ces études, bien qu'elles soient très intéressantes, n'en demeurent pas moins limitées par leur peu de recul dans le temps. Les arbres de la forêt boréale vivent jusqu'à quelques centaines d'années, s'ils ne sont pas victimes de maladies ou d'incendies, et comme la période de résurgence des feux ne dépasse normalement pas deux cents ans, la lecture dendrochronologique, si elle de-

Figure 5.15

Carottes de bois montrant des anneaux de croissance

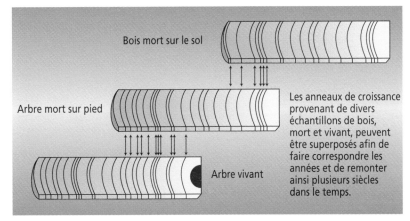

La chronologie à partir des anneaux de croissance peut se faire à l'aide de bois mort trouvé sur le sol, de troncs morts encore debout et d'arbres encore vivants. La superposition des anneaux correspondants de chaque carotte permet ainsi de remonter très loin dans le temps pour reconstituer les patrons de croissance.

Source: Leonard Miller. Information supplémentaire d'Henri D. Grissino-Mayer et du Laboratory of Tree-Ring Research, University of Arizona.

meure utile, ne peut pas informer sur ce qui s'est passé sous les latitudes nordiques avant les années 1900, sauf à étudier des troncs d'arbres enfouis sous la mousse. Les arbres, en effet, ne sont pas nécessairement détruits

NORD DU QUÉBEC : dans cette région de froids hivernaux intenses, souvent, les parties non protégées par la neige meurent ou ne portent que rarement de branches.

ARBRES DE LA FORÊT BORÉALE : certains arbres vivent plus vieux, mais seulement dans des zones protégées des feux.

---

18. Serge Payette *et al.*, « Les écosystèmes naturels du Nord-Est américain à l'heure du changement global », *Interface*, vol. 9, n° 6, 1988.

19. Plusieurs autres études récentes, présentées par Hubert Morin du Consortium de recherches sur la forêt boréale en 2000, montrent que les arbres de la forêt boréale poussent plus vite aujourd'hui qu'il y a cent ans. Même si ce fait ne constitue pas en soi une preuve du réchauffement planétaire, il pourrait être attribué à la combinaison du réchauffement et de la concentration accrue en gaz carbonique, lequel est utilisé par les plantes pour la photosynthèse.

20. Serge Payette *et al.*, *op. cit.*, p. 13.

Figure 5.16

Variations de la largeur des anneaux de croissance de l'épinette noire dans la région du lac Bush

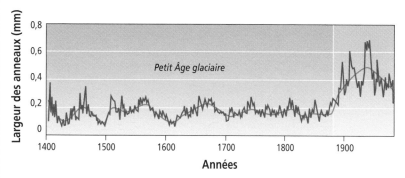

La figure montre l'évolution de la largeur des anneaux de croissance de l'épinette noire dans la région du lac Bush, au nord du Québec. On remarquera l'augmentation marquée de la croissance radiale des épinettes vers la fin du 19ᵉ siècle, qui coïncide avec l'amélioration des conditions climatiques après le Petit Âge glaciaire.

Source: C. Villeneuve et L. Rodier, *Vers un réchauffement global?*, MultiMondes et ENJEU, 1990, p. 94.

LE PLUS ANCIEN HABITANT VIVANT DE LA TERRE : cette affirmation doit être restreinte aux organismes eucaryotes, dont font partie les plantes et les animaux. Chez les bactéries, un individu enfermé dans un cristal de sel a récemment été mis en culture après 250 millions d'années de dormance.

par les incendies. Ils sont tués par le feu et leurs troncs restent debout pendant un certain temps avant de tomber d'eux-mêmes ou d'être renversés par le vent. Par la suite, la mousse et la nouvelle forêt se développent sur les vestiges de l'ancienne, qui peuvent mettre plusieurs siècles à se décomposer. Les données dendrochronologiques des troncs morts sont cependant moins fiables que celles qu'on tire des individus vivants.

Il existe, dans les White Mountains de Californie et dans les déserts de l'Arizona et du Nouveau-Mexique entre autres, des pins multimillénaires qui constituent une mine de renseignements quant aux conditions climatiques du passé lointain. La chronologie des échantillons de pins aristés (*Pinus aristata*) a en effet permis de reconstituer l'évolution du climat de 7000 ans avant J.-C. jusqu'à aujourd'hui! Le plus âgé de ces arbres, véritable Mathusalem, a célébré en 2001 son 4 767ᵉ anniversaire, se méritant ainsi l'insigne honneur d'être le plus ancien habitant vivant de la Terre. Dans ces régions, les variations climatiques affectant la croissance des arbres sont surtout associées aux épisodes de sécheresse, mais chaque espèce d'arbre d'une même zone réagit à sa façon aux variations climatiques, et la dendrochronologie doit tenir compte de ces différences. Cette jeune science, née au début des années 1920 à l'initiative de A.E. Douglass et aujourd'hui en plein essor, a déjà permis d'associer les cycles de 11 ans des taches solaires et de 22 ans du magnétisme solaire à une variation de la croissance des arbres.

Il faudra sans doute suivre de près le développement de la dendroclimatologie comme outil d'interprétation du climat, mais les données qu'elle nous a fournies jusqu'à maintenant vont déjà dans le même sens que les autres méthodes d'analyse des climats du passé. Comment peut-on encore refuser l'évidence?

Le passé nous permet-il de prévoir l'avenir?

Quelle que soit la méthode de mesure utilisée pour scruter les variations du climat dans le passé, aucune fluctuation naturelle observable n'équivaut en intensité et en envergure au réchauffement observé au cours des dernières décennies du 20e siècle. Il est possible d'associer les périodes de variabilité climatique des 1 000 ans précédant l'ère industrielle à des phénomènes naturels tels que le volcanisme ou l'activité du Soleil, mais aucune cause naturelle ne peut expliquer la vitesse du réchauffement actuel. En conséquence, la rapidité du changement de la concentration de CO_2 et des autres gaz à effet de serre est d'autant plus préoccupante pour le climat du nouveau siècle.

Dans un article publié à l'été 2000 dans la revue *Science*[21], le professeur Thomas J. Crowley, de l'Université du Texas, démontrait qu'en éliminant l'effet de l'activité des taches solaires et l'effet du volcanisme, qui entraîne un refroidissement par la projection d'aérosols en haute atmosphère, le réchauffement climatique de la fin du 20e siècle correspond remarquablement à l'augmentation de la concentration de gaz à effet de serre.

Il est de plus en plus impensable, devant l'accumulation des preuves scientifiques, que l'on puisse expliquer la hausse observée de la température globale de la Terre uniquement par des phénomènes qui se superposeraient, de façon cyclique ou non, à la variabilité naturelle du climat. En revanche, cette tendance à la hausse s'accorde de mieux en mieux avec les prévisions climatiques basées sur l'augmentation des gaz à effet de serre dans l'atmosphère. Nous verrons, dans le prochain chapitre, comment les modèles permettent d'anticiper ce qui nous attend dans le futur.

Figure 5.17

Le climat des 10 derniers siècles et projection pour le 21e siècle

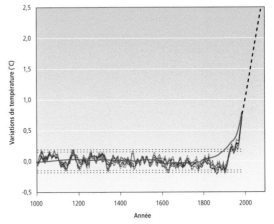

Le réchauffement climatique du 20e siècle peut s'expliquer par l'augmentation des gaz à effet de serre, indépendamment de l'activité solaire et du volcanisme. Les lignes pointillées après 2000 correspondent à ce à quoi il faut s'attendre, si la tendance se maintient dans la croissance des émissions.

Source : T.J. Crowley, « Causes of climate change over the past 1000 years », *Science*, 2000, 289:270-277.

---

21. T.J. Crowley, «Causes of climate change over the past 1000 years», *Science*, 2000, 289:270-277.

CHAPITRE 6

Top modèles

Salle de superordinateurs Cray et, en mortaise, salle où sont conservées plus de 120 000 cassettes de données sur le climat. La complexité des calculs générés par les équations permettant de décrire le climat demande des jours de travail aux plus puissants ordinateurs du monde.

Roger Ressmeyer/Corbis/Magma

Comment peut-on prévoir le temps qu'il fera dans cent ans et en anticiper les conséquences? Par quelles astuces les climatologues peuvent-ils prédire notre avenir? Ces questions bien légitimes doivent trouver une réponse si l'on veut comprendre ce qui nous attend! Nous verrons, dans ce chapitre, comment fonctionnent les modèles de prévision du climat et, surtout, ce qu'ils nous permettent de prévoir comme conséquences du réchauffement climatique en cours.

La boule de cristal technologique

Le peu de fiabilité des prévisions météorologiques vous fait rigoler? Alors comment allez-vous pouvoir accorder de la crédibilité à des gens qui vous disent qu'il fera plus chaud dans trente, cinquante ou cent ans? D'abord, il faut apprendre à distinguer la météo du climat, et surtout comprendre comment les prévisions sont établies, jour après jour, heure après heure pour l'une, et en termes de tendances à long terme pour

l'autre. La météo vous dit s'il pleuvra ici tout à l'heure, la climatologie prévoit que les hivers seront plus ou moins durs dans le nord du Canada dans trente ans. La météo est d'autant plus fiable que l'événement est proche, car ses calculs portent sur un événement en cours de réalisation. La climatologie tire ses conclusions du comportement général de l'atmosphère et de ses échanges d'énergie avec les océans.

Comment évoluera la population mondiale au cours des prochaines décennies? Quelle utilisation des ressources feront ces habitants de la Terre? Quelles technologies seront développées et quelles formes d'énergies seront privilégiées? Voilà quelques-unes des questions difficiles auxquelles doivent d'abord tenter de répondre les scientifiques qui veulent étudier les climats de l'avenir et déterminer l'influence de l'activité humaine sur ceux-ci. Les climatologues connaissent bien l'atmosphère, mais il faut des démographes, des économistes, des géographes, des biologistes, des océanographes et des épidémiologistes pour évaluer les modifications du territoire et des populations qui influenceront le climat de demain. C'est déjà tout un défi que de marier les diverses disciplines pour faire des prévisions, mais comment décrire maintenant ce que seront les conditions de vie à venir des habitants de notre planète? Qui aurait pu prévoir, en 1950, le faux bogue de l'an 2000? Qui aurait cru, à cette époque, que nous serions encore à chercher un remède efficace contre la grippe?

Il est pourtant essentiel de faire des scénarios avant de faire des prévisions, car de nombreux facteurs peuvent influer sur les émissions futures de gaz à effet de serre. Les scientifiques de diverses disciplines qui étudient le climat se basent sur des scénarios qui tentent d'englober de façon réaliste les diverses possibilités que supposent les combinaisons de ces paramètres. Tout comme un réalisateur de film imagine le meilleur scénario en choisissant le décor, l'éclairage, la musique, le bruit, les comédiens, etc., les climatologues, dans leur tentative de prévoir avec le plus de justesse possible les changements climatiques, doivent tenir compte d'un ensemble de variables. Dans le domaine du climat, les éléments de base considérés par le Groupe d'experts intergouvernemental sur l'évolution du climat (GIEC) pour la réalisation des scénarios sont la population, la croissance économique, l'efficacité énergétique, les politiques de limitation des émissions et les développements technologiques.

Des chercheurs reliés au GIEC élaborent les grands scénarios, auxquels se réfèrent ensuite les scientifiques de partout dans le monde qu'on charge de modéliser le climat. Les résultats que permettent d'obtenir les modèles de ces chercheurs inspirent à leur tour les experts en élaboration de politiques. Tous ces échanges de données et les publications qui en découlent constituent la science officiellement reconnue par la Convention-cadre des Nations Unies sur les changements climatiques et par les décideurs des pays signataires. Nous y reviendrons au chapitre 8.

Le Troisième Rapport d'évaluation (TRE) du GIEC sur les impacts du réchauffement, paru au printemps 2001, est basé sur quatre grands scénarios. Ces quatre scénarios, élaborés dans un document d'appui, le *Special Report on Emissions Scenarios* (SRES), diffèrent entre eux de façon marquée quant à leurs données de base et quant aux prévisions qu'ils permettent de produire. Comme dans une étude d'impact environnemental classique, il faut déterminer quelles seront les conséquences d'une situation à venir sur des composantes sensibles de l'environnement, de manière à pouvoir adapter les mesures appropriées pour éviter ces impacts. Dans ce cas de figure, toutefois, les scénarios combinent des événements démographiques, politiques et technologiques à l'échelle du globe, un défi qui fait appel aux plus grandes universités et institutions scientifiques du monde.

Ces grands scénarios sont en fait une synthèse en quatre catégories des données d'une trentaine de scénarios plus détaillés. Ainsi, selon que l'on prévoit une croissance rapide ou lente de la population mondiale, selon le taux de croissance estimé de l'économie, selon l'ampleur des écarts de revenus par habitant, selon le degré de développement technologique et selon la nature et la portée des politiques environnementales des différents pays, les modèles proposent une évolution des paramètres du climat jusqu'en 2100, comme on peut le voir dans la figure 6.1.

En englobant les valeurs calculées pour les quatre grands scénarios, la température en 2100 augmentera au moins de 1,4 °C et au plus de 5,8 °C par rapport au niveau de 1990. C'est-à-dire que le climat planétaire aura au minimum gagné 2 °C en deux siècles, entre 1900 et 2100, la plus rapide croissance de température enregistrée dans l'histoire du vivant. Le scénario maximum est à proprement parler catastrophique, car il suppose que les tendances amorcées au 20e siècle continueront de s'accélérer au 21e siècle. On imagine sans peine les bouleversements que cela peut entraîner au sein des écosystèmes fragiles et l'ampleur des perturbations possibles pour l'équilibre des courants marins.

Quant au niveau de la mer, on prévoit, selon les données des divers scénarios, une augmentation se situant entre 9 et 88 cm. Là encore, l'augmentation rapide du niveau de

la mer calculée dans les scénarios les plus pessimistes signifierait des catastrophes, comme la disparition complète de certains petits États insulaires. Et qu'adviendra-t-il de Venise, New York et Buenos Aires avec la montée du niveau de la mer?

Il est très intéressant de comparer les scénarios les plus pessimistes avec les plus optimistes. Pour l'ensemble des scénarios, cependant, le rapport du GIEC conclut que le développement de technologies plus efficaces est un facteur qui pèsera très lourd dans la balance du réchauffement global, au même titre que la croissance démographique et le développement économique. De même, tous les scénarios prévoient la poursuite de la déforestation pendant quelques décennies encore, avant que ne survienne un renversement de la situation.

Les principales conclusions qui émergent de ce rapport donnent, pour 2100, des

Venise est une ville construite sur pilotis dans une lagune. Un relèvement même modeste du niveau des océans pourrait détruire ce joyau touristique.

Jacques Prescott

Figure 6.1

Prévisions d'augmentation de la température et du niveau de la mer calculées par les modèles climatiques en tenant compte des différents scénarios élaborés par le GIEC

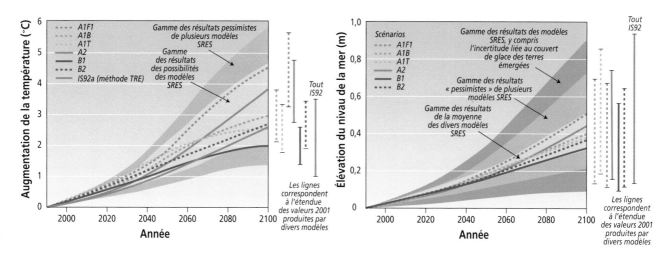

Augmentation de la température et du niveau de la mer pour la période 1990-2100 selon les modélisations effectuées sur la base des principaux scénarios. Sur le graphique illustrant l'augmentation de la température, la zone ombragée la plus large correspond aux prévisions calculées d'après plusieurs modèles «pessimistes»; la zone centrale correspond à la gamme complète des scénarios. Le graphique illustrant l'élévation du niveau de la mer présente : l'étendue des probabilités calculées pour tous les scénarios, y compris l'incertitude reliée au couvert de glace des terres émergées (zone ombragée extérieure); l'incertitude calculée pour tous les scénarios (zone ombragée intermédiaire) et la probabilité moyenne calculée par quelques modèles pour tous les scénarios (zone ombragée centrale). Les prévisions d'augmentation du niveau de la mer ne sont pas faites à l'aide des mêmes modèles qui calculent les prévisions climatiques.

Source: Résumé à l'intention des décideurs du Troisième Rapport d'évaluation du GIEC. Rapport du Groupe de travail I, 2001.

émissions de dioxyde de carbone provenant de la combustion de produits fossiles de l'ordre de 3,3 à 3,7 Gt de carbone, alors que le changement de vocation des terres passe d'un puits de 2,5 Gt à une source de 1,5 Gt. Découlant des émissions prévues et du rôle des puits, les concentrations de CO_2 que les scénarios récents prédisent pour 2100 se situent dans un intervalle de 540 à 970 ppm. Nous atteindrons vraisemblablement, au 21e siècle, le double de la concentration pré-industrielle de CO_2 (280 ppm).

Figure 6.2

Concentration de CO₂ atmosphérique selon les différents scénarios élaborés par le GIEC

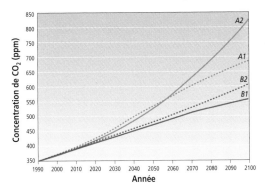

Les concentrations de CO_2 atmosphérique selon quatre grands scénarios.

Scénario 1 (SRES A1) : Croissance économique rapide, faible accroissement de population, introduction rapide de technologies efficaces, réduction des différences de revenus entre les régions.

Scénario 2 (SRES A2) : Renforcement des identités culturelles et des valeurs familiales, croissance élevée de la population et développement économique moins rapide.

Scénario 3 (SRES B1) : Introduction de technologies propres, monde de solutions globales et durables, développement technologique rapide.

Scénario 4 (SRES B2) : Un monde de solutions locales, innovations au niveau communautaire, évolution technologique lente mais diversifiée.

Source : Wigley, T.M.L., *The Science of Climate Change: Global and U.S. Perspectives,* Pew Center on Global Climate Change, 1999, Arlington, VA.

Figure 6.3

Prévisions de l'augmentation de la température globale moyenne selon les différents scénarios du GIEC

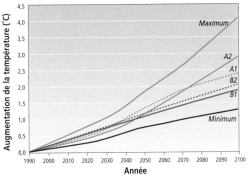

Les prévisions d'élévation de la température globale moyenne pour chacun des scénarios de base, avec une ΔT2x moyenne de 2,5 °C. (ΔT2x est une hypothèse de variation de température dans un scénario de doublement de CO_2.) Les valeurs minimum et maximum correspondent aux valeurs extrêmes calculées pour des sensibilités climatiques variant de 1,5 à 4,5 °C.

Source : Wigley, T.M.L., *The Science of Climate Change: Global and U.S. Perspectives,* Pew Center on Global Climate Change, 1999, Arlington, VA, p. 20.

La figure 6.5 illustre bien la progression des concentrations pour les quatre scénarios. On peut noter également que si l'augmentation de température prévue dans le troisième rapport est plus importante que dans le deuxième, cela est dû en partie aux prévisions à la baisse des émissions de sulfates. Cela s'explique par l'effet refroidissant des aérosols que sont les composés sulfurés, qui masque une partie du forçage radiatif dû aux gaz à effet de serre.

Figure 6.4

Prévisions de l'élévation du niveau moyen de la mer selon les différents scénarios du GIEC

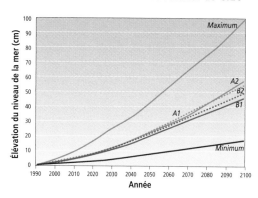

Les prévisions d'élévation du niveau de la mer global moyen pour chacun des scénarios de base, avec une ΔT2x moyenne de 2,5 °C. Les valeurs minimum et maximum correspondent aux valeurs extrêmes calculées d'après des modèles utilisant des sensibilités climatiques variant de 1,5 à 4,5 °C.

Source: Wigley, T.M.L., *The Science of Climate Change: Global and U.S. Perspectives,* Pew Center on Global Climate Change, 1999, Arlington, VA, p. 21.

Figure 6.5

Prévisions de l'augmentation de la concentration en dioxyde de carbone de l'atmosphère entre 1990 et 2100, pour les quatre grandes catégories de scénarios du GIEC

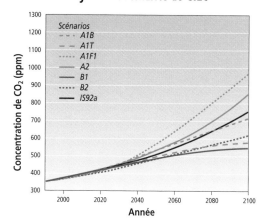

Les prévisions d'augmentation de la concentration en dioxyde de carbone de l'atmosphère entre 1990 et 2100, pour les quatre grandes catégories de scénarios du GIEC (A1F1, scénario avec utilisation massive des carburants fossiles; A2; B1; B2 et IS92A, un scénario du deuxième rapport du GIEC). La concentration de CO_2 devrait se situer entre 540 et 970 ppm.

Source: Résumé à l'intention des décideurs du Troisième Rapport d'évaluation du GIEC. Rapport du Groupe de travail I, 2001.

L'ampleur des différences calculées selon les divers scénarios est encourageante; elle signifie que nous pouvons dès maintenant prendre certaines mesures pour éviter le pire. C'est une belle illustration du principe de précaution.

Le défilé de modèles

Les prévisions présentées ci-dessus diffèrent les unes des autres non seulement à cause des scénarios proposés, mais aussi en raison des modèles informatiques qui ont permis de les calculer. Alors quel modèle est le bon?

Il y a toutes sortes des modèles climatiques : simples, complexes, atmosphériques, océaniques, couplés, rapides, lents. Tous présentent des avantages et des inconvénients, mais tous sont d'une utilité générale indiscutable. Ils diffèrent par le nombre de variables qu'on peut introduire et par les équations qui leur permettent de simuler des phénomènes naturels. Ce sont les modèles qui permettent, à partir des scénarios de données primaires présentés plus haut, de calculer les différents paramètres du climat futur. Des équipes de scientifiques de plusieurs pays ont mis au point des modèles qui sont, dans l'ensemble, complémentaires. Tout comme on choisit un vélo selon l'utilisation qu'on en fera, sur route ou hors route, pour la balade ou la course, le choix du modèle est fonction de l'hypothèse que veulent tester les chercheurs et de la précision attendue des résultats.

Chacun connaît un peu le fonctionnement d'un modèle mathématique, ne serait-ce que pour calculer le montant total du remboursement d'un emprunt, par exemple. Dans ce cas, on a besoin de savoir le montant de l'emprunt, le taux d'intérêt, l'échéance et les mensualités. Puis, on passe ces données dans la moulinette d'un petit programme de calcul, pour obtenir le coût total de l'emprunt. Les modèles climatiques utilisent, quant à eux, de nombreuses variables qui servent à décrire les composantes de l'atmosphère, des océans et de la surface terrestre. Le forçage radiatif associé à chaque

Tableau 6.1

Forçages radiatifs du CO_2, des SO_x, des aérosols et des autres gaz à effet de serre

Composantes		Période de référence								
	1765-1990	1990-2050					1990-2100			
		IS92a	A1	A2	B1	B2	IS92a	A1	A2	B1	B2
CO_2	1,29	1,95	2,19	2,17	1,48	1,63	3,69	3,56	4,53	2,44	2,89
SO_x, aérosols	– 1,10	– 0,70	0,09	– 0,34	0,24	0,17	– 0,65	0,58	0,13	0,56	0,19
Autres	0,88	0,88	0,83	0,89	0,58	0,97	1,47	0,65	1,82	0,70	0,97
Total	1,07	2,12	3,11	2,70	2,30	2,55	4,51	4,78	6,48	3,70	4,16

Les forçages radiatifs en W/m^2 sont présentés pour chaque scénario du Troisième Rapport d'évaluation du GIEC (les scénarios A et B), ainsi que pour celui du précédent rapport (le scénario IS92a). Les valeurs sont présentées pour trois périodes différentes. On y retrouve les valeurs pour le dioxyde de carbone, les SO_x, les aérosols, ainsi que la moyenne des autres gaz à effet de serre, y compris la vapeur d'eau.

Source : Wigley, T.M.L., *The Science of Climate Change: Global and U.S. Perspectives*, Pew Center on Global Climate Change, 1999, Arlington, VA, p. 20.

La «sensibilité climatique»

La façon la plus simple de définir la notion de «sensibilité climatique» est de l'imaginer comme un indice de la rapidité de réaction du système climatique à des influences externes. Cela dépend évidemment de l'importance des forces externes, mais aussi de l'inertie initiale du système.

C'est un peu comme d'essayer de pousser une voiture. Même un gros costaud aura de la difficulté à donner un élan à une grosse voiture américaine, alors qu'il poussera assez facilement une sous-compacte. Cependant, une fois lancée et en raison de sa masse, il sera plus difficile d'arrêter la grosse auto, alors que la petite pourra ralentir et s'arrêter plus rapidement.

Cette analogie illustre les valeurs de sensibilité climatique minimum et maximum, qui sont respectivement de 1,5 °C (la grosse bagnole) et 4,5 °C (la petite voiture), face à un facteur externe, qui est ici le doublement de la concentration en CO_2 de l'atmosphère (le gros costaud). Ces valeurs, utilisées par le GIEC dans le cadre de ses travaux, sont demeurées sensiblement les mêmes depuis 1990, mais l'intervalle de confiance s'est toutefois élevé à 90%, ce qui veut dire que les experts estiment à 5% la probabilité que le réchauffement global soit inférieur à 1,5 °C, en cas de doublement du CO_2, et à 5% également la probabilité que ce réchauffement dépasse 4,5 °C.

Une autre donnée importante utilisée de façon assez généralisée par les modélisateurs est la «sensibilité climatique», ou, en termes plus clairs, l'augmentation estimée de la température associée au doublement de la concentration en CO_2 ($\Delta T2x$) par rapport au niveau de référence, qui est de 300 à 330 ppm. Les scénarios types du GIEC utilisent une valeur moyenne de $\Delta T2x = 2,5$ °C, qui correspond à une concentration atmosphérique en CO_2 de 600 à 660 ppm. Les valeurs limites généralement utilisées pour déterminer les prévisions extrêmes sont de 1,5 °C et 4,5 °C. En clair, on alimente le modèle avec des limites de calcul et on le laisse calculer, selon les scénarios, les tendances qui devraient se dessiner entre ces limites. Le modèle permet ainsi d'extrapoler la courbe des températures dans le temps.

Le modèle simple de tous les jours

Ce sont des modèles climatiques simples qui servent à estimer les valeurs globales moyennes que l'on retrouve dans les rapports du GIEC. C'est justement en raison de leur simplicité et de leur rapidité de fonctionnement, en plus de leur flexibilité quant au choix des variables de départ, qu'ils sont retenus. Grâce à eux, les chercheurs sont en mesure de programmer des valeurs de leur choix quant aux incertitudes liées au cycle du carbone, aux sulfates et à la sensibilité climatique. Les modèles plus complexes sont souvent moins flexibles, sur ce plan, puisqu'ils sont en général programmés avec

gaz à effet de serre et aux aérosols constitue l'un des paramètres de base les plus importants dans ces modèles. En effet, le forçage radiatif global indique dans quel sens et jusqu'à quel point il faudra équilibrer le bilan de l'énergie qui entre dans le système climatique de la Terre et de celle qui en ressort. Selon le scénario de base qu'ils adoptent, les climatologues utilisent des valeurs plus ou moins élevées de forçage radiatif, qui à leur tour influent sur l'ordre de grandeur des prévisions.

leurs propres valeurs pour ces variables de base. Un autre avantage des modèles simples est qu'ils fournissent une information directe sur le «signal» anthropique, plus difficile à obtenir avec les modèles complexes, qui incorporent de façon réaliste la variabilité naturelle du climat, ce qui tend à masquer le signal anthropique. Un des modèles simples utilisés pour la production du Troisième Rapport d'évaluation du GIEC est l'*upwelling-diffusion energy-balance model* (UDEBM)[1], qui a servi à estimer l'augmentation de la température globale moyenne ainsi que l'expansion des océans attribuable au réchauffement.

Le modèle complexe pour les grands soirs

Lorsque vient le temps de faire des prévisions de ce que sera le climat à des échelles plus précises dans le temps et dans l'espace, c'est-à-dire pour des régions et des périodes déterminées, on se tourne vers les outils plus sophistiqués que sont les modèles couplés de circulation générale de l'atmosphère et de l'océan. Dans ces modèles, le climat de la Terre correspond à des séries de points dont la résolution varie selon la précision du modèle. Cette résolution correspond aux dimensions horizontales et verticales de chacun des points que peut représenter le modèle.

La plupart des modèles peuvent maintenant tenir compte de dimensions équivalant à quelques centaines de kilomètres dans le plan horizontal et à quelques kilomètres à la verticale. Certains modèles climatiques, même parmi les plus anciens, avaient déjà des résolutions assez précises: 4,4° de latitude sur 7,5° de longitude pour le modèle GFDL (Geophysical Fluid Dynamics Laboratory), 4° de latitude sur 5° de longitude, pour le modèle GISS (Goddard Institute for Space Studies). Les modèles mis au point au Canada ont atteint, pour la surface terrestre, des résolutions de l'ordre de 3,7° sur 3,7°, ce qui représente au niveau du terrain quelques milliers de kilomètres carrés. Nous présenterons plus loin l'état du développement des modèles canadiens, qui comptent parmi les références mondiales en la matière.

Il existe deux grandes catégories de modèles couplés de circulation générale, qui partagent toutefois une représentation tridimensionnelle de l'atmosphère et de son lien avec la surface terrestre et la banquise. Ce qui distingue les deux types de modèles tient dans la façon dont ils représentent l'océan.

À l'équateur, un degré de latitude équivaut approximativement à 110 km, tout comme un degré de longitude. Bien qu'un degré de latitude ne change pas beaucoup en s'éloignant de l'équateur, les degrés de longitude, eux, diminuent de façon considérable, au fur et à mesure que l'on se rapproche des pôles, où les distances séparant deux degrés de longitude deviennent très faibles.

99

---

1. La référence à ce modèle se trouve dans l'article de T.M.L. Wigley et S.C.B. Raper, « Implications for climate and sea level of revised IPCC emissions scenarios », *Nature*, 1992, 357:293-300.

TOP MODÈLES

▼

Une des façons les plus efficaces de tester la validité d'un modèle est de le confronter à des valeurs observées du climat.

▲

La première catégorie représente l'océan sous forme de couches mélangées, sur une profondeur de 50 à 100 mètres. La seconde, plus complexe, représente un océan entier en trois dimensions. Ces modèles sont très utiles pour vérifier les changements résultant de la variation de paramètres déterminés du climat. Un défaut inhérent au modèle de l'océan en couches est toutefois qu'il ne tient pas compte de l'imposante inertie thermique de la masse océanique. Ce défaut peut provoquer, lors de simulations modélisées, des temps de réaction de l'océan beaucoup plus rapides que dans la réalité, puisque ceux-ci devraient atteindre, dans les faits, un état d'équilibre avant que les modifications du climat ne se réalisent.

La manière dont fonctionnent ces modèles de circulation générale est, somme toute, assez simple à expliquer; ce sont des équations qui représentent les interactions entre différentes composantes de l'atmosphère et des océans. Par exemple, elles expliquent la circulation des masses d'air d'ouest en est dans l'hémisphère Nord. De la même façon, elles représentent les échanges et les transports d'énergie dans les eaux marines. Toutefois, ces équations se compliquent d'une énorme quantité de phénomènes de moindre envergure, qui font varier les conditions climatiques à l'échelle locale.

C'est un peu comme d'essayer de prédire la croissance d'un enfant. On peut, à partir de son sexe et de la taille de ses parents, définir les paramètres de base qui permettront de connaître sa taille à l'âge adulte. Ensuite, on peut supposer que son alimentation sera normale, déficiente ou enrichie, lui imposer un programme d'exercice physique plus ou moins rigoureux, etc.; le modèle donnera alors une courbe de croissance. Toutefois, il serait beaucoup plus complexe de prédire par des équations, dix ans à l'avance, les mensurations de tel ou tel organe, la répartition locale des graisses ou l'effet d'une rougeole ou d'un accident de vélo…

Les modèles au banc d'essai

C'est un réflexe normal, pour un consommateur averti, que de vérifier dans des publications spécialisées la qualité d'un bien avant d'en faire l'achat. Mais comment peut-on vérifier la qualité d'un modèle climatique?

Une des façons les plus efficaces de tester la validité d'un modèle est de le confronter à des valeurs observées du climat. Une telle étude a été réalisée avec 15 modèles différents, qui sont des références en matière de prévisions[2].

---

2. L'évaluation détaillée se trouve dans T. M.L. Wigley, *The Science of Climate Change, Global and U.S. Perspectives*, document produit pour le Pew Center on Global Climate Change, 2000.

Le test auquel ont été soumis ces modèles, dont la majorité sont des modèles de circulation générale atmosphère-océan en couches mélangées et quatre, des modèles couplés océan-atmosphère, faisait appel à leur capacité de modéliser des patrons de précipitations déjà observés dans la réalité, ce qui constitue un rude défi. Plus le degré de corrélation entre les valeurs modélisées et les données observées était élevé, plus le modèle était considéré comme performant. Si l'on place la note de passage à 70%, seulement quatre des modèles étudiés se distinguent, ce qui signifie qu'il faudra améliorer la précision des modèles, même les meilleurs.

De tous les modèles évalués selon le critère décrit, le meilleur est celui du Hadley Center du Royaume-Uni, le HadCM2, un modèle couplé de circulation générale. Le tableau 6.2 présente les résultats obtenus par les modèles en lice, ainsi que les paramètres de base (augmentation de la température à $2 \times CO_2$ et pourcentage d'augmentation globale moyenne des précipitations par degré Celsius de réchauffement global moyen).

Qu'un modèle soit meilleur que les autres pour prévoir le climat, c'est intéressant. Mais qu'en est-il de la cohérence entre les modèles? Par exemple, si deux modèles font des prévisions diamétralement opposées, lequel croire? Et si, au contraire, tous les modèles indiquent une même tendance, cela est-il un indice de la force de cette tendance?

Un deuxième test utilisé pour vérifier la capacité des modèles à bien prévoir les changements climatiques consistait à comparer entre eux les résultats de modélisations des changements saisonniers de température et de précipitations pour une région donnée, les États-Unis en l'occurrence.

Ce test indique que les meilleures coïncidences obtenues entre les modèles correspondent aux prévisions de changements dans les températures hivernales. Il y avait de grandes différences entre les modèles en ce qui concerne les changements dans les patrons de précipitations, mais des tendances communes ont été notées, en particulier quant à un réchauffement marqué et à des précipitations hivernales et printanières à la hausse sous les latitudes les plus nordiques, ce qui incluait, dans ce cas-ci, les régions du Canada s'étendant jusqu'au 52e parallèle.

Rappelons que ces mises à l'épreuve des modèles n'affectent en rien leur utilité en matière de prévisions climatiques, ce genre de test servant plutôt à déceler leurs faiblesses afin d'en stimuler l'amélioration. Il est tout à fait normal d'observer des incohérences entre les modèles quant à la prédiction des précipitations. Il est généralement reconnu, en effet, que les régimes de précipitations, peu importe l'outil employé, sont les plus difficiles à prévoir en raison de leur caractère très variable dans le temps et dans l'espace.

Tableau 6.2

Caractéristiques comparées de quelques modèles utilisés pour prévoir les changements climatiques

Modèle	Année	Résolution d'expérimentation horizontale (lat. × long.)	Nombre de niveaux	Référence	ΔT2x (°C)	Sensibilité aux précipitations (%/°C)	Corrélation par rapport au patron des précipitations
BMRC	1991	3,2° × 5,6°	9	Colman et McAvaney (1995)	2,2	1,4	0,61
CCC	1989	3,75° × 3,75°	10	Boer *et al.* (1992)	3,5	1,1	0,63
CSIRO1	1991	3,2° × 5,6°	9	McGregor *et al.* (1993)	4,8	2,1	0,64
CSIRO2	1995	3,2° × 5,6°	9	Watterson *et al.* (1997)	4,3		0,71
ECHAM1	1989	5,6° × 5,6°	19	Cubasch *et al.* (1992)	2,6	1,8	0,64
ECHAM3	1995	5,6° × 5,6°	19	Voss *et al.* (1998)	2,6		0,67
GFDL	1986	4,5° × 7,5°	9	Wetherald et Manabe (1986)	4,0	2,3	0,58
GISS	1983	8° × 10°	9	Hansen *et al.* (1984)	4,2	2,8	0,58
HadCM2	1994	2,5° × 3,75°	11	Mitchell *et al.* (1995)	2,5		0,77
LLNL	1989	4° × 5°	2	Pollard (1982)	3,8	2,6	0,56
OSU	1988	4° × 5°	2	Schlesinger et Zhao (1989)	2,8	2,9	0,59
UIUC	1996	4° × 5°	11	Schlesinger (1997)	3,4		0,65
UKHI	1989	2,5° × 3,75°	11	Senior et Mitchell (1993)	3,4	2,7	0,72
UKLO	1986	5° × 7,5°	11	Wilson et Mitchell (1987)	5,2	3,0	0,64
UKTR	1991	2,5° × 3,75°	11	Murphy et Mitchell (1995)	2,7	1,8	0,76

Source : T.M.L. Wigley, *The Science of Climate Change: Global and U.S. Perspectives, op. cit.*, p. 24.

Les modèles canadiens

Au Canada, plusieurs équipes effectuent de la recherche de pointe en climatologie et dans les domaines connexes. Il existe entre autres une organisation qui se consacre explicitement à l'élaboration et au perfectionnement de modèles climatiques de toutes catégories: le Centre canadien de la modélisation et de l'analyse climatique (CCmaC), rattaché au ministère de l'Environnement et faisant partie du Réseau canadien de recherches climatiques. Les modèles élaborés par le CCmaC figurent parmi les outils dont se servent les auteurs des rapports du GIEC.

Le CCmaC en est à l'ajustement du MCGIII, un modèle de circulation générale de troisième génération qui, par rapport à celui de deuxième génération élaboré par McFarlane *et al.* en 1992[3], présente de nombreuses améliorations. Le MCGIII offre ainsi une résolution plus précise, une augmentation du domaine vertical, qui s'étend de la surface de la Terre à la stratopause (couche atmosphérique de transition), 50 km plus haut, une amélioration des paramètres décrivant la convection, la nébulosité et le rayonnement, ainsi qu'une représentation beaucoup plus fidèle du relief et des surfaces terrestres. Le MCGIII intègre par ailleurs des modules de représentation des composantes du climat créés pour d'autres modèles, tel le GFLD, dont on parlera plus loin. D'une utilisation très variée, ce modèle est utilisé par les chercheurs non seulement pour simuler les changements climatiques à l'équilibre, en tenant compte ou non de variables comme les aérosols sulphatés, mais aussi pour réaliser des études paléoclimatiques, comparer des modèles et même établir les prévisions climatiques saisonnières[4].

Quelles sont les prévisions pour les saisons à venir?

Rappelons, d'entrée de jeu, que les prévisions des modèles ne correspondent pas nécessairement en tous points à ce qui va se passer en termes de climat. Cela dépendra, nous l'avons vu, de l'évolution des conditions de vie qui prévaudront sur la Terre et, naturellement, nul n'est à l'abri d'un épisode de volcanisme inopiné. Toutefois, peu importe le scénario, on peut dire sans se tromper que le climat des prochaines décennies sera différent de celui que nous connaissons en 2001. La figure 6.6 illustre bien le fait qu'un modèle fournira des résultats différents pour des scénarios distincts et que, par ailleurs, des prévisions concordantes seront obtenues par deux modèles différents en fonction d'un scénario commun.

Mais on peut tout de même faire confiance aux prévisions climatiques des modèles, puisqu'ils ont démontré leur capacité de reproduire le climat moyen actuel et les variations historiques. Pour nous en donner un aperçu, la figure 6.7 illustre une série de données observées ainsi qu'une modélisation des températures globales annuelles moyennes de 1900 à 1990. Malgré les épisodes où l'on observe des anomalies entre les courbes, l'augmentation de la température moyenne globale est de 0,6 °C dans les deux cas.

Les modélisateurs du climat doivent parfois se creuser la tête pour mettre au point des équations qui tiennent compte de toutes les variables du climat. C'est le

3. N.A. McFarlane, G.J. Boer, J.-P. Blanchet et M. Lazare, « The canadian climate centre second-generation general circulation model and its equilibrium climate », *J. Climate*, 1992, 5, 1013-1044.
4. L'information sur les modèles climatiques produits par le CCmaC peut être obtenue à la source même, sur le site Internet http://www.cccma.bc.ec.gc.ca.

Figure 6.6

Courbes de l'augmentation de la température déterminées par deux modèles canadiens

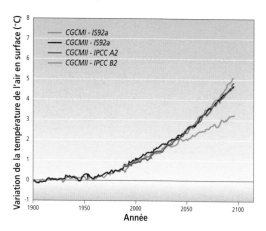

Figure 6.7

Quelques anomalies entre les températures observées et les températures modélisées pour la période 1900-2000

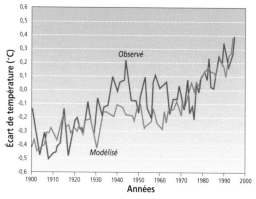

On voit bien, sur ce graphique, les courbes similaires pour le scénario IS92a (décrit dans le Deuxième Rapport d'évaluation du GIEC, publié en 1996) obtenues par les modèles canadiens CGCMI et CGCMII. Les courbes, calculées par le CGCMII, de l'augmentation de la température globale moyenne annuelle par rapport à la période 1900-1929 sont également illustrées pour les scénarios A2 et B2 du Troisième Rapport d'évaluation du GIEC.

Sources : G.M. Flato et G.J. Boer, « Warming asymmetry in climate change simulations », *Geophysical Research Letters*, 2000 (soumis). Centre canadien de la modélisation et de l'analyse climatique.

Les deux lignes représentent les valeurs annuelles moyennes de la température globale de l'air à la surface, de 1900 à 1990. La ligne bleue correspond aux valeurs observées et la ligne rouge représente les valeurs calculées par les modèles.

Source : P.D. Jones, *J. Climate*, 7:1794-1802. Centre canadien de la modélisation et de l'analyse climatique, 1994.

Le perfectionnement des modèles couplés de circulation générale, depuis le début des années 1990, permet d'appréhender un réchauffement plus prononcé dans l'hémisphère Nord que dans l'hémisphère Sud, ce que les premiers modèles ne décelaient pas. Toutefois, les modèles récents confirment et renforcent les résultats déjà obtenus quant à un réchauffement plus important au-dessus des terres qu'au-dessus de la mer, et plus marqué aux pôles qu'à l'équateur. Les

cas, entre autres, de la variable que représentent les aérosols, qui ont un effet de refroidissement. Selon qu'elles sont modélisées avec ou sans cette composante, les prévisions présentent des courbes distinctes, comme on peut l'observer sur la figure 6.8.

Figure 6.8

Température de l'air à la surface, calculée en fonction des impacts des gaz à effet de serre et des aérosols, pour la période 1900-2100

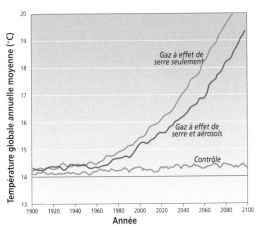

Figure 6.9

Carte du monde du réchauffement

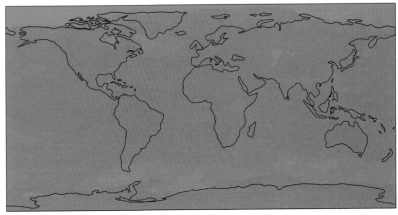

Variation de température (°C)

0,000   1,000   2,000   3,000   5,000

Ces courbes modélisées montrent les valeurs annuelles moyennes de la température globale de l'air à la surface pour la période 1900 à 2100. En plus de la courbe de contrôle, en bas, on peut observer une courbe avec forçage par les gaz à effet de serre seulement, la courbe du haut, et une courbe, au milieu, qui prend en compte l'effet des aérosols.

Sources : G.J. Boer, G.M. Flato et D. Ramsden, « A transient climate change simulation with historical and projected greenhouse gas and aerosol forcing : Projected climate for the 21st century », 1998, *Climate Dynamics* (soumis) Centre canadien de la modélisation et de l'analyse climatique.

couleurs plus foncées de la figure 6.9 illustrent bien ces résultats.

Les modèles sont des outils précieux pour prédire le climat du nouveau siècle,

On peut observer sur cette carte les différences, calculées à l'aide d'un modèle couplé tenant compte des aérosols, de température moyenne annuelle pour les régions représentées, entre les périodes 1971-1990 et 2041-2060. L'intensité des couleurs représente la plage de température en °C.

Sources : G.J. Boer, G.M. Flato et D. Ramsden, « A transient climate change simulation with historical and projected greenhouse gas and aerosol forcing : Projected climate for the 21st century », 1998, *Climate Dynamics* (soumis), Centre canadien de la modélisation et de l'analyse climatique.

mais ils demeurent perfectibles. Il est important de chercher à mettre au point des outils de plus en plus perfectionnés, qui simulent le plus fidèlement possible les changements climatiques appréhendés en fonction des divers scénarios. Les chercheurs travaillent constamment à des améliorations portant sur les résolutions horizontale et verticale, la représentation mathématique d'un maximum

Chevrier à un puits en Mauritanie. L'accélération de la désertification est l'une des conséquences anticipées des changements climatiques.

Jacques Prescott

chement d'éruptions volcaniques de grande intensité et leurs effets sur le climat. L'avenir demeure plein de facteurs imprévisibles dont les modèles ne peuvent tenir compte.

Les modifications climatiques planétaires appréhendées en raison du réchauffement global

Le climat de la planète dépend donc d'un ensemble de phénomènes atmosphériques soumis aux interactions entre l'atmosphère, l'hydrosphère et la lithosphère, et à leurs réactions au flux d'énergie solaire. Localement, les climats sont déterminés par la circulation de systèmes atmosphériques qui font alterner la pluie et le beau temps de façon plus ou moins périodique.

Si le climat de la planète se réchauffait de manière importante, on pourrait assister à des modifications climatiques locales dramatiques, en particulier dans les pays du Sud. Déjà, nombre de pays sont en situation précaire en ce qui concerne leurs ressources en eau. Dix-neuf pays, situés principalement en Afrique du Nord et en Afrique australe, de même qu'au Moyen-Orient, sont considérés comme des zones de stress hydrique, c'est-à-dire qu'ils manquent d'eau de façon chronique. Le nombre de ces pays pourrait avoir doublé en 2025.

Selon les modèles, le réchauffement planétaire serait très rapide, accentuant de façon dramatique les effets sur les populations

de processus physiques agissant sur le climat, le traitement des différentes surfaces nuageuses, terrestres et glaciaires, l'effet des aérosols dans l'atmosphère, sans oublier, bien sûr, l'augmentation de la puissance et de la rapidité de calcul des ordinateurs. L'avancement de la recherche dans ce domaine aura pour résultat bénéfique de réduire de plus en plus l'incertitude entourant les prévisions climatiques à l'échelle régionale. À cet égard, des efforts très importants de recherche ont été consentis pour le développement de modèles régionaux plus performants, par exemple pour prévoir les changements climatiques au Québec. Plus encore que les modèles globaux, les modèles régionaux seront utiles pour traduire les travaux des scientifiques en décisions permettant aux populations de s'adapter localement aux effets des changements climatiques sur leur territoire. Mais nul ne pourra jamais prévoir, plusieurs années à l'avance, le déclen-

et les écosystèmes. En fait, dans l'histoire du climat telle que nous la connaissons aujourd'hui, les changements de cette ampleur se produisent habituellement sur plusieurs centaines, voire des milliers d'années. Dans la perspective du réchauffement global actuel, ces changements se produiraient tout au plus en 100 ans. Le réchauffement serait particulièrement rapide et plus intense sous les latitudes nordiques et en saison hivernale. Les modèles prévoient entre autres que le réchauffement moyen, en Amérique du Nord et en Asie septentrionale et centrale, serait de 40 % supérieur au réchauffement global moyen. Plusieurs zones semi-arides de ces contrées pourraient se transformer en déserts en quelques années seulement. Des épisodes de sécheresse, comme celui qui a causé le *dust bowl* dans les grandes plaines nord-américaines, pourraient devenir la norme plutôt que l'exception.

Il y a de l'orage dans l'air

Toute augmentation de température amplifie les phénomènes liés au cycle de l'eau. Une atmosphère chaude évapore et contient plus d'eau qu'une atmosphère froide. Lorsque cet air chaud et humide rencontre l'air froid et sec des parties supérieures de l'atmosphère, il y a condensation et précipitation. Là où l'eau est encore disponible, plus d'humidité signifie des averses plus intenses et des orages violents. D'un autre côté, les chaleurs extrêmes dessèchent les zones déjà arides sur le continent, ce qui augmente le gradient de pression atmosphérique et entraîne des vents violents, des tornades et des tempêtes.

Les changements climatiques entraîneraient à la fois plus de sécheresses et plus d'inondations, de fréquence et de durée accrues. En soi, cela peut signifier des conditions auxquelles les écosystèmes peuvent survivre ou s'adapter, mais lorsque des populations humaines vivent sur le territoire et le fragilisent, cela peut se traduire par des catastrophes. Par exemple, une pluie violente devient une catastrophe lorsqu'un barrage cède, noyant ceux qui vivent en aval. Or, la densité de population de plusieurs pays rend ces catastrophes de plus en plus meurtrières. Pendant les années 1970, les désastres naturels ont tué ou délogé deux fois plus de gens que pendant la décennie précédente. La plupart de ces catastrophes étaient des inondations ou des sécheresses. Les années 1980 ont elles aussi été riches en tragédies, et il s'est produit plus de catastrophes pendant les cinq premières années de la décennie 1980 que dans toute la décennie précédente[5]. Et la tendance s'est poursuivie dans les années 1990, à telle enseigne que les ouragans dévastateurs et les pluies torrentielles sont devenus communs. L'industrie de la réassurance, qui est l'assurance des assureurs, est très inquiète de cette tendance, car

---

5. François Ramade, *Les catastrophes écologiques*, Paris, McGraw-Hill, 1987, 450 p.

*Sécheresse au Djibouti.
Des centaines de milliers
de personnes dans le monde
vivent sur des terres
marginales qui pourraient se
transformer en désert.*

Jacques Prescott

DILATATION THERMIQUE :
ce phénomène est bien connu
des chimistes et des physiciens.
L'eau chaude occupe plus de
volume que l'eau froide.
(Voir la figure 4.4.)

de tels événements coûtent très cher en dédommagement, et les compagnies ont commencé à ajuster leurs primes en conséquence, ce qui constitue un autre indice du sérieux des changements climatiques.

La fréquence des événements climatiques extrêmes est justement l'une des questions les plus délicates auxquelles font face les experts du climat. Le forçage radiatif positif amène un bilan énergétique excédentaire dans l'atmosphère, et plus d'énergie à dissiper peut signifier des événements climatiques plus violents. Mais alors que certains auteurs estiment que les ouragans dans l'Atlantique, par exemple, seront plus fréquents et plus intenses sous un climat plus chaud, d'autres arrivent à une conclusion exactement inverse! Le rapport du GIEC, quant à lui, souligne l'incertitude qui entoure encore la variation de la fréquence et de la localisation des cyclones tropicaux passés et futurs. Mais le document estime

qu'il y a entre 66 et 90 % de chances pour qu'augmente l'intensité maximale des vents et des précipitations associés aux cyclones tropicaux. Les modèles actuels ne sont toutefois pas en mesure de déterminer quelque tendance que ce soit en ce qui concerne les phénomènes climatiques extrêmes se produisant à des échelles très petites, telles les tornades.

On estime, en revanche, que les risques de sécheresse estivale ont entre 66 et 90 % de chances d'augmenter jusqu'en 2100. Ces prévisions, présentées dans le rapport du GIEC, correspondent aux estimations pour l'intérieur des continents sous les latitudes moyennes. C'est ce qui incite à croire que le réchauffement accélérerait aussi considérablement la désertification dans les pays du Sahel, par exemple, ou dans les plaines nord-américaines. On calcule ainsi que la Saskatchewan pourrait, à terme, devenir un vaste désert.

La mer qu'on voit monter...

Une des conséquences les plus spectaculaires du réchauffement global serait l'élévation du niveau de la mer. S'expliquant en particulier par la fonte des glaciers de l'Antarctique et du Groenland, ainsi que par la dilatation thermique de l'océan, cette élévation pourrait atteindre, d'ici 100 ans et selon les modèles, entre 9 cm (hypothèse la plus conservatrice) et 105 cm (le pire scénario).

Bien que la proportion varie d'un pays à l'autre, la moitié de la population mondiale vit en zone côtière. Une augmentation, même faible, du niveau de la mer pourrait avoir des conséquences très graves sur plusieurs pays dont la population habite une zone à risque. On estime à 46 millions au moins le nombre de personnes vivant dans ces zones où les tempêtes provoquent des inondations. On pense en particulier à des pays comme le Bangladesh et les Pays-Bas. Comme son nom l'indique, le royaume des Pays-Bas est situé en partie sous le niveau de la mer, la population étant établie sur des terres qui ont été asséchées grâce à un ingénieux système de digues. Le gouvernement hollandais prend très au sérieux les prévisions sur l'effet de serre et a déjà voté des crédits importants pour rehausser les digues qui protègent le pays contre les inondations.

Imaginez un instant une tempête au bord de la mer. Les vagues viennent se briser sur la plage ou sur les rochers. Ce sont les plus hautes vagues qui dissipent leur énergie le plus loin vers l'intérieur des terres, brisant tout sur leur passage et se retirant avec les débris. Chaque centimètre d'augmentation du niveau de la mer rendra les tempêtes encore plus destructrices.

Au Bangladesh, si le niveau de la mer augmentait de 1 m, c'est près de 40 % de la surface du pays qui serait inondée, et des dizaines de millions de personnes seraient déplacées. De plus, on ne peut penser à protéger ce pays par des digues, puisque les fleuves qui forment le delta où il est établi sont alimentés par les pluies de la mousson et sont donc sujets à des crues régulières qui ne pourraient être évacuées si on mettait des digues. De nombreux petits États insulaires n'ont, quant à eux, tout simplement pas les budgets nécessaires à la construction de digues protectrices.

Pensons aux effets d'une montée du niveau de la mer sur les villes côtières, par exemple. Si le réseau d'égouts est seulement quelques centimètres trop bas, il refoulera et cessera d'évacuer les déchets. La montée de l'eau salée entraînera aussi la salinisation des nappes souterraines, rendant ainsi cette eau impropre à la consommation ou à l'irrigation. Pensons encore à une ville de la région de Québec qui prend son eau potable dans le Saint-Laurent. Actuellement, l'eau salée s'arrête à la pointe est de l'île d'Orléans. Une élévation même modeste du niveau de l'océan rendra cette eau impropre à la consommation car on retrouvera l'eau salée plus en amont à la faveur des marées. Enfin, les villes portuaires pourront se transformer en autant de Venise deux fois par jour sous l'effet des marées!

À très long terme, les modèles qui intègrent la fonte des calottes glaciaires prévoient une élévation de 3 à 7 m du niveau de la mer au cours du prochain millénaire. Malgré que l'exercice semble futile, il est intéressant de voir jusqu'où les tendances

MOUSSON : pluies tropicales de longue durée et de grande intensité qui caractérisent une saison de l'année, en Asie du Sud-Est.

peuvent théoriquement nous mener, mais il ne faudrait quand même pas accorder trop d'importance à des extrapolations de ce genre. Par ailleurs, il faut se rappeler que 1 000 ans sont bien peu de choses à l'échelle de l'évolution biologique, ce qui rend d'autant plus inquiétants les impacts appréhendés.

Les impacts sur les organismes vivants

Comment réagiraient les êtres vivants face à de tels changements climatiques? Pour faciliter la compréhension, nous rappellerons que les organismes vivants doivent s'adapter aux conditions de leur environnement pour survivre. Ces adaptations permettent certaines variations, dans des limites bien définies, pour un ensemble de facteurs écologiques. Le jardinier amateur qui veut acheter des semences choisira normalement celles de plantes adaptées aux conditions climatiques qui caractérisent son coin de pays; une plante rustique en zone 5 ne survivra vraisemblablement pas en zone 2.

Comme les adaptations se font au niveau de l'espèce par un mécanisme de mutations génétiques et de sélection naturelle, il faut plusieurs générations pour que des individus d'une même espèce présentent une physiologie compatible avec des modifications exceptionnelles des conditions du milieu[6]. Ainsi, des botanistes qui voudraient acclimater un arbre fruitier aussi fragile que le poirier pour qu'il donne des poires à Chibougamau, à la limite du Nouveau-Québec, où la saison sans gel est de moins de 70 jours, devraient sélectionner les arbres les plus tolérants au froid et dont la fleur donne un fruit très rapidement. Sans ce processus de sélection, les arbres, implantés dans un climat qui ne leur convient pas, ne donneraient jamais de fruits et ne survivraient peut-être pas.

À l'inverse, certaines plantes ne tolèrent pas les conditions chaudes. Par exemple, la fève des marais, légumineuse très populaire appelée «gourgane» au Saguenay, au Lac-Saint-Jean et dans Charlevoix, ne peut pousser dans la région de Montréal et plus au sud. Originaire de la Méditerranée, la fève des marais est en effet une plante qui affectionne les climats froids et pluvieux. On la cultive en hiver, dans cette région du monde, ainsi qu'en Bretagne et en Normandie, d'où les colons français l'ont implantée au Québec au 17e siècle. Dans des climats trop chauds, la plante ne fleurit pas; elle ne donne donc pas de fruits ni de graines et ne se reproduit pas. Malgré les nombreuses tentatives d'acclimatation, on n'a jamais réussi à l'implanter dans des climats chauds, sauf en la cultivant en hiver, dans des conditions pluvieuses se maintenant entre 5 et 20 °C.

---

6. Voir C. Barrette, *Le miroir du monde*, Québec, Éditions MultiMondes, 2000, 354 p.

En fait, les animaux et les plantes vivent dehors à l'année longue et doivent être en mesure de faire face à toutes les variations climatiques pour pouvoir survivre dans un lieu précis.

Or la température, comme la lumière, est un des facteurs écologiques dont les variations sont les plus prévisibles pour les êtres vivants. Selon la latitude, la durée du jour s'allonge jusqu'au solstice d'été et se raccourcit par la suite jusqu'au solstice d'hiver. La température se réchauffe et se refroidit de la même manière. C'est pourquoi, par ses extrêmes ou par le nombre de degrés-jours, elle est un des principaux facteurs limitant la répartition des organismes. Naturellement, la température influe aussi sur la nature des précipitations (pluie ou neige) et surtout sur l'évaporation, donc sur la quantité d'eau disponible pour les plantes, ce qui fait qu'en réchauffant le climat, on modifie les facteurs écologiques essentiels à la vie des organismes. En conséquence, ceux-ci doivent s'adapter ou disparaître.

Les facteurs écologiques sont tellement importants que certaines espèces, par exemple, habitent le côté sud de hautes montagnes, mais pas le côté nord, même s'il n'y a que quelques dizaines de kilomètres entre les zones et que les conditions soient comparables sur l'un et l'autre versant. Car ce n'est pas l'altitude qui régit la répartition des organismes, mais bien la température. Notons enfin qu'aucune espèce vivante n'est indépendante des autres espèces qui peuplent le même milieu. Ainsi, même si un éléphant peut très bien survivre dehors à –5 °C, il mourrait au Québec parce qu'il ne pourrait pas trouver une alimentation suffisante pendant la saison où la végétation est en dormance. Par ailleurs, l'arrivée d'un nouveau parasite ou d'un prédateur opportuniste dans une communauté d'êtres vivants peut causer la disparition de plusieurs espèces incapables de s'y adapter. Cela signifie que si la température se réchauffe suffisamment pour permettre l'extension de l'aire de certains insectes, ceux-ci pourront envahir de nouveaux territoires et en modifier en profondeur les caractéristiques écologiques.

Pour certains autres organismes, généralement des animaux à sang froid, l'augmentation de la température peut être un avantage, mais pour les poissons, en particulier les salmonidés, elle constitue un danger mortel. En effet, plusieurs espèces de poissons d'eau froide ne peuvent tolérer une augmentation de température, et on assiste, par exemple, à des taux importants de mortalité du saumon lorsque la température de l'eau atteint certains sommets en été. Ce phénomène de mortalité massive s'est déjà produit dans plusieurs rivières du Québec en 1987, 1988 et 1989. Dans de telles périodes chaudes, les poissons deviennent extrêmement sensibles à la pollution, et le moindre rejet devient toxique.

ANIMAUX À SANG FROID : cette expression populaire ne rend pas compte de la réalité. On appelle animaux à sang froid les poïkilothermes, c'est-à-dire des animaux à température corporelle variable, qui n'ont pas besoin de maintenir leur température corporelle aussi constante que celle des mammifères et des oiseaux.

RÉCHAUFFEMENT DE L'EAU : il ne faut pas oublier que les poissons sont généralement prisonniers du plan d'eau où ils sont nés. Ils ne peuvent, comme les animaux terrestres ou les oiseaux, quitter un endroit où les conditions climatiques sont devenues défavorables. Ils sont alors contraints de chercher à l'intérieur du plan d'eau la zone où ils pourront répondre le mieux à leurs besoins.

111

Les milieux humides sont des habitats précieux, indispensables au cycle vital de nombreuses espèces. Menacés par toutes sortes d'activités humaines, ils seront particulièrement à risque en situation de réchauffement du climat.

Y. Hamel/Publiphoto

VARIATION CLIMATIQUE PLUS MARQUÉE : les organismes vivants sont généralement plus sensibles aux variations climatiques extrêmes. Lorsque la température excède, même une seule fois, les limites d'adaptation de l'espèce, les mortalités sont nombreuses. Même une faible augmentation de la température globale annuelle, si elle s'accompagne d'une forte variation des extrêmes, peut causer la disparition des espèces.

On pense que le réchauffement de l'atmosphère pourrait se traduire par une grande réduction de la diversité biologique, parce que les facteurs combinés d'accélération de la désertification, de réchauffement de l'eau, de fonte des glaces et de variation plus marquée des maxima et des minima climatiques pourraient causer la disparition d'un très grand nombre d'espèces sensibles ou de populations à la limite de leur aire de répartition. Par ailleurs, l'extension de l'aire d'espèces opportunistes pourrait causer des bouleversements écologiques en raison de la concurrence avec des espèces plus fragiles, qui seront remplacées. Ainsi s'accentuerait le problème planétaire d'érosion de la biodiversité liée aux activités humaines, telles la destruction des forêts tropicales, la pollution généralisée des eaux, la chasse excessive et la destruction des habitats.

L'habitat d'une espèce vivante, il est bon de le rappeler, correspond à la combinaison des éléments vivants et non vivants de l'environnement qui permettent à cette espèce de satisfaire l'ensemble de ses besoins en alimentation et en abri, tout en offrant des conditions favorables à sa reproduction. Les habitats sont donc des morceaux d'écosystème où la présence et l'abondance de la faune et de la végétation sont directement liées à l'ensemble des conditions écologiques, donc climatiques, dans un endroit déterminé, à un moment donné.

De riches habitats fauniques sont souvent situés en milieu humide, en particulier au bord des océans, dans des marais qui disparaîtront si le niveau de la mer augmente. Ces marais ne seront vraisemblablement pas remplacés par de nouvelles zones reprises à la terre, puisqu'au contraire l'agriculture, partout dans le monde, gagne déjà sur les zones marécageuses. Il est peu probable que les agriculteurs laissent leurs terres au profit des communautés végétales des milieux humides contre lesquelles ils ont tant travaillé à gagner du sol. Ces pertes affecteront une végétation particulièrement variée, ainsi que la faune très diversifiée associée à cette végétation. On pense par exemple aux oiseaux migrateurs et à la sauvagine, qui dépendent de tels milieux.

Dans les hautes terres, c'est l'évaporation accrue qui menace les habitats aquatiques, qui ont une grande importance pour l'épuration des eaux, mais surtout comme lieu de fraye pour les poissons et d'alimentation pour les oiseaux.

La migration des arbres

En ce qui concerne les habitats terrestres, une grave question se pose: comment des espèces menacées par le réchauffement pourront-elles migrer vers le nord pour trouver des conditions écologiques qui conviennent à leurs besoins? Dans les écosystèmes forestiers, il faut que les espèces d'arbres aient pu modifier leur aire de répartition pour que les espèces qui y vivent puissent s'adapter à un nouvel environnement. Or, à quelle vitesse les arbres peuvent-ils migrer?

Voilà une question que se sont déjà posée des écologues[7]. Selon les divers modèles, on prévoit une migration des forêts vers le nord à mesure que le climat se réchauffera. Les recherches démontrent qu'à la vitesse prévue actuellement pour le réchauffement planétaire, certaines espèces végétales forestières, pour se maintenir dans des conditions favorables, devraient conquérir jusqu'à 1 000 km de nouveaux territoires d'ici 50 ans, soit 20 km par année! Les scientifiques pensent que très peu d'es-

pèces pourront survivre à un tel stress. Même durant la dernière déglaciation, on calcule que les arbres ne se sont jamais déplacés plus vite que 1 à 4 km par décennie, à l'exception du record de 200 km par siècle de l'épinette noire (*Picea mariana*)[8]. Soulignons toutefois que ces extensions exceptionnelles se sont faites sur un territoire vierge, récemment libéré des glaces. Rien ne garantit que cela serait encore possible dans les conditions actuelles.

On estime, cependant, qu'un réchauffement de 1 à 3,5 °C en moyenne, au cours des 100 prochaines années, ferait migrer les isothermes (lignes représentant les températures moyennes) actuelles vers les pôles de 150 à 550 km, et en altitude de 150 à 550 m. Dans certaines régions, donc, des types de forêts pourraient disparaître et d'autres verraient leur composition profondément modifiée.

L'Amérique du Nord a été déboisée à une très grande échelle durant la colonisation. L'agriculture, en occupant la terre, a barré la route à certaines espèces animales migratrices, comme les bisons, qui ne sont plus aujourd'hui représentés que dans quelques parcs. L'urbanisation a aussi

7. Voir «How fast can trees migrate?», *Science*, vol. 243, 10 février 1989, p. 735-737.

8. En Europe, la recolonisation du territoire par les chênes s'est faite entre −15 000 et − 6 000 avant aujourd'hui, à partir de trois zones refuges situées en Espagne, en Italie et dans les Balkans. Les chênes ont progressé à une vitesse qualifiée de surprenante, en moyenne 380 m par an, avec des pointes de 500 m. (Voir A. Kremer, «L'épopée des chênes européens», *La Recherche*, 2001, 342:40-43.

113

considérablement transformé le territoire, et on imagine mal des populations de mammifères peu rapides, comme l'opossum, traversant New York pour migrer vers le nord!

Les réserves fauniques et les parcs naturels hébergent actuellement plusieurs espèces menacées. Naturellement, nul n'a prévu de corridor nord-sud pour la migration des animaux et des plantes. On ne peut pas s'attendre à ce qu'un agriculteur sacrifie ses terres pour laisser pousser des chênes, sous prétexte que cette espèce doit migrer de cinq kilomètres par an, et leur laisser ainsi occuper le sol pendant 200 ans. On pense[9] donc que disparaîtront de nombreuses espèces actuellement confinées dans les parcs et réserves, derniers îlots de vie sauvage.

Les impacts sur l'espèce humaine

Ceci nous amène aux impacts appréhendés d'un réchauffement climatique, même modeste, pour l'espèce humaine. Comme nous l'avons vu plus tôt, les sécheresses devraient provoquer une accélération de la désertification, en particulier dans les zones d'agriculture intensive… Or, la planète est actuellement habitée par six milliards d'habitants et atteindra les huit milliards d'ici 20 à 30 ans. La population terrestre étant surtout concentrée dans les pays pauvres, il pourrait devenir extrêmement difficile, dans quelques années, de trouver les ressources nécessaires pour nourrir convenablement tout le monde, si l'agriculture se voyait limitée, par exemple par le manque d'eau.

Déjà près d'un milliard de personnes souffrent de malnutrition et on estime que la production alimentaire devrait doubler d'ici 30 ou 40 ans pour pouvoir nourrir tous les habitants de la Terre. Or, les terres agricoles iront en diminuant constamment, du fait des impacts du réchauffement global, de l'urbanisation croissante et de la destruction des sols par les mauvaises pratiques culturales (érosion, salinisation, compactage), entraînant une désertification. Mais c'est surtout le manque de disponibilité de l'eau pour l'irrigation qui sera un facteur limitatif de la production agricole[10].

On peut donc raisonnablement s'attendre à des famines cruelles, frappant dans un avenir rapproché certains pays du Tiers-Monde, car même si l'agriculture mondiale suffit à nourrir l'humanité, le fonctionnement du système commercial et politique qui assure la distribution des denrées oblige plusieurs populations à vivre en autarcie, sans pouvoir acheter ce qu'elles ne peuvent produire localement. Pour ces peuples, l'aide internationale est le seul espoir. Or, celle-ci

9. Voir T.A. Lewis, «Le réchauffement de la terre entraînera-t-il la mort des vivants?», *Biosphère*, 1987, vol. 3, n° 6, nov.-déc.

10. Voir M. Falkenmark, «De l'eau pour un monde affamé», 1997, *Écodécision*, 24:57-60.

arrive souvent bien après les caméras de la télévision.

On doit aussi s'attendre à voir changer de façon radicale le mode de vie traditionnel de toutes les régions agricoles du globe, y compris en Amérique du Nord. Le réchauffement global risque de tout changer, et très vite! Certains effets pourront sembler bénéfiques, par exemple l'augmentation du taux de croissance de certaines cultures dans un environnement plus riche en CO_2, surtout dans les régions de moyennes et hautes latitudes, mais il faut craindre des effets indirects néfastes, par exemple le déplacement de maladies et d'insectes ravageurs de cultures vers des zones qu'ils n'avaient pas encore touchées.

Par ailleurs, l'agriculture qui permet au plus grand nombre de personnes de subsister en autarcie, celle pratiquée dans les régions tropicales et subtropicales, pourrait être très affectée, puisque les cultures y croissent déjà sous des conditions de température maximale tolérée ou encore à la limite de leur résistance à la sécheresse. Pour plusieurs, il est difficile de croire aux limites de l'agriculture industrielle pour nourrir l'humanité. En effet, les productions végétales ont connu des améliorations de productivité exceptionnelles au cours du dernier siècle, reculant toujours le spectre d'une famine mondiale. Il n'est pas insensé de croire que les biotechnologies et de nouvelles améliorations techniques puissent encore aug-menter cette productivité. Cependant, on observe actuellement, dans les pays industrialisés, une réticence des consommateurs qui pourrait ralentir le progrès des plantes modifiées génétiquement. Par ailleurs, ces produits de la technologie ne sont pas sans incidences écologiques et on peut penser à juste titre que ces nouvelles variétés modifieront de façon significative les pratiques culturales, là où elles seront utilisées. Les prédictions concernant les famines doivent donc être relativisées et nuancées. Les plus pauvres, vivant en autarcie ou presque dans des pays politiquement instables, en seront, bien entendu, les premières victimes.

Moustiques, malaria et compagnie

Le paludisme est l'une des maladies qui tue le plus dans le monde : 3 000 personnes par jour, des enfants pour la plupart. Causée par un protozoaire apicomplexe (*Plasmodium falciparum*), cette maladie se manifeste par des fièvres intenses et répétées, qui finissent par venir à bout de la résistance du malade. Le protozoaire est transmis par un moustique du genre *Anopheles*, qui agit comme hôte intermédiaire du parasite et peut contaminer toute personne qu'il pique. Avec un réchauffement prévu de 3 à 5 °C en 2100, on estime que la zone de transmission du paludisme pourrait s'étendre, pour toucher 15 % de la population mondiale de plus, passant de 45 à 60 %. Entre 50 et 80 millions de personnes pourraient s'ajouter aux 500 millions de cas actuels. En effet, les moustiques

APICOMPLEXE : nom de la famille de parasites intra-cellulaires qu'on appelait autrefois les Trypanosomes.

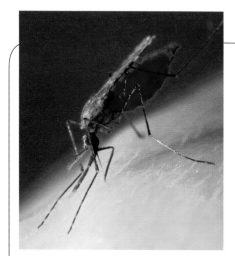

Anophèle femelle se nourrissant à travers la peau d'un humain. Le protozoaire transmis par ce type de moustique provoque le paludisme, maladie qui cause d'importants ravages en Afrique, en Asie et en Amérique du Sud.

Sinclair Stammers/Science Photo Library/
Publiphoto

porteurs prolifèrent dans des climats plus chauds et se développent dans des nappes d'eau temporaires, comme celles que peuvent laisser derrière elles des pluies abondantes.

Depuis 1970, le paludisme s'est étendu, gagnant en altitude plus de 150 m dans les zones tropicales et faisant des victimes au nord comme au sud des tropiques, dans des régions et des villes où il n'avait jamais été détecté auparavant, comme le New Jersey, New York et même Toronto[11]. D'ici 2020, le risque de paludisme sera multiplié de façon importante dans la plupart des pays développés, comme l'indique la figure 6.10.

La dengue est une autre maladie infectieuse causée par un virus transmis par les moustiques. Elle se manifeste par des symptômes semblables à ceux d'une grippe, mais cause souvent des hémorragies internes fatales. Aujourd'hui, 50 à 100 millions de personnes en sont atteintes dans les régions urbanisées tropicales et subtropicales. Dans la décennie 1990, la dengue a étendu son territoire d'endémie de l'Amérique centrale jusqu'à Buenos Aires au sud et jusqu'au Mexique au nord, en plus de faire d'importants progrès dans le nord de l'Australie.

Bien que ces extensions du paludisme et de la dengue confirment les conséquences attendues d'un réchauffement global, les changements climatiques ne sont pas la seule cause qui pourrait être invoquée pour expliquer le phénomène. D'autres facteurs seraient également à considérer, comme des déséquilibres de l'environnement favorisant la prolifération des moustiques ou l'abandon de certains programmes d'éradication. Cependant, la migration des maladies en altitude ne peut avoir d'autres causes que les changements climatiques.

On attribue[12] l'apparition récente du virus du Nil occidental, aux États-Unis, à une succession de climats extrêmes qui ont favorisé la multiplication du virus dans les moustiques *Culex pipiens*, qui ont ensuite contaminé les oiseaux, puis les humains, tuant plusieurs personnes à New York à la fin des années 1990. À l'été 2001, le virus a franchi la frontière canadienne, gagnant plus de 100 kilomètres vers le nord, jusque dans la région d'Ottawa, où plusieurs oiseaux en ont été victimes. Hivers doux, printemps pluvieux, étés chauds et secs ont favorisé l'expansion du virus.

D'autres maladies infectieuses dont la transmission ne nécessite pas de vecteur (salmonellose, choléra, giardiase) pourraient s'étendre à la faveur de conditions de

---

11. P. Epstein, 2000, «Oui le réchauffement de la planète est dangereux», *Pour la Science*, 2000, 276:80-88.
12. *Ibid.*

Figure 6.10

Étendue du paludisme dans un contexte de réchauffement global

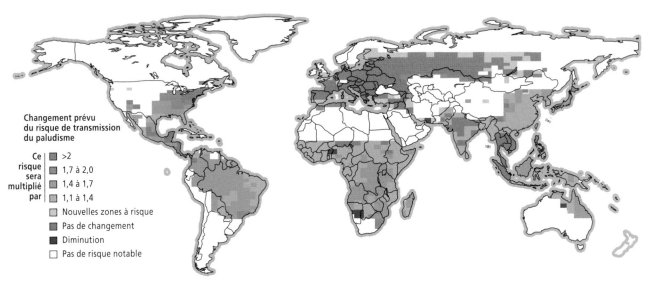

Changement prévu
du risque de transmission
du paludisme

Ce
risque
sera
multiplié
par

- >2
- 1,7 à 2,0
- 1,4 à 1,7
- 1,1 à 1,4
- Nouvelles zones à risque
- Pas de changement
- Diminution
- Pas de risque notable

Source : P. Epstein, « Oui, le réchauffement de la planète est dangereux », *Pour la Science,* 2000, nº 276, p. 80-88.

salubrité rendues précaires par l'augmentation de la température et la multiplication des inondations. Indéniablement, la santé de la population est vulnérable aux changements climatiques, surtout en milieu urbain et dans les pays en développement. La santé risque donc de se dégrader dans les régions où l'exposition aux maladies contagieuses et vectorielles est plus marquée et où souvent les conditions hygiéniques et sanitaires sont déficientes. Des épisodes climatiques violents, comme l'ouragan Mitch, les inondations survenues dans la corne de l'Afrique en 1997 et 1998 ou les inondations du sud de l'Afrique en février 2000, n'auront pas fait

que des milliers de victimes directes. La résurgence d'épidémies, à la suite de la multiplication d'agents infectieux, de la contamination de l'eau potable et de l'affaiblissement de la résistance des populations qui ont perdu leurs récoltes, contribue à plonger dans la misère des gens qui ne sont pourtant pas les plus grands émetteurs de gaz à effet de serre. Dans les pays développés, au climat tempéré, ce sont les personnes âgées, les enfants et les personnes souffrant de maladies pulmonaires qui sont les plus à risques. Lors des canicules, les hospitalisations pour difficultés respiratoires augmentent sans cesse, exacerbées par le smog, et on attribue

Même s'il est impossible de relier au réchauffement global un événement particulier, comme les inondations survenues au Saguenay en 1996, on sait que de tels événements seront plus fréquents dans un contexte de changements climatiques.

M. Bourque/Publiphoto

on pourrait donner le signal du départ de la classique annuelle de traîneau à chiens, alors que d'importants plans d'eau n'étaient pas suffisamment[14] gelés.

À quoi pourraient ressembler les conséquences d'un réchauffement au Canada et au Québec? Nous relèverons ici quelques résultats obtenus par diverses équipes de chercheurs canadiens, ainsi que les principales conclusions de la première étude pancanadienne sur les impacts des changements climatiques et l'adaptation à ces impacts, publiée à la fin de 1997 par Environnement Canada et l'Association de climatologie du Québec.

Le tableau 6.3 présente l'étendue des résultats obtenus à l'aide de plusieurs modèles de circulation générale, qui incluent le modèle canadien couplé de circulation générale et les modèles américains GFDL et GISS. Les variations sont évaluées à partir de l'hypothèse d'un doublement du CO_2.

L'étude pancanadienne analyse en détails plusieurs impacts potentiels de ces changements de température et de précipitations sur les divers secteurs d'activités et composantes des milieux naturels. Nous nous contenterons ici de résumer quelques-unes des grandes conclusions. La dernière

de plus en plus de décès aux coups de chaleur dont sont victimes ceux qui n'ont pas les moyens de climatiser leur résidence.

Les prévisions en territoire canadien

Dans la plupart des pays industrialisés, les gouvernements ont demandé que soient évaluées les conséquences des changements climatiques sur leur territoire[13]. Nous avons aussi connu, au Canada et au Québec, quelques avatars climatiques au cours des années 1990: inondations au Saguenay, crues exceptionnelles au Manitoba, tornades en Alberta, verglas dans le sud du Québec. Le dernier en lice est un hiver 2001 si chaud au Yukon qu'on se demandait, au début de février, si

13. On trouvera, par exemple, les répercussions des changements climatiques sur le territoire français à http://www.effet-de-derre.gouv.fr/tr/savoir/impact.htm et les évaluations du gouvernement des États-Unis à http://www.nacc.usgcrp.gov.

14. Communiqué par la Ville de Whitehorse au congrès mondial des Villes d'hiver 2001 à Québec.

partie de ce chapitre sera consacrée aux effets attendus du changement climatique à l'échelle de la planète. Ces changements auront des conséquences inégales selon les grandes régions du globe, mais le portrait dressé pour le Québec et le Canada donne un aperçu de ce qui attend une bonne partie de l'hémisphère Nord.

Tout d'abord, le Québec étant une région caractérisée par ses ressources en eau, en forêt et en terre arable, voyons comment les changements occasionnés par les variations de température et de précipitations affecteront ces ressources.

Advenant un doublement de la concentration atmosphérique du CO_2, le régime des eaux serait sensiblement modifié, selon les résultats du modèle canadien couplé de seconde génération. En raison d'une évaporation accrue de l'eau des Grands Lacs, sous l'effet combiné de l'évaporation estivale augmentée par les températures plus chaudes et de l'absence de couvert de glace complet l'hiver, le débit et le niveau du fleuve Saint-Laurent pourraient diminuer, dans la région de Montréal, de 40 % et de 1,3 m respectivement. Les conséquences de cette modification des caractéristiques du fleuve se feraient sentir à plusieurs égards :

+ La qualité des eaux de consommation pourrait diminuer en raison d'une plus faible dilution des polluants.

+ De nombreux habitats essentiels à la sauvagine et à la reproduction de plu-

Tableau 6.3

Changements de températures (en °C) et de précipitations (en %) selon l'étude pancanadienne (1997), répartis en fonction des saisons et des régions du Québec

Saison	Sud du Québec	Nord du Québec
Printemps (mars à mai)	+1 à +4 °C	+2 à +4 °C
	0 à +20 %	0 à +20 %
Été (juin à août)	+1 à +4 °C	+2 à +4 °C
	± 10 %	0 à +20 %
Automne (sept. à nov.)	+1 à +3 °C	+2 à +5 °C
	− 30 à +10 %	0 à +20 %
Hiver (déc. à fév.)	+2 à +6 °C	+2 à +9 °C
	+5 à +20 %	0 à +20 %

Diminution du niveau du fleuve Saint-Laurent au cours de l'été 2001. Le Saint-Laurent est particulièrement fragile en raison de l'importance des Grands Lacs pour son alimentation.

Ève-Lucie Bourque

119

*Les îles de Sorel et le lac
Saint-Pierre comptent parmi
les habitats fauniques
les plus riches d'Amérique
du Nord.*

 P.G. Adam/Publiphoto

sieurs espèces de poissons pourraient disparaître ou être sensiblement réduits, par suite de l'assèchement des herbiers et des marais côtiers. Cela est particulièrement important dans le cas du fleuve Saint-Laurent, dont le chenal a été creusé par le gouvernement du Canada de façon telle qu'il forme maintenant un passage de 200 m de largeur qui canalise la moitié de son débit. Advenant une réduction de débit de l'ordre de grandeur annoncé, le fleuve se réduirait à ce chenal, ce qui signifierait la perte nette de l'ensemble des habitats de poisson, en particulier dans les îles de Sorel et dans le lac Saint-Pierre, qui vient tout juste d'être désigné Réserve de la biosphère de l'UNESCO.

◆ L'augmentation de la température au Québec pourrait d'autre part affecter l'habitat de certaines espèces de salmonidés. Le Québec est probablement le plus important réservoir mondial du patrimoine génétique de plusieurs de ces espèces. Le réchauffement des eaux pourrait ainsi entraîner une réduction draconienne de l'habitat de l'Omble de fontaine (*Salvelinus fontinalis*) et du touladi (*Salvelinus namaycus*) dans la portion méridionale de leur aire de répartition, alors que l'Omble chevalier (*Salvelinus alpinus*) risque une extinction accélérée. En effet, ces poissons sont très sensibles au réchauffement de l'eau et à la concurrence résultant de l'introduction d'autres espèces En ce qui concerne le Saumon atlantique (*Salmo salar*), dont la situation en mer est d'ores et déjà problématique, les modifications d'habitat pour la reproduction pourraient varier régionalement entre des pertes de 42 % et des gains de 16 %. Il est probable, d'autre part, que des espèces de poissons concurrentes des salmonidés appartenant à des bassins hydrographiques plus au sud remonteront dans les rivières réchauffées du Québec, ce qui nuira à la pêche sportive.

◆ Le débit réduit affecterait les usages domestiques, industriels et surtout agricoles de l'eau du fleuve et de ses affluents de la vallée fertile du sud du Québec.

- Le transport maritime et fluvial jusqu'aux Grands Lacs ferait face à une réduction saisonnière du niveau d'eau de la voie navigable, puisque la profondeur du chenal navigable n'est parfois que de quelques centimètres supérieur au tirant d'eau des bateaux océaniques. Cela pourrait signifier que le port de Montréal deviendrait inaccessible aux transporteurs océaniques en période d'étiage.

- Par ailleurs, des augmentations de précipitations allant de 0 à 20% seraient envisagées pour le nord du Québec. Cet accroissement des pluies se traduirait par un apport en eau accru, de l'ordre de 9 à 16%, dans les réservoirs hydroélectriques situés sur le territoire de la baie James. L'utilisation d'énergie se modifiant avec les changements climatiques, la gestion de l'électricité devrait s'adapter à une demande accrue en été, en raison de l'augmentation des besoins de climatisation, alors que la demande hivernale devrait diminuer en raison du réchauffement. Cela se complique cependant du fait que la répartition des précipitations serait aussi transformée et que les surplus se produiraient surtout en hiver. Malheureusement, il n'est pas toujours possible d'amasser toute l'eau provenant des crues printanières dans les réservoirs des barrages hydroélectriques. En conséquence, les effets négatifs de faibles années d'hydraulicité pourraient être amplifiés. Il ne faut pas négliger, non plus, le fait que, la déréglementation du marché de l'électricité aux États-Unis ayant permis une intégration accrue des marchés, la gestion de l'approvisionnement électrique au Québec est maintenant fortement conditionnée par les besoins américains. Quoi qu'il en soit, les prédictions concernant ce point précis sont extrêmement aléatoires en raison de la difficulté actuelle d'établir des points de référence puisque l'hydraulicité des deux dernières décennies a été très particulière dans ces régions.

ÉTIAGE : période de basses eaux. Sous les latitudes septentrionales, on parle d'étiage d'été et d'étiage d'hiver.

Quand l'arbre ne cachera plus la forêt…

En foresterie, la ligne des arbres et les limites entre les grands types de forêts pourraient se déplacer de quelques centaines de kilomètres vers le nord. Cependant, cette migration dépendra des conditions de sol rencontrées et surtout du régime des feux. La saison de croissance serait évidemment allongée. Les forêts de feuillus verraient leur superficie augmenter de 115 à 170%, alors que la forêt boréale pourrait perdre de 5 à 40% de sa superficie. On ne peut pas encore déterminer de façon précise ce qui se passerait sur le plan de la productivité, puisque l'augmentation du CO_2 atmosphérique devrait logiquement se traduire par une accélération du taux de croissance des arbres, phénomène déjà observable. Mais les études ne sont pas définitives à ce sujet,

Des étés plus chauds et secs favoriseront les incendies de forêt, ce qui risque de compromettre la valeur des forêts comme puits de carbone.

feu et les épidémies d'insectes risquent d'augmenter parallèlement à la température. Les conditions décrites ici constituent des scénarios probables, qui devraient inciter les gestionnaires des ressources forestières à réviser les stratégies d'approvisionnement en fonction d'un environnement modifié.

En agriculture, toujours selon le scénario de doublement du CO_2, la plupart des régions agricoles du Québec seraient favorisées par le changement climatique, alors que la saison de croissance pourrait être allongée de 37 jours[15]. Les régions de l'Abitibi et du Lac-Saint-Jean profiteraient considérablement de ce réchauffement. Ces études prévoient même de très bonnes possibilités de culture de la pomme dans toutes les régions, et un certain potentiel pour la culture du raisin dans la région de Québec. On a d'ailleurs vu s'installer plusieurs vignobles entre Montréal et Québec depuis la publication de ces études. Coïncidence ou spéculation ? Mais attention ! plus de chaleur signifie aussi l'extension potentielle des aires de maladies et d'insectes actuellement inconnus sur nos terres. Il vaudrait mieux ne pas se réjouir trop tôt… Par ailleurs, le

RÉGIMES DE PERTURBATION DES FORÊTS : dans certains biomes, la composition des espèces végétales est maintenue par un type de perturbation périodique : feux, inondations, verglas, insectes qui, tout en détruisant les végétaux en place, créent des conditions favorables à la régénération des espèces qui y sont adaptées. Les perturbations surviennent à intervalles réguliers.

et il faut tenir compte d'autres facteurs qui ont probablement plus d'importance pour la dynamique des forêts. On croit en effet qu'un réchauffement pourrait amener des changements dans les régimes de perturbation des forêts, surtout la forêt boréale, où les

122

15. Ces données sont issues de deux études portant spécifiquement sur les effets du changement climatique sur la production de certaines cultures du Québec agricole : 1. B. Singh et R.B. Stewart, « Potential impacts of a CO_2 induced climate change using the GIS scenario on agriculture in Quebec, Canada », *Agriculture, Ecosystem and Environment*, 1991, 35:327-347 ; 2. B. Singh, M. El Mayar, P. André, J.-P. Thouez, C. Bryant et D. Provençal, « Influence d'un changement climatique dû à une hausse de gaz à effet de serre sur l'agriculture au Québec », *Atmosphère-Océan*, 1995, 34 (2):379-399.

Figure 6.11

La sensibilité aux incendies de forêt au Canada

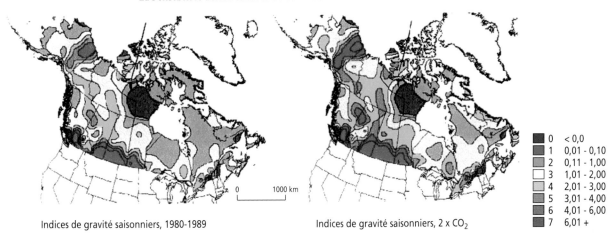

Indices de gravité saisonniers, 1980-1989   Indices de gravité saisonniers, 2 x CO$_2$

■	0	< 0,0
■	1	0,01 - 0,10
■	2	0,11 - 1,00
□	3	1,01 - 2,00
■	4	2,01 - 3,00
■	5	3,01 - 4,00
■	6	4,01 - 6,00
■	7	6,01 +

La carte de droite montre les indices saisonniers de gravité des incendies de forêt dans un environnement contenant deux fois plus de CO$_2$ pour l'ensemble du Canada. Ces indices sont à mettre en comparaison avec les indices de la période 1980-1989, carte de gauche. Les régions les plus menacées sont le centre-ouest et une partie des Territoires du Nord-Ouest. Partout on verrait un allongement de la saison des incendies, accompagné de l'accroissement de leur fréquence et de leur gravité.

Source : B.J. Stocks *et al.*, «Climate change and forest fire potential in Russian and Canadian boreal forests», *Climatic Change*, 1998, 38 : 1-13.

climat ne suffit pas pour l'agriculture ; il faut aussi des sols appropriés. Or ces sols prennent des siècles, voire des millénaires à se développer dans des conditions favorables.

Des impacts sur la santé sont également à prévoir avec l'augmentation de la température. Des chercheurs estiment que les vagues de chaleur de plus longue durée dans les grandes villes pourraient causer des mortalités, quatre fois supérieures au taux du début des années 1990, surtout chez les personnes âgées, même si l'on suppose que la population s'acclimaterait graduellement quelque peu à la chaleur.

Sous les latitudes nordiques, où le sol reste gelé toute l'année, on ne construit pas les bâtiments sur des assises enfouies sous terre, mais plutôt sur pilotis. De même, le transport s'effectue sur des routes de glace l'hiver et on traverse les cours d'eau sur des ponts de glace. Si les prévisions de réchauffement accentué des latitudes

Figure 6.12

Carte illustrant les effets que pourrait avoir le dégel du pergélisol en territoire canadien

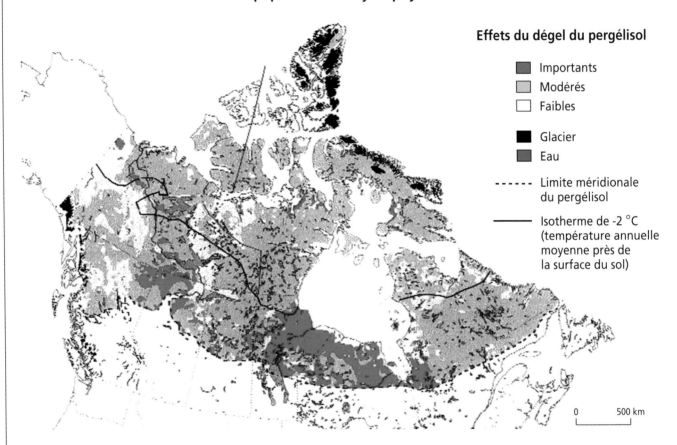

Effets du dégel du pergélisol

Importants
Modérés
Faibles

Glacier
Eau

- - - - - Limite méridionale du pergélisol

—— Isotherme de -2 °C (température annuelle moyenne près de la surface du sol)

0   500 km

Près de la moitié de la superficie du Canada est constituée de pergélisol, c'est-à-dire un sol dont la température est inférieure à 0 °C toute l'année. C'est dans les régions où le pergélisol est riche en glace que le dégel risque de causer le plus de dommages liés à des glissements et à des enfoncements de terrain. Les différentes couleurs indiquent l'intensité des effets potentiels du dégel du pergélisol.

Source : S.L. Smith et M.M. Burgess, « Mapping the response of permafrost in Canada to cimate warming », *Geological Survey of Canada. Current Research,* 1998, 1998-E : 163-171.

124

nordiques se concrétisent, il est fort probable que le dégel du pergélisol, la fonte de la banquise et la hausse du niveau de la mer auront des incidences importantes sur les infrastructures de ces régions, mais aussi sur le mode de vie des communautés inuites[16] et amérindiennes qui vivent le long des côtes, sans compter la libération de quantités considérables de méthane contenues dans le pergélisol. La figure 6.12 illustre bien les zones de pergélisol du Canada les plus sensibles à la hausse de la température.

Certaines de ces prévisions peuvent sembler optimistes et encourageantes dans une perspective économique à court terme pour le Québec et le Canada, mais les études sur lesquelles s'appuient ces prévisions sont souvent simplistes et préliminaires, ne tenant compte que de quelques facteurs. Dans la réalité, les choses sont beaucoup plus complexes. Localement, les conditions peuvent être meilleures, mais bien pires aussi. Il faudra donc apprendre à voir à plus long terme, au-delà de nos seules frontières et à travers une lunette écologique, car le réchauffement anticipé est un phénomène global et cela n'ira pas aussi bien pour tout le monde.

Le jeûne de l'ours

Une des conséquences du réchauffement climatique des latitudes nordiques, qui a déjà commencé à se produire, est particulièrement éclairante. En 1993, Ian Sterling et Andrew Derocher sonnaient l'alarme dans un article de la revue scientifique *Arctic*[17]. Advenant une diminution du couvert de glace de l'océan Arctique sous un régime thermique plus chaud, on pourrait bien assister à la raréfaction, voire la disparition de l'Ours polaire sous les latitudes les plus méridionales de son aire de répartition. Carnivore qui chasse sur l'océan lorsque celui-ci est couvert de glace, l'Ours polaire, (*Ursus maritimus*) subit de longs mois de jeûne chaque été. Dans la partie sud de son aire de répartition, à la baie de James et à la baie d'Hudson, par exemple, l'ours se voit confiné au littoral tout l'été, période pendant laquelle il ne peut s'alimenter suffisamment et doit vivre des réserves de graisse accumulées pendant la courte saison de chasse printanière, à l'époque de la naissance des jeunes phoques annelés, sur les glaces. En fait, la période la plus importante de l'année pour l'alimentation des ours polaires s'étend du début d'avril à la mi-juillet, lorsque la banquise fond et se défait. Pendant cette période, on a calculé que les

16. L'Institut international du développement durable (IISD, http://www.iisd.org) a produit un film vidéo sur la communauté inuite de l'île Banks, qui montre l'importance de son mode de vie et les stratégies d'adaptation au changement climatique faisant appel à ses connaissances traditionnelles.

17. I. Stirling et A.E. Derocher, « Possible impacts of warming on polar bear », *Arctic*, 46:3, 1993, 240-245.

Ours polaire (Ursus maritimus).
Comme son nom scientifique l'indique, cet animal dépend des ressources marines et en particulier du phoque annelé pour son alimentation.

Louis Gagnon/Publiphoto

ours pouvaient manger un phoque par jour, c'est-à-dire l'équivalent de 25 kg de gras. Pour un carnivore dont le mâle fait plus de 400 kg et la femelle, 280 kg, cela n'apparaît pas excessif, surtout que par la suite, à aucun autre moment de l'année, l'apport alimentaire ne couvre complètement les dépenses énergétiques de l'animal, de sorte que ces animaux arrivent en avril amaigris. Cela est particulièrement grave pour les femelles qui doivent allaiter leurs petits et qui cessent de le faire lorsqu'elles sont insuffisamment alimentées. De plus, si une femelle n'a pas accumulé assez de gras à la fin d'avril, lors de la reproduction, elle ne donnera pas naissance à des petits l'hiver suivant.

Les changements climatiques pourraient influer négativement sur les populations d'ours polaires de trois façons : en réduisant leur capacité de chasser, en réduisant la reproduction des phoques, donc la capacité des ours de se nourrir adéquatement, et en modifiant la productivité des écosystèmes de l'océan Arctique. Dans les trois cas, l'état de santé des femelles déclinant, les populations d'ours pourraient se raréfier ou chercher de la nourriture ailleurs, soit près des communautés humaines établies dans le territoire arctique, et là où les ours et les humains entrent en concurrence, les ours sont généralement les perdants.

Les prévisions faites par Stirling et Derocher en 1993 se sont avérées justes et on peut actuellement mesurer un amaigrissement des ours polaires dans la partie sud de leur habitat et une diminution de la capacité des femelles de mener à terme leurs portées. L'Ours polaire montre ainsi à quel point les effets d'un réchauffement du climat sont imprévisibles et frappent loin de ceux qui en sont responsables.

Nous verrons, dans les prochains chapitres, que les responsables des changements climatiques ne sont pas nécessairement ceux qui en seront le plus affectés à court ou à moyen terme. Nous verrons aussi comment réagit la communauté internationale pour tenter de ralentir le phénomène du réchauffement global, avec tous les obstacles et les espoirs que cela peut comporter. Mais d'abord, voyons quelles sont les principales sources de gaz à effet de serre et les principaux responsables de ces émissions qui font s'emballer les modèles et maigrir les ours.

▼

Les changements climatiques pourraient influer négativement sur les populations d'ours polaires de trois façons : en réduisant leur capacité de chasser, en réduisant la reproduction des phoques, donc la capacité des ours de se nourrir adéquatement, et en modifiant la productivité des écosystèmes de l'océan Arctique.

▲

127

CHAPITRE 7

Les sources et les responsables

Les opposants aux mesures de réduction des émissions de gaz à effet de serre soulignent, avec justesse, que l'humanité est responsable d'une très faible proportion des émissions planétaires. Il est vrai qu'en comparaison du volcanisme ou des émissions naturelles de carbone atmosphérique, notre contribution n'est que de 5 %, mais ce sont ces quelques milliards de tonnes de CO_2 anthropique que les systèmes naturels de captage ne peuvent absorber et qui s'accumulent, altérant lentement la composition de l'atmosphère.

Imaginez un compte de banque dans lequel on déposerait à chaque paye 5 % de son revenu, sans jamais effectuer de retraits. Même sans considérer d'intérêts sur le capital, il y aurait chaque année augmentation du compte. Inéluctablement, au bout de vingt ans il aurait atteint l'équivalent d'une année de revenu et continuerait de croître ainsi au fur et à mesure des dépôts. Cela pourrait même s'accélérer en fonction de l'inflation.

C'est ce qui se produit avec les gaz à effet de serre. Notre contribution peut paraître minime de prime abord, mais elle s'accumule constamment sans que les systèmes naturels de captage ne parviennent à faire de retraits. Comme nous l'avons vu au chapitre 4, nous nous dirigeons ainsi vers un doublement de la concentration de CO_2 atmosphérique préindustrielle dans quelques années.

Des sources diverses, au cœur de l'activité économique

L'augmentation des gaz à effet de serre dans l'atmosphère peut paraître un phénomène simple, au premier coup d'œil, mais elle est en réalité un phénomène complexe, qui résulte d'innombrables activités humaines. Comme il est difficile d'attribuer une molécule de CO_2 à une activité particulière, il convient plutôt de procéder par secteurs.

Parmi les sources identifiables, certaines sont fixes, comme les usines de production d'électricité à partir du charbon,

Les éléments les plus caractéristiques de notre société industrielle moderne sont associés de diverses manières aux émissions anthropiques de gaz à effet de serre.

d'autres sont mobiles, comme les automobiles, les camions et les avions, d'autres, enfin, sont diffuses, comme le méthane produit par les animaux. Par ailleurs, les activités qui expliquent ces sources sont liées à l'exploitation de certaines ressources naturelles, à la transformation de l'énergie ou des matières premières, au transport, au changement de vocation des terres, à la production et à la conservation des aliments, etc. Enfin, les émissions se produisent à différents moments du cycle de vie des produits. Par exemple, une entrecôte est liée à certaines émissions quand le bœuf est encore aux champs, à d'autres lorsqu'on doit transporter et réfrigérer la viande de l'animal abattu, à d'autres encore quand on la fait cuire. Cela complique l'analyse, d'autant plus que les activités de diverses natures sont réparties très inégalement entre les pays en développement et les pays développés et que certaines activités émettrices sont très étroitement reliées au processus même du développement.

Enfin, les émissions de gaz à effet de serre (GES) d'un pays sont liées tant à la nature de ses richesses naturelles qu'au niveau de consommation de ses habitants. Un pays produisant du pétrole, par exemple, aura une contribution par habitant à l'augmentation des GES bien supérieure à celle d'un pays de même population et de même niveau de développement qui pratique surtout l'agriculture ou dont la majeure partie de l'énergie provient de l'hydroélectricité.

Et les divers gaz à effet de serre n'ont pas tous le même potentiel de réchauffement, ce qui complexifie encore l'analyse…

Pour mettre un peu d'ordre dans tout cela, nous recenserons dans ce chapitre les principales sources d'émissions de gaz à effet de serre d'origine anthropique.

Les carburants fossiles : la bête noire

L'énergie contenue dans les combustibles fossiles est de l'énergie solaire qui a été stockée par photosynthèse il y a des millions d'années. Elle est récupérée par la combustion et convertie en mouvement et en chaleur. Dans les centrales thermiques, la chaleur obtenue par la combustion inefficace des carburants fossiles sert à produire la vapeur qui actionne des turbines couplées à des alternateurs, lesquels produisent du courant électrique.

L'humanité dépense chaque année des quantités de combustibles fossiles égales à la quantité formée en un million d'années. La consommation mondiale d'énergie est passée de 21 exajoules en 1900 à près de 360 exajoules en 2000, alors que la population

COMBUSTION DES CARBURANTS FOSSILES : l'efficacité de conversion de l'énergie fossile en électricité est en moyenne de 35 %. Même avec les meilleures technologies, elle ne dépasse pas 50 %.

EXAJOULE : un exajoule correspond à 10^{18} joules (1 000 000 000 000 000 000), soit 1 milliard de milliards de joules, c'est-à-dire l'équivalent de l'énergie que dégage la combustion de 25 milliards de litres de pétrole brut.

130

mondiale n'a même pas quadruplé durant la même période. Le charbon, le pétrole et le gaz naturel fournissent 88% de cette énergie, le reste venant principalement de la fission nucléaire[1].

L'utilisation des carburants fossiles est la principale source anthropique d'émissions de gaz à effet de serre à l'échelle mondiale. De l'extraction à la combustion, cette filière représente les trois quarts des émissions de CO_2 de l'humanité, environ 20% de l'ensemble des émissions de méthane et une quantité significative d'oxyde nitreux (N_2O). De plus, parmi les produits polluants provenant de l'utilisation des combustibles fossiles, on retrouve des quantités importantes d'oxydes d'azote (NO_x), d'hydrocarbures et de monoxyde de carbone (CO) qui, même s'ils ne sont pas eux-mêmes des gaz à effet de serre, contribuent à la formation d'autres gaz à effet de serre, comme l'ozone troposphérique. Par ailleurs, la formation d'aérosols sulfatés, qui résulte aussi de l'utilisation des carburants fossiles, crée un effet de refroidissement qui masque localement la contribution d'autres gaz à effet de serre.

La majeure partie des émissions produites par l'utilisation de carburants fossiles est libérée lors de la combustion. Dans notre société industrielle, en effet, ces carburants constituent la principale source d'énergie à l'échelle planétaire. La production d'électricité par des centrales thermiques, le chauffage des résidences et des bâtiments, la production de vapeur dans les usines, le fonctionnement de moteurs à combustion interne et même l'utilisation d'appareils aussi banals que les réchauds de camping ou les omniprésents barbecues des banlieues exigent tous qu'on brûle de plus ou moins grandes quantités de charbon, de pétrole et ses dérivés ou de gaz naturel. Si la combustion était parfaite, le seul gaz qui devrait résulter de cette opération serait le CO_2. Malheureusement, c'est loin d'être le cas pour un ensemble de raisons évidentes. Une combustion complète exige en effet une température très élevée et un mélange parfait d'oxygène et de combustible. Ces conditions étant rarement réunies, l'efficacité de récupération de l'énergie par la combustion se situe généralement en dessous de 50%.

La combustion imparfaite est source d'oxydes d'azote (NO_x) et, lorsqu'on brûle du charbon ou des combustibles pétroliers lourds, du dioxyde de soufre (SO_2) est aussi émis en quantité variable selon le degré de raffinement du produit. Ces deux composés sont des précurseurs des précipitations acides, qui ont des effets pernicieux sur les lacs et les forêts du monde entier.

1. Voir J. Gibbons, P. Blair et H. Gwin, « La maîtrise de l'énergie », *Pour la Science*, n° 145, nov. 1989, p. 96-103, ainsi que B. Dessus, « Énergie et développement durable : défis, risques et marges de manœuvre », *Liaison Énergie Francophonie*, 2000, n°s 49-50, p. 7-11.

Les installations d'exploitation pétrolière laissent échapper des quantités importantes de gaz à effet de serre si elles ne sont pas parfaitement entretenues.

procède à un entretien méticuleux des conduites mais, dans plusieurs pays en développement et dans les anciens pays communistes, le manque de budgets incite souvent à rogner sur les coûts d'entretien et de maintien de la compétence des employés, ce qui entraîne des pertes significatives.

Enfin, le méthane est présent naturellement dans le charbon, où il forme de petites poches que les mineurs ont appris à craindre, puisqu'elles sont à l'origine d'explosions souvent mortelles, appelées «coups de grisou», au contact de l'air. Ce méthane est libéré dans l'atmosphère par les activités d'extraction et de concassage du charbon.

La déforestation, fléau des pays pauvres

L'extraction, la transformation, le transport et la distribution des carburants fossiles sont aussi sources d'émissions atmosphériques qui concourent à aggraver la problématique du changement climatique. Ces émissions peuvent être volontaires, comme lorsqu'on brûle le méthane à la sortie des puits de pétrole. Car les gisements pétroliers contiennent des poches de gaz naturel trop petites pour être exploitées et qui sont libérées ou brûlées afin d'éviter les accidents liés aux risques d'explosion.

Les émissions sont aussi parfois accidentelles et survenir à l'occasion de fuites dans les gazoducs ou à la tête des puits. Ces fuites peuvent être très faibles si l'exploitant

Depuis la nuit des temps, l'humanité affronte la forêt et, sauf exception[2], la régression de celle-ci est une constante dans l'histoire du développement humain. Déjà, il y a plus de cent mille ans, les premiers êtres humains qui maîtrisèrent le feu s'en servirent pour brûler des forêts tropicales sèches, souvent pour chasser le gibier ou éloigner les prédateurs. Ces forêts furent remplacées par les savanes, un écosystème beaucoup plus favorable à l'homme. Dans l'Antiquité, les montagnes de la Grèce étaient couvertes de

---

2. Mentionnons deux exceptions notables. Après les grandes épidémies de la fin du Moyen Âge, les forêts regagnèrent du terrain en raison du manque de main-d'œuvre pour entretenir les terres. Aujourd'hui, à cause de la déprise agricole, les forêts reprennent du terrain dans plusieurs pays industrialisés.

forêts, et le Moyen-Orient, maintenant désertique, produisait des bois précieux, comme les fameux cèdres du Liban. Il y a moins de 10 000 ans, 70 % du territoire de la Chine était recouvert de forêts. Aujourd'hui, il en reste moins de 8 %, et ces forêts sont situées surtout dans les régions montagneuses[3].

Jusqu'au Moyen Âge, l'Europe était recouverte à 90 % de forêts très denses de feuillus matures, en particulier des chênes. À cette époque, on procéda à un déboisement massif, qui se poursuivit jusqu'à la colonisation de l'Amérique du Nord. Les forêts étaient alors si mal en point que le grand intendant Colbert mettait en place, en particulier dans le Jura français, un programme de plantation pour les régénérer. Aujourd'hui, les bûcherons du Jura coupent des arbres qui ont été plantés il y a plus de 300 ans.

L'Espagne et l'Angleterre possédaient encore, au début 18e siècle, d'immenses forêts, mais celles-ci furent rasées pour la construction de navires et pour la production de charbon de bois destiné à la combustion industrielle, en particulier aux fonderies qui fabriquaient l'acier des armes et des canons.

Lorsque les premiers colons arrivèrent aux États-Unis, la forêt de feuillus de l'Est américain couvrait 170 millions d'hectares. Il n'en reste plus aujourd'hui qu'une dizaine de millions. La forêt de feuillus et les pinèdes qui recouvraient la vallée du Saint-Laurent ont totalement été détruites. Les quelques vestiges sont aujourd'hui la proie du développement domiciliaire ou industriel ou meurent sous les pluies acides[4]. Les forêts tempérées d'Amérique du Nord ont régressé autant en 200 ans que les forêts européennes en 1 000 ans.

À la fin du 20e siècle, on a fait une constatation étonnante : les superficies boisées s'accroissent dans les pays industrialisés, alors qu'elles diminuent de plus en plus vite dans les pays en développement. Cela semble aller de pair avec le niveau de vie des gens. Dans les pays industrialisés, les gens vivent surtout dans les villes, et les territoires autrefois occupés par l'agriculture de subsistance, dans les zones marginales, sont souvent reboisés pour les besoins de l'industrie forestière.

FORÊTS DE FEUILLUS ET PINÈDES : parmi les forêts originales demeurées intactes, on remarque le boisé du sommet du mont Saint-Hilaire, qui constitue une Réserve de la biosphère de l'UNESCO.

JURA : ce nom vient de *juria*, qui signifie « forêt » en latin.

3. Pour en savoir plus sur les impacts des anciennes civilisations sur l'environnement, voir : Redman, C.L., *Human Impact on Ancient Environment*, University of Anjona Press, 1999, 259 p.
4. Les avis des scientifiques sont partagés sur la responsabilité des précipitations acides dans le dépérissement des forêts. Pour certains, il existe une relation directe, pour d'autres ; il s'agit d'un ensemble de stress causés par l'effet synergique des différentes pollutions, en particulier l'ozone troposphérique. Pour d'autres, enfin, il s'agit d'un phénomène cyclique indépendant de la pollution atmosphérique.

L'exploitation industrielle des forêts tropicales permet difficilement leur régénération et diminue leur valeur en termes de biodiversité.

Jacques Prescott

Dans les pays en développement, non seulement le bois est la forme d'énergie la plus répandue pour le chauffage domestique et la cuisson des aliments, mais une forte proportion de la population vit dans les zones rurales et tire sa subsistance de la forêt. Comme ces populations sont en croissance accélérée, il faut couper plus de forêts pour les transformer en cultures ou en pâturages, souvent après en avoir brûlé le bois. Cette agriculture sur brûlis est traditionnellement pratiquée dans les forêts tropicales, où les paysans font de petites trouées qu'ils cultivent pendant quelques années; ces parcelles sont vite abandonnées, car les sols s'appauvrissent très rapidement.

Dans les années 1960, de telles trouées ont été augmentées à l'initiative de grands propriétaires terriens désireux d'y élever du bétail destiné à l'exportation. Les paysans ont été chassés plus loin et, encouragés par des politiques de développement, comme la route transamazonienne, se sont établis un peu partout au cœur des forêts tropicales pour y pratiquer la traditionnelle agriculture sur brûlis.

Les forêts tropicales occupent une zone qui couvre environ 20° de latitude de chaque côté de l'équateur. Selon leur niveau de pluviosité, elles sont qualifiées de forêts tropicales pluvieuses, semi-pluvieuses et sèches. On retrouve aussi les forêts tropicales de montagne, ou laurisylves.

D'après les estimations de l'Organisation des Nations Unies pour l'alimentation et l'agriculture (FAO), la surface des forêts tropicales détruites chaque année excéderait 157 000 km², soit toute la surface du Québec en moins d'une décennie. En extrapolant, on peut prévoir la disparition complète des forêts tropicales dans la première moitié du 21e siècle. Naturellement, il est probable que ce rythme ralentira à mesure qu'il deviendra plus difficile et coûteux d'aller chercher la ressource.

Les forêts tropicales sont aussi victimes de compagnies forestières qui les exploitent sans égard au renouvellement des écosystèmes. En Malaysie et en Indonésie, en particulier, les écologistes ont dénoncé des pratiques scandaleuses des compagnies japonaises. En termes de gaz à effet de serre, il est sain de récolter les forêts, car un jeune arbre pousse plus vite et donc fixe plus de CO_2 qu'un arbre sénescent. Mais lorsque la régénération n'est pas assurée, ou lorsque du bois est gaspillé ou brûlé, l'exploitation forestière crée des émissions nettes de GES.

Dans les zones semi-arides, le problème est tout autre. Le bois étant le combustible traditionnellement utilisé par la majeure partie de la population de la campagne ou des zones périurbaines, on coupe et on ramasse tout ce qu'on peut trouver pour l'utiliser ou le vendre. Dans les zones arides et semi-arides, les arbustes et les arbres servent de rempart contre l'avancée du désert. Lorsque les arbres sont enlevés, le désert s'installe et les territoires sont perdus. Ces pertes de territoire rendu improductif par le déboisement contribuent à l'augmentation des gaz à effet de serre, car la végétation est nécessaire pour fixer le CO_2 par la photosynthèse.

Les émissions nettes liées à la déforestation sont difficiles à évaluer et les estimations sont soumises à une grande variabilité. Selon les auteurs, la déforestation pourrait être responsable d'émissions annuelles de carbone de l'ordre de 0,6 à 2,6 milliards de tonnes. Évidemment, certains politiciens des pays développés auront tendance à favoriser l'estimation la plus élevée, alors que ceux des pays en développement opteront pour le chiffre le plus bas, les uns et les autres essayant de tirer leur épingle du jeu en se tenant mutuellement pour responsables de la gravité de la situation.

Une position bétonnée

Pour faire du ciment, il faut pulvériser et chauffer de la pierre calcaire riche en carbonates. Ces roches provenant de la sédimentation des coquilles de divers organismes marins du fond des océans sont, comme les carburants fossiles, composés de CO_2 atmosphérique fixé dans la lithosphère par des processus naturels. En les chauffant à une température suffisante, on peut séparer le $CaCO_3$ qui les compose en CaO et en CO_2. Le CaO est la chaux qui sert de constituant principal dans la fabrication du ciment. Naturellement, le CO_2 se retrouve dans l'atmosphère.

Encore une fois, la production de ciment libère des gaz à effet de serre à plusieurs étapes du procédé[5]. Pour faire du ciment, il faut extraire la pierre à chaux des carrières, la broyer et la chauffer à sec ou en phase humide pour produire un solide intermédiaire, le clinker, qui est ensuite réduit en fine poudre prête pour la préparation du béton. La production de clinker est la phase du procédé qui libère la plus grande quantité de GES, d'abord par des émissions

Un élément aussi indispensable à la construction que le béton provoque l'émission de plus de 50 tonnes de CO_2 dans l'atmosphère, par camion de béton.

---

5. Pour une analyse des émissions dans le secteur du ciment, voir J. Ellis, *An Initial View on Methodologies for Emission Baselines: Cement Case Study*, OCDE et Agence internationale de l'énergie, 2000.

Dans les fonderies, les émissions viennent aussi bien du procédé que de la combustion.

actuellement une croissance considérable dans les pays en développement. Heureusement, les compagnies multinationales qui dominent ce secteur de l'économie tendent de plus en plus à implanter des procédés modernes, plus efficaces en énergie, mais il reste énormément de progrès à faire !

La sidérurgie : une poigne de fer

La sidérurgie et l'industrie des ferroalliages forment un autre secteur industriel qui émet de grandes quantités de gaz à effet de serre, en raison de leurs besoins énergétiques et de l'utilisation du charbon dans leurs procédés. Ce secteur industriel est en effet celui qui a la plus forte demande énergétique au monde. On estime sa consommation annuelle entre 18 et 19 exajoules, ce qui représente de 10 à 15 % de la consommation énergétique industrielle mondiale. En 1995, ce secteur industriel était à lui seul responsable de 7 % de l'ensemble des émissions anthropiques de CO_2[6].

La quantité de gaz à effet de serre produite par les industries sidérurgiques dépend directement de la nature et de la quantité des combustibles fossiles utilisés et de la forme d'énergie qui sert à produire l'électricité. Ainsi, une aciérie située dans le Midwest américain, où le charbon est abondant et peu coûteux, utilisera ce combustible

de procédé, puis par l'utilisation d'une grande quantité d'énergie sous forme de combustibles et d'électricité.

On chauffe le calcaire en le mélangeant avec un combustible dans un four porté à très haute température. La combustion des carburants (habituellement du charbon ou de l'huile lourde) est une importante source d'émissions atmosphériques. Par la suite, il faut de l'énergie pour broyer le clinker. Selon le mode de production de cette énergie, une quantité plus ou moins grande de gaz à effet de serre peut être émise.

Le ciment peut être produit par procédé humide ou par procédé sec. Celui-ci, beaucoup moins énergivore, est en voie de remplacer le procédé humide partout dans le monde. L'industrie du ciment connaît

6. Pour une analyse des émissions dans le secteur sidérurgique, voir J.W. Bode, J. de Beer, K. Blok et J. Ellis, *An Initial View on Methodologies for Emission Baselines: Iron and Steel Case Study*, OCDE et Agence internationale de l'énergie, 2000.

pour chauffer les hauts fourneaux et achètera probablement son électricité d'une centrale thermique voisine, qui aura produit cette électricité en brûlant elle aussi du charbon. Cette entreprise produira beaucoup plus de CO_2 par tonne d'acier qu'une industrie comparable située au Québec, où l'électricité est essentiellement fabriquée à partir de l'eau.

Une autre source d'émissions est l'utilisation du charbon comme source de carbone dans les alliages ou comme capteur d'oxygène dans les ferrosilicates qui servent d'additifs pour l'acier.

Ces deux types d'émissions diffèrent : dans le premier cas, l'efficacité énergétique du processus permet de réduire les émissions ; dans le second, les émissions sont intrinsèquement liées à la production et ne peuvent être réduites sans diminuer celle-ci.

L'aluminium et le magnésium, des métaux pas vraiment blancs...

La fabrication d'aluminium et de magnésium constitue une solution de rechange intéressante à celle du fer et de l'acier, en termes d'émissions de gaz à effet de serre. Grâce à certains alliages, ces métaux plus légers peuvent acquérir les propriétés de l'acier dans plusieurs usages. En conséquence, dans la construction automobile, par exemple, l'aluminium et le magnésium, en permettant de diminuer le poids du véhi-cule, contribuent à réduire le travail du moteur et, donc, la consommation d'essence.

Pour fabriquer ces métaux, toutefois, il faut une très grande quantité d'énergie, sous forme d'électricité, ce qui nous ramène à la case départ et à la façon dont cette électricité est produite. De plus, pour l'aluminium, les cuves d'électrolyse sont construites avec des anodes de carbone, qui se consument au cours du processus, libérant ainsi une importante quantité de CO_2, évaluée par l'International Aluminium Institute à 1,7 t par tonne d'aluminium produite, en plus de l'émission de 2 t d'autres GES. Les alumineries de la planète ont donc été responsables de l'émission de 110 millions de tonnes d'équivalent CO_2 dans l'atmosphère en 1997. Cela ne tient pas compte, naturellement, de la portion des émissions liée à la production de l'électricité.

On ne peut pas accepter que l'industrie de l'aluminium réclame des crédits pour les gains d'efficacité dans l'automobile, si elle ne comptabilise pas les émissions de sa production d'énergie et du transport en amont de la production.

P. G. Adam/Publiphoto

Il existe de nombreuses façons de produire de l'électricité engendrant des émissions variables de GES par kilowattheure.

Que penser alors de l'argument de la réduction du poids des véhicules? Bien sûr, cette réduction est bien réelle, tout comme la réduction du travail exigé du moteur et la diminution de sa consommation d'essence. Mais avant de s'attribuer le crédit de ces réductions, les alumineries devraient comptabiliser aussi dans leur bilan les gaz à effet de serre produits par la fabrication de leur électricité et le transport de la bauxite, ce qui pourrait, bien sûr, assombrir leur écobilan.

Les filières énergétiques: il faut considérer l'écobilan

L'énergie est disponible partout sur la planète, sous des formes plus ou moins concentrées, et il existe plusieurs manières de la capter et de la rendre utilisable pour les humains. Selon la forme désirée et son intensité, les énergies n'ont pas toutes la même efficacité pour les divers usages auxquels on les destine. Il faut transformer l'énergie captée, soit en diminuant son intensité, soit au contraire en l'augmentant pour produire le travail attendu.

Parmi les filières de production d'énergie[7], nous avons déjà parlé des carburants fossiles qu'on brûle soit pour les utiliser sous forme de chaleur, soit pour produire de la vapeur, puis de l'électricité. Mais il y a aussi les turbines à eau, qui transforment le mouvement de l'eau en électricité, ou les turbines éoliennes, qui font la même chose avec le mouvement de l'air. Il y a encore les systèmes photovoltaïques, qui permettent de transformer l'énergie lumineuse en électricité, les piles à combustible, qui utilisent un carburant comme l'hydrogène ou le méthanol pour produire de l'électricité et de la chaleur, et même les centrales nucléaires, qui produisent de l'électricité à partir de la fission de l'uranium.

Pour bien connaître leur impact sur l'environnement, chacune de ces filières doit faire l'objet d'un écobilan. Par exemple, même si l'exploitation d'une éolienne n'engendre aucun gaz à effet de serre, il faut, pour la construire, des ancrages de béton, des câbles et des poutres d'acier, autant de composantes qui auront nécessité la production d'une certaine quantité d'émissions. La construction et le maintien d'une centrale

---

7. Pour une analyse des émissions dans le secteur de la production énergétique, voir M. Bosi, *An Initial View on Methodologies for Emission Baselines: Electricity Generation Case Study*, OCDE et Agence internationale de l'énergie, 2000.

atomique supposent un investissement énergétique et des masses de béton et d'acier qui doivent être comptabilisés dans l'écobilan avant qu'on ose déclarer que l'électricité ainsi produite est exempte de gaz à effet de serre[8]! Quand on ajoute les contributions de l'extraction, de la concentration et du transport de l'uranium, ainsi que la construction et l'entretien des centres de retraitement des combustibles irradiés, le portrait n'est peut-être pas aussi rose que voudraient bien nous le faire croire Électricité de France (EDF) ou Énergie Atomique du Canada Limitée (EACL)!

Par ailleurs, il serait certainement intéressant de considérer aussi dans l'écobilan la capacité d'un secteur industriel ou d'une entreprise de services énergétiques d'implanter des programmes d'efficacité énergétique. On pourrait ainsi mesurer la quantité de gaz à effet de serre qui aurait été émise par la fourniture d'un service essentiel et se la faire créditer dans un effort concerté pour réduire les émissions à l'échelle internationale. Cette approche donnerait à l'efficacité énergétique le statut de filière de production d'électricité à part entière, comme le récla-

L'industrie nucléaire affirme qu'elle ne produit aucun GES, mais l'écobilan démontre le contraire.

mait la Table ronde de consultation du débat public sur l'énergie au Québec en 1996[9].

Lorsque vient le moment de déterminer si une activité ou une industrie qui consomme de l'électricité produit plus ou moins de gaz à effet de serre par kilowatt-heure, il faut aussi mesurer l'ensemble des émissions liées au mode de production de cette électricité. Cela devient d'autant plus complexe que les grandes compagnies d'électricité possèdent plusieurs types de centrales et que certaines industries, comme les raffineries de pétrole, peuvent utiliser différents types de combustibles ou de sources d'approvisionnement énergétique, selon la fluctuation journalière des prix.

8. C'est pourtant ce qu'affirment les grandes entreprises d'énergie nucléaire et même certains gouvernements, comme celui du Canada, qui demandait, lors de la Conférence de La Haye, qu'on lui donne des crédits de CO_2 pour toute centrale CANDU vendue dans un pays en développement.
9. Table de consultation du débat public sur l'énergie, *Pour un Québec efficace*, ministère des Ressources naturelles du Québec, 1996, 150 p.
   Pour une analyse du calcul des émissions qui peuvent être évitées par l'efficacité énergétique, voir D. Violette, C. Mudd et M. Keneipp, *An Initial View on Methodologies for Emission Baselines: Energy Efficiency Case Study*, OCDE et Agence internationale de l'énergie, 2000.

LES SOURCES ET LES RESPONSABLES

Le transport de marchandises par camion est toujours populaire avec la disparition des entrepôts et en raison du faible coût du carburant.

P.G. Adam/Publiphoto

Le commerce déréglementé de l'électricité entre les grandes compagnies produit lui aussi des distorsions. Par exemple, au Québec, plus de 90% de l'électricité provient de centrales hydroélectriques qui produisent relativement peu de gaz à effet de serre. L'été, les Québécois vendent beaucoup d'énergie aux États-Unis et ils en importent à d'autres moments de l'année. Ces ventes et achats d'électricité ne tiennent pas compte de la manière dont elle a été produite. Or, aux États-Unis, cette électricité est souvent produite à partir de carburants fossiles. Il devient donc très difficile de calculer les intrants d'une comptabilité équitable des émissions de gaz à effet de serre.

Les transports : attachez votre ceinture !

Vous faites le plein de votre voiture une fois par semaine, mais vous êtes-vous demandé où s'en va toute cette essence? Dans l'atmosphère[10], bien sûr! L'augmentation du parc automobile et de sa puissance n'a cessé de s'accélérer tout au long du 20e siècle. L'automobile est aujourd'hui indissociable du mode de vie dans les pays industrialisés et elle est un puissant symbole de réussite chez les élites des pays en développement. La mode des 4×4 (véhicules «sport utilitaires») des années 1990 constitue aussi une tendance inquiétante.

Les années 1980 ont vu se populariser une philosophie industrielle, appelée le *just in time inventory management*, ou méthode des flux tendus. Il s'agit d'un modèle qui proscrit l'entreposage de grandes quantités de matières premières et de produits finis, et qui vise à fournir la quantité la plus exacte permettant de répondre à la demande des consommateurs. En plus de réduire les frais d'entreposage et les immobilisations de capital liées à d'importants inventaires, cette façon de gérer la production occasionne un approvisionnement plus fréquent, en plus petites quantités, et diminue du même coup la compétitivité des réseaux de transport en vrac que sont le train et le bateau, par rapport à un moyen de transport plus flexible, mais plus énergivore et polluant, le camion. Le transport par camion lourd s'est énormément développé et a pris une place prépondérante dans les échanges commerciaux de

TRANSPORT PAR CAMION LOURD : on calcule que le transport de 1 t de marchandise sur 1 km par camion produit 1 kg de CO_2.

---

10. La combustion d'un litre d'essence produit 2,35 kg de CO_2, alors qu'un litre de carburant diesel (gazole) en produit 2,77 kg.

grands ensembles continentaux, comme le partenariat Canada-États-Unis ou la Communauté européenne.

Enfin, l'avion est devenu le moyen privilégié de transport de passagers entre les grandes villes des pays développés, en plus de transporter une foule grandissante de touristes partout sur le globe. Naturellement, l'avion est la forme de transport la plus énergivore, puisqu'il faut dépenser une très grande quantité de carburant pour s'arracher au sol et maintenir des vitesses de plusieurs centaines de kilomètres à l'heure une fois dans les airs. Selon le rapport du GIEC sur l'aviation et l'atmosphère planétaire, la croissance des déplacements en avion sera de 5 % par année entre 1990 et 2015, alors que la consommation de carburant devrait se limiter à 3 % par an en raison de l'efficacité accrue des appareils et du retrait de vieux avions polluants. Cela signifie tout de même que la part des émissions de GES liée au transport aérien aura plus que doublé pendant cette période. Or, les émissions de carbone liées à l'aviation étaient de 0,14 Gt de carbone, ou 0,52 Gt de CO_2 par an en 1992, soit 2 % de l'ensemble des émissions anthropiques et 13 % des émissions liées au transport. Dans l'éventail des scénarios examinés par le GIEC, l'augmentation potentielle du dioxyde de carbone d'ici 2050 serait de 1,6 à 10 fois la valeur de 1992.

Le bœuf est la viande qui a le plus fort impact sur l'atmosphère en termes de GES.

Les prés : pas si «verts»

Quelle quantité de méthane une vache peut-elle produire? Selon des études effectuées en Allemagne, ces ruminants produisent chacun 200 g de méthane par jour. Cela n'est pas excessif en soi, mais le cheptel bovin de la planète compte environ un milliard trois cents millions de vaches, de veaux et de taureaux, c'est-à-dire que les bovins domestiques du monde produisent chaque année plus de 100 millions de tonnes de méthane. Or, le méthane est 25 fois plus efficace que le CO_2 comme gaz contribuant à l'effet de serre…

Le cheptel bovin de la planète a connu une croissance constamment supérieure à celle de la population humaine au cours des 50 dernières années, au point que la biomasse des bovins dépasse celle des humains. La clé de cette disparité est liée au fait que les habitants des pays industrialisés et les classes

Rizière au Cambodge.
La culture du riz est associée
au quart des émissions de
méthane mondiales.

Jacques Prescott

de porcs totalisent annuellement cent millions de tonnes! La vache folle et le mouton atteints de fièvre aphteuse sont naturellement inclus dans ce total, jusqu'à leur incinération, qui produit du CO_2…

Mais il n'y a pas que l'élevage qui soit une importante source d'émissions de méthane dans l'atmosphère. La culture du riz compte aussi parmi les grands émetteurs. Le riz est une des céréales les plus consommées au monde. À la base de l'alimentation de plus de la moitié de l'humanité, il est cultivé de façon extensive sur tous les continents. Cependant, 90% du riz consommé dans le monde est cultivé dans des milieux inondés, des marais artificiels, au fond desquels se décompose la matière organique en l'absence d'oxygène, ce qui favorise la production et l'émission de méthane. D'ailleurs, on attribue à ce mode de culture entre 20 et 25% de l'ensemble des émissions de méthane anthropiques.

Entre sac vert et pouce vert

Une partie importante de nos déchets est composée de matériaux putrescibles. Qu'il s'agisse de résidus végétaux, de restes de table, de papier souillé ou de toute autre forme de matière organique, lorsque ces ordures sont destinées à l'enfouissement sanitaire, elles se décomposent en l'absence d'oxygène et ont tendance à se transformer en méthane. Plusieurs municipalités enfouissent aussi les boues organiques provenant de leur système

les plus aisées des pays en développement mangent de plus en plus de bœuf et que les restaurants de type «fast-food» se sont multipliés de façon exponentielle partout sur la planète, devenant un symbole, contesté par plusieurs, de la mondialisation d'un mode de vie calqué sur celui des Américains. Les pays en développement ont aussi contribué de façon importante à l'augmentation du cheptel bovin, puisqu'on y a défriché de nombreuses terres dans la forêt tropicale afin d'en faire des pâturages pour le bétail, lequel est, la plupart du temps, destiné à l'exportation. Le creusage de puits dans les zones semi-arides, en Afrique particulièrement, a aussi contribué à l'augmentation des troupeaux.

On estime que les émissions de méthane attribuables aux troupeaux de vaches, de moutons, de chevaux, de chameaux et

d'épuration des eaux. Les lieux d'enfouissement sanitaire produisent ainsi des biogaz, qui peuvent être parfois si abondants qu'ils doivent être captés et brûlés. Dans certains cas, on les utilise même pour produire de l'électricité. Lorsque les sites d'enfouissement sanitaires ne sont pas dotés de systèmes de captage et de combustion des biogaz, ceux-ci enrichissent l'atmosphère en méthane. Si, au contraire, ils sont captés et brûlés, c'est du CO_2 qui est émis par combustion.

L'humanité a réussi, au cours des années 1980, à dépasser le taux de fixation de l'azote atmosphérique de toutes les espèces vivantes réunies, en raison, en particulier, de la fixation d'azote pour la production d'engrais chimiques utilisés de façon conventionnelle en agriculture et en horticulture. Nous avons appris à substituer aux engrais naturels, qui sont libérés lentement dans le sol par l'action des microorganismes décomposeurs, les engrais chimiques, qui sont immédiatement disponibles pour les plantes et qui augmentent à court terme le rendement des cultures.

Mais que se passe-t-il dans un sol qu'on fertilise à répétition avec des engrais chimiques azotés? Sans nous attarder aux détails complexes du cycle de l'azote, soulignons simplement que les plantes peuvent se procurer l'azote dont elles ont besoin sous forme d'ammoniac (NH_3^-) ou de nitrates (NO_3^-) en solution dans l'eau. Plusieurs types de microorganismes du sol contribuent à nitrifier l'ammoniac, en le transformant en nitrates en présence d'oxygène. Par ailleurs, certains microorganismes utilisent les nitrates pour produire leur énergie et rejettent de l'azote dans l'atmosphère. Ces populations de microbes vivent en équilibre les unes avec les autres. Dans un sol naturel, riche en espèces, il y a recyclage des molécules azotées, comme les protéines des plantes ou l'urée présente dans l'urine des animaux, qui sont décomposées en ammoniac, puis transformées en nitrates, lesquels seront réabsorbés par les plantes. Cette transformation se fait comme un travail à la chaîne dans lequel des molécules intermédiaires, comme le N_2O et le NO_2, sont produites en quantités variables, selon la nature des sols et des communautés bactériennes.

L'ajout d'engrais chimiques favorise la dénitrification, c'est-à-dire la transformation de NO_3 en N_2, l'émission d'azote atmosphérique, ainsi que la production de quantités considérables de N_2O, c'est-à-dire le protoxyde d'azote, un gaz à effet de serre dont nous avons déjà parlé.

La quantité de protoxyde d'azote libéré dans l'atmosphère dépend du type d'engrais utilisé, de la nature des sols et des climats. Les mécanismes de libération ne sont pas encore parfaitement compris, ce qui rend difficile l'évaluation de la contribution de cette source au problème du changement climatique.

Des nouveaux venus

Depuis la fin du 19e siècle, l'industrie chimique a produit de très nombreuses nouvelles molécules, dont certaines s'avèrent de puissants gaz à effet de serre. Les chlorofluorocarbones créés dans les années 1920 n'ont pas d'équivalent naturel. Ils ont été utilisés pour de nombreux usages, entre autres comme agents d'expansion des mousses dans les coussins de polystyrène ou dans les panneaux isolants, comme gaz propulseurs dans les bombes aérosol, comme caloporteurs dans les systèmes de réfrigération et de climatisation. Ces gaz, qui sont malheureusement des destructeurs de la couche d'ozone stratosphérique, ont été ciblés par le Protocole de Montréal dès 1987 et sont maintenant remplacés et interdits d'usage dans les pays signataires de cet accord. On peut espérer, à terme, que ces produits ne seront plus fabriqués et qu'on cessera d'en émettre dans l'atmosphère.

Il reste cependant encore de très grandes quantités de CFC toujours en usage dans des appareils de réfrigération et de climatisation construits avant 1994, et ces gaz se retrouvent souvent dans l'atmosphère en raison de fuites dans les systèmes. Il est extrêmement difficile de comptabiliser ces gaz, et c'est d'autant plus problématique que leur potentiel de contribution à l'effet de serre est quelque 11 000 fois supérieur à celui du CO_2.

L'industrie produit aussi d'autres gaz, comme les perfluorocarbones, les hydrofluorocarbones et l'hexafluoroéthane, ou encore l'hexafluorure de soufre (SF_6). Les perfluorocarbones et les hydrofluorocarbones sont utilisés comme produits de remplacement pour les CFC, mais leur potentiel de contribution à l'effet de serre est aussi très élevé. Certains gaz, comme le tétrafluorométhane (CF_4) et l'hexafluoroéthane (C_2F_6), sont des sous-produits de la fabrication de l'aluminium et contribuent aux émissions de gaz à effet de serre de ces industries. Leur potentiel étant presque 7 000 fois plus élevé que celui du CO_2, ils augmentent de façon considérable l'impact de la consommation d'aluminium sur les changements climatiques. Quant à l'hexafluorure de soufre, utilisé comme isolant et comme caloporteur, il est spécifiquement visé par le Protocole de Kyoto, car son potentiel de contribution à l'effet de serre est de 23 900 fois supérieur à celui du CO_2!

M. Smith, Mme Dupont, M. Nguyen, Mme Diallo, M. Foo et Mme Al Rashid

Voici une devinette: qui est le plus grand émetteur de gaz à effet de serre parmi les personnes nommées ci-dessus? Malgré leurs noms très différents, ces personnes peuvent toutes être des habitants plus ou moins riches de pays plus ou moins industrialisés. Si, par exemple, M. Smith est un paysan des Caraïbes, ses émissions seront surtout liées à la production d'électricité par des génératrices diesel, à la consommation de charbon de bois et à la culture du riz qui constitue l'essentiel de son alimentation. Si Mme Diallo est fonctionnaire à l'UNESCO, M. Foo, commerçant à New York, Mme Al Rashid, professeure d'université à Montréal, M. Nguyen, restaurateur à Bangkok et Mme Dupont, infirmière au Togo, leur niveau de consommation et les infrastructures à leur disposition pour satisfaire leurs besoins et ceux de leur famille seront fort différents.

Chacun d'entre nous utilise de l'énergie, consomme des produits de l'agriculture industrielle, du papier, de la viande qui doit être réfrigérée, des produits surgelés, du papier d'aluminium… Chacun se déplace pour aller au travail, habite dans un logement construit en bois ou en béton, brûle du bois ou du propane pour cuisiner en camping… Toutes ces activités sont responsables en plus ou moins grande part d'une quantité d'émissions de gaz à effet de serre, et les changements climatiques causés par l'accumulation de ces gaz sont donc sans contredit la responsabilité à la fois de chacun de nous et de personne en particulier.

Si vous dites à Mme Diallo que sa voiture, prise dans un embouteillage à Paris, produit du CO_2, elle vous répondra que M. Nguyen consomme trop de riz, que M. Foo roule dans une auto plus grosse que la sienne, que Mme Al Rashid brûle du bois pour chauffer son chalet dans les Lauren-

tides, que Mme Dupont utilise un système de climatisation inefficace et que M. Smith, avec son charbon de bois, est un vrai pollueur!

Chacune de ces personnes, selon sa fortune et ses habitudes de vie, produit ainsi des quantités variables de gaz à effet de serre, mais aucune ne voudra remettre en question ses habitudes de consommation, préférant voir la paille dans l'œil du voisin plutôt que la poutre dans le sien. Le tableau 7.1 montre la production de gaz à effet de serre par habitant dans quelques pays choisis.

Tableau 7.1

Production de gaz à effet de serre par habitant en 1995 pour dix pays

Pays	Tonnes/habitant/année
Brésil	1,6
Chine	2,7
États-Unis	20,5
Inde	1,0
Japon	9,0
Malaisie	5,3
République tchèque	10,9
Royaume-Uni	9,3
Russie	12,2
Swaziland	0,5

Source : Données de 1995, tirées de UNEP, 1999, Information sheet n° 30.

On peut toutefois affirmer, sans crainte de se tromper, que les habitants les plus riches des pays développés sont ceux qui produisent le plus de gaz à effet de serre, puisque leur niveau de consommation est plus élevé, qu'ils parcourent plus de kilomètres chaque année dans des voitures individuelles plus puissantes ou en avion, qu'ils chauffent leurs résidences en hiver et la climatisent en été et qu'ils produisent plus de déchets. Mais personne ne peut dire qu'il ne produit pas de gaz à effet de serre, car notre propre corps en expulse chaque fois que nous respirons. L'effet de serre est étroitement lié à la vie même.

Les émissions par pays

Supposons que vous viviez dans la ville de Québec. Vous prenez votre voiture pour aller au restaurant avec un ami. Vous quittez votre maison construite en bois, en 1985, isolée au polystyrène expansé (styromousse) et chauffée à l'électricité. Votre voiture est un modèle américain d'une dizaine d'années. Vous laissez le moteur tourner quelques instants grâce à un démarreur à distance. Une fois au restaurant, vous commandez une darne de saumon, et votre ami, une entrecôte. Le saumon est accompagné de riz et d'épinards, le steak, de pommes de terre frites, et votre ami et vous optez pour les bananes flambées au dessert. Quoi de plus normal que de couronner le tout par un bon café?

La difficulté de mesurer vos émissions de gaz à effet de serre, la complexité du problème, est telle qu'on n'ose pas y penser.

Imaginez: le bilan des émissions de CFC de la mousse isolante de la maison, divisé par la durée de vie de cet isolant, plus les CFC du climatiseur de votre voiture, le nombre de tonnes de CO_2 lié à l'acier, à l'aluminium et aux plastiques qu'elle contient, divisé par le nombre de jours d'utilisation, plus le carburant utilisé, le méthane produit par la vache qui a donné le steak, les CFC utilisés pour la congélation des légumes, le gaz naturel pour griller le saumon, le méthane produit par la rizière, le transport des bananes, la distillation du rhum et sa combustion pour flamber les bananes, la torréfaction du café… Ouf!

Comme il est pratiquement impossible d'évaluer la production de gaz à effet de serre sur une base individuelle, c'est par pays que les Nations Unies ont demandé qu'on effectue la comptabilité des émissions de GES dans la Convention-cadre sur les changements climatiques. Ainsi, ce sont les gouvernements qui doivent faire état de leurs émissions globales, de celles de leurs industries et de celles de leurs citoyens (figure 7.1).

Cette comptabilité est d'une grande complexité, comme nous l'avons évoqué tout au long de ce chapitre, mais elle se complique d'autant que les pays aimeraient, en raison des conséquences économiques potentiellement importantes, que seules leurs émissions nettes soient comptabilisées. En effet, si les forêts en croissance sont des puits de carbone, elles peuvent capter le dioxyde

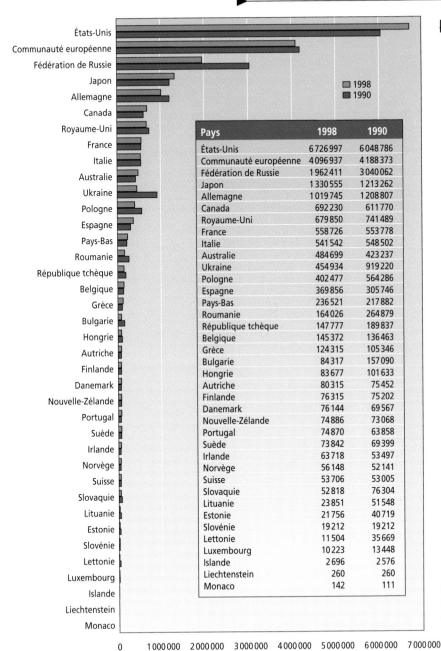

Figure 7.1

Émissions de GES des pays de l'Annexe I au Protocole de Kyoto

(en gigagrammes d'équivalent de CO_2
(1 Gg = 1 000 t)

Pays	1998	1990
États-Unis	6 726 997	6 048 786
Communauté européenne	4 096 937	4 188 373
Fédération de Russie	1 962 411	3 040 062
Japon	1 330 555	1 213 262
Allemagne	1 019 745	1 208 807
Canada	692 230	611 770
Royaume-Uni	679 850	741 489
France	558 726	553 778
Italie	541 542	548 502
Australie	484 699	423 237
Ukraine	454 934	919 220
Pologne	402 477	564 286
Espagne	369 856	305 746
Pays-Bas	236 521	217 882
Roumanie	164 026	264 879
République tchèque	147 777	189 837
Belgique	145 372	136 463
Grèce	124 315	105 346
Bulgarie	84 317	157 090
Hongrie	83 677	101 633
Autriche	80 315	75 452
Finlande	76 315	75 202
Danemark	76 144	69 567
Nouvelle-Zélande	74 886	73 068
Portugal	74 870	63 858
Suède	73 842	69 399
Irlande	63 718	53 497
Norvège	56 148	52 141
Suisse	53 706	53 005
Slovaquie	52 818	76 304
Lituanie	23 851	51 548
Estonie	21 756	40 719
Slovénie	19 212	19 212
Lettonie	11 504	35 669
Luxembourg	10 223	13 448
Islande	2 696	2 576
Liechtenstein	260	260
Monaco	142	111

Milliers de tonnes d'équivalent CO_2

Source : Organe subsidiaire de mise en œuvre, 13e Session, La Haye, 13-18 novembre 2000, Agenda point 9.

LES SOURCES ET LES RESPONSABLES

de carbone émis pour la production d'énergie au charbon, par exemple. Après tout, une fois dans l'atmosphère, une molécule de CO_2 est une molécule de CO_2.

Plus encore, comme nous le verrons dans les prochains chapitres, le Protocole de Kyoto permet aux pays d'échanger entre eux des crédits et des débits, ce qui incite certains à réclamer des crédits pour l'aide internationale qu'ils apportent à un autre pays ou pour des actions commercialement rentables qui constituent une solution de rechange pour des technologies plus polluantes. Le Canada n'a-t-il pas réclamé des crédits pour le CO_2 évité lorsqu'il vend un réacteur nucléaire dans un pays en développement?

Cela dit, il faudra énormément de travail pour concilier les faits scientifiquement vérifiables, les pratiques comptables, les théories économiques et les intérêts politiques et en faire un instrument cohérent et concret de réduction mondiale des émissions de gaz à effet de serre. Surtout que les États qui sont les plus grands émetteurs ne veulent pas faire seuls les frais de cette réduction et risquer ainsi de se retrouver en mauvaise position par rapport à leurs concurrents à l'échelle internationale.

Comme le montre la figure 7.1, ce sont les États-Unis qui produisent le plus de gaz à effet de serre, suivis de la Communauté Européenne, de la Russie, du Japon et de l'Allemagne. Cependant, si la base de calcul est le taux par habitant, comme dans le tableau 7.1, les États-Unis et le Canada sont champions toutes catégories, sans compter qu'entre 1990 et 1995, la production de ces deux voisins a augmenté de 13%... L'Américain moyen produit deux fois plus de gaz à effet de serre que l'Européen ou le Japonais, quinze fois plus que le Brésilien, huit fois plus que le Chinois et cinquante fois plus que le Swazi. Ce qui est un peu normal, car l'Américain produit plus et surtout consomme plus. Plus d'énergie, plus de biens, plus de services, plus d'espace, et tout cela basé sur un prix de l'énergie fossile maintenu artificiellement bas par choix politique. Beau programme!

Le débat se tient à l'échelle mondiale. En plein jour, dans les publications scientifiques, en comités dans les réunions des divers organes subsidiaires de la CCNUCC (Convention-cadre des Nations Unies sur les changements climatiques), en coulisse, dans les officines ministérielles et en catimini chez les lobbyistes et autres puissances occultes du monde économique. Nous verrons, dans le prochain chapitre, comment la problématique du réchauffement planétaire oblige à considérer l'un des corollaires de la mondialisation: une gouvernance mondiale solidaire et responsable.

L'Américain moyen produit deux fois plus de gaz à effet de serre que l'Européen ou le Japonais, quinze fois plus que le Brésilien, huit fois plus que le Chinois et cinquante fois plus que le Swazi.

148

CHAPITRE 8

Une solution mondiale pour un problème planétaire?

C'est un vieil adage dans les organisations : lorsque tout le monde est responsable, personne n'est responsable ! Tout le monde est coupable des émissions de gaz à effet de serre, mais qui le premier va sacrifier sa qualité de vie pour permettre à quelqu'un d'autre de prendre sa place ? Quelle industrie va investir dans des outils de réduction des émissions si ses concurrents ne s'imposent pas la même discipline ? Sommes-nous assez certains que les générations futures souffriront des impacts des changements climatiques pour accepter aujourd'hui de sacrifier ne serait-ce qu'une fraction de notre croissance économique afin de leur laisser une marge de manœuvre ? Et puis pourquoi parler de générations futures ?

C'est donc aux Nations Unies que revenait l'épineux problème de gérer à la fois les négociations d'une convention et la mise en œuvre d'un plan d'action pour stabiliser les émissions mondiales de gaz à effet de serre, de manière à éviter, si possible, que les scénarios les plus alarmistes ne se concrétisent au cours du 21e siècle. Dans la foulée du Sommet de Rio, c'est le développement durable et le principe de précaution qui ont orienté les travaux qui allaient donner naissance à la Convention-cadre des Nations Unies sur les changements climatiques (CCNUCC).

Le développement durable, prémisse de la Convention-cadre des Nations Unies sur les changements climatiques

L'historique de la Convention-cadre des Nations Unies sur les changements climatiques passe inévitablement par un bref retour sur l'émergence du concept de développement durable. L'élaboration de cet accord international portant sur une problématique environnementale planétaire ne pouvait se réaliser, en effet, que dans la foulée d'une idée telle que le développement durable, qui était pour le moins innovatrice à l'époque. Et les changements climatiques ne sont d'ailleurs pas le seul enjeu à avoir reçu une attention particulière, à la

Le siège social de l'ONU à New York.

Joseph Sohm: ChromoSohm Inc./CORBIS/Magma

lumière de ce nouveau paradigme, comme nous le verrons au moment d'aborder des questions telles que la désertification et la diversité biologique.

Un concept aussi poussé que le développement durable n'a évidemment pas surgi comme ça, de nulle part, du jour au lendemain. Dès les années 1960, des auteurs comme Rachel Carson avait sonné l'alarme et attiré l'attention sur les problématiques environnementales. L'écologie, jusque-là confinée au statut de discipline scientifique, est descendue dans la rue pour protester contre les formes de pollution les plus dévastatrices, mais il restait une justification ultime à la destruction de l'environnement : le développement humain, qui passait par l'industrialisation. Il fallait nourrir et équiper les dizaines de millions de nouveaux habitants qui venaient grossir nos effectifs chaque année et porter les bienfaits du développement jusque dans les zones les plus reculées de la planète. Allions-nous opposer à une si noble visée la mort de quelques oiseaux, amphibiens et poissons ?

Les premiers jalons officiels menant au concept de développement durable furent posés pendant la phase préparatoire de la Conférence de Stockholm sur l'environnement humain organisée par les Nations Unies en 1972[1]. Cette rencontre au sommet fut la première où environnement et développement économique occupèrent une place d'égale importance. Dans un souci de trouver des moyens d'assurer un développement socioéconomique équitable, tout en préservant les ressources de l'environnement, on imagina alors le concept d'«écodéveloppement», qui, après quelques voltiges sémantiques, devint le développement durable.

En 1980, un important document fut publié à l'échelle mondiale par des organisations vouées à la conservation des ressources. Le Fonds mondial pour la nature (WWF, pour World Wildlife Fund), le Programme des Nations Unies pour l'environnement (PNUE) et l'Union internationale pour la conservation de la nature (UICN) affirmaient conjointement que la conservation des ressources et le développement étaient désormais étroitement liés. Si la Stratégie mondiale de la conservation (SMC) présentait encore le développement comme générateur d'agressions envers la nature, le document introduisait, d'autre part, les dimensions écologique, économique et sociale comme bases d'analyse du développement durable.

▼

En 1987, le rapport Brundtland recommandait littéralement la négociation de nouveaux instruments internationaux, portant entre autres sur le changement climatique et visant à promouvoir la coopération et la coordination dans le domaine de l'environnement et du développement.

▲

---

1. Le livre *Qui a peur de l'an 2000 ?*, de C. Villeneuve, retrace le cheminement du concept de développement durable. Voir C. Villeneuve, *Qui a peur de l'an 2000 ?*, UNESCO et Éditions MultiMondes, 1998, 303 p.

Une définition très répandue du développement durable et de ses principes provient du fameux rapport Brundtland, *Notre avenir à tous*, publié en 1987. Le rapport de la Commission mondiale sur l'environnement et le développement que présidait Mme Gro Harlem Brundtland, à l'époque premier ministre de la Norvège, établissait clairement que «le développement durable exige que les effets nuisibles sur l'air, sur l'eau et sur les autres éléments communs à l'humanité soient réduits au minimum, de façon à préserver l'intégrité du système[2]». Cet énoncé, avec cinq ans d'avance, aurait pu servir d'introduction à la Convention-cadre sur les changements climatiques. D'ailleurs, le rapport Brundtland recommandait littéralement la négociation de nouveaux instruments internationaux, portant entre autres sur le changement climatique et visant à promouvoir la coopération et la coordination dans le domaine de l'environnement et du développement.

Une fois de plus, dans la brève histoire de la prise de conscience planétaire face à l'environnement, la commission Brundtland soulignait le lien direct entre les activités humaines et la dégradation des écosystèmes à l'échelle de la planète. Il ne faut donc pas s'étonner de ce que le principal résultat de cette commission ait été de proposer une série d'actions communes afin de faire face à l'ensemble des problématiques liées au développement. Et c'est également ce à quoi s'est appliqué un deuxième document, rédigé par les partenaires qui avaient produit la *Stratégie mondiale de la conservation*. Publiée en 1991, la *Stratégie pour l'avenir de la vie* proposait en effet un ensemble d'actions à mettre en œuvre afin que les activités de développement respectent les capacités de support des écosystèmes.

Le Rapport Brundtland.

C'est donc portée par cette grande vague de mobilisation des représentants gouvernementaux autant que des grandes organisations non gouvernementales (ONG), que s'est tenue en 1992 la Conférence des Nations Unies sur l'environnement et le développement, 20 ans après la Conférence de Stockholm. Du Sommet de la Terre, à Rio, est sortie une déclaration commune dont les principes devaient normalement guider chaque pays signataire vers des actions permettant de concrétiser le développement durable. C'est également à Rio qu'a été consacrée la formule définissant le développement durable, présentée ici sous une forme simplifiée: un développement où chaque être humain a droit à une vie

SOMMET DE LA TERRE: on appelle souvent la Conférence des Nations Unies sur l'environnement et le développement de 1992 Sommet de la Terre ou Sommet de Rio.

2. Voir la traduction française du rapport Brundtland: CMED, *Notre avenir à tous*, Montréal, Les Éditions du Fleuve, 1988.

Sommet de la Terre à Rio, en 1992. La Convention-cadre des Nations Unies sur les changements climatiques émerge de ce rassemblement historique.

mondial dédié aux problématiques environnementales que fut la Conférence des Nations Unies sur l'environnement et le développement. Ses signataires, au nombre de 155, comprenaient des pays industrialisés, des pays développés ou en développement réunis pour l'occasion. Les pays déjà industrialisés acceptaient leur responsabilité dans les émissions déjà encourues depuis la révolution industrielle en signant l'Annexe I de la Convention et s'engageaient de ce fait, en principe, à prendre les premiers les mesures visant à stabiliser pour l'an 2000 les émissions de gaz à effet de serre à leur niveau de 1990, considéré comme année de référence.

Proclamée à la clôture du Sommet, la Convention ne fut pourtant officiellement adoptée qu'en 1994, après avoir été ratifiée par un 50e État. La ratification, qui constitue l'étape ultime de l'adhésion à un accord international, suppose que l'État en a acquis le mandat auprès de sa législature. C'est ce qui explique parfois le retard de certains pays à s'engager officiellement, même si leurs négociateurs ont réussi à s'entendre lors d'une réunion internationale.

Pendant ce temps, le développement de l'économie mondiale et l'augmentation des concentrations de gaz à effet de serre

saine et productive, en harmonie avec la nature et qui satisfait équitablement ses besoins immédiats, tout en permettant également aux générations futures de répondre aux leurs[3].

La Convention-cadre des Nations Unies sur les changements climatiques (CCNUCC)

C'est ainsi que la Convention-cadre des Nations Unies sur les changements climatiques (CCNUCC) a vu le jour en 1992 à Rio de Janeiro, lors de ce grand rassemblement

---

3. En septembre 2002 à Johannesburg, en Afrique du Sud, se tiendra la Conférence RIO+10, dont l'objectif est d'évaluer le chemin parcouru depuis l'adoption du programme Agenda 21 à Rio. On peut suivre le processus sur le site Internet http://www.johannesburgsummit.org.

qui en résulte se poursuivaient allègrement. L'implosion du bloc soviétique, la mondialisation de l'économie et le décollage économique de la Chine allaient bouleverser les données du problème.

Le résultat de longs travaux

La venue de la CCNUCC était déjà annoncée depuis quelque temps, en 1992. Des observations scientifiques et des rencontres internationales s'échelonnant sur trois décennies au moins avaient préparé le terrain. Il devenait en effet impératif de faire le point sur le sujet, à la suite de l'accumulation de preuves scientifiques préoccupantes pour la communauté internationale.

Il a d'abord fallu constater le réchauffement et chercher une hypothèse plausible pour en expliquer la cause principale. Ainsi, dans les années 1960, comme nous l'avons vu à la figure 3.3, on avait déjà observé une augmentation de la concentration du dioxyde de carbone qui incitait certains chercheurs[4], à la fin des années 1960, à prédire une augmentation prochaine de la température de la Terre. Cette hypothèse n'était pas nouvelle, elle avait été faite pour la première fois à la fin du 19e siècle par Arrhénius, mais les mesures de CO_2 prises à l'observatoire de Mauna Loa, à Hawaï, en démontraient le bien-fondé.

C'est ce qui amena de plus en plus de scientifiques, au début des années 1970, à se mobiliser autour de la problématique et à tenter de sensibiliser la classe politique à la nécessité de réduire les émissions de CO_2. Les deux chocs pétroliers de 1973 et de 1979 préparèrent le terrain en faveur de l'émergence d'énergies nouvelles, ce qui renforça la conviction que l'on pouvait contrer la prédominance des combustibles fossiles.

Les années 1980 ont vu se développer de nouvelles connaissances sur les causes du réchauffement climatique, et des gaz d'origine anthropique autres que le dioxyde de carbone étaient pointés du doigt: le méthane, les CFC, les oxydes d'azote et le monoxyde de carbone. Les résultats scientifiques ont été divulgués lors de conférences regroupant des experts des phénomènes climatiques. La science et la politique se sont rencontrées pour la première fois à l'occasion d'une présentation de l'hypothèse du réchauffement global par James Hansen[5] du Goddard Institute for Space Studies de la NASA devant le Comité sur l'énergie et les

---

4. Notamment C.D. Keeling, qui fut l'un des pionniers de la mesure du CO_2 atmosphérique au sommet du Mauna Loa, à Hawaï.
5. James Hansen a présenté une hypothèse en trois points: 1. La planète se réchauffe sur une période de dizaines d'années; 2. Il y a une relation causale entre les émissions de CO_2 et le réchauffement; 3. Il y a une tendance à l'augmentation et à l'intensification des vagues de chaleur.

ressources du Sénat américain. C'est finalement à Toronto, en 1988, que le Programme des Nations Unies pour l'environnement (PNUE), conjointement avec l'Organisation météorologique mondiale (OMM), a décidé de créer un organisme dédié à l'étude de la problématique du réchauffement climatique.

Ainsi est né le Groupe d'experts intergouvernemental sur l'évolution du climat[6] (GIEC, ou IPCC, pour Intergovernmental Panel on Climate Change), formé d'experts nommés par les gouvernements. Il est important de noter que, dès le départ, le GIEC se voulait une instance intergouvernementale qui permette aux pays du Sud comme à ceux du Nord de participer aux travaux. La première mission que se vit confier le GIEC, dès sa formation, fut de préparer un rapport sur l'état du réchauffement global en vue de la Conférence mondiale sur le climat prévue en novembre 1990. Le mandat du GIEC était triple : d'abord évaluer les données scientifiques disponibles sur l'évolution du climat, ensuite évaluer les incidences écologiques et socioéconomiques de cette évolution et enfin formuler des stratégies pour y faire face, d'où les trois groupes de travail qui le constituent.

Durant l'année 1989, des rencontres entre certains pays industrialisés sur le thème du climat ont abouti à une déclaration des Nations Unies lors de l'Assemblée générale de décembre de la même année :

[…] Des négociations internationales conduisant à un accord initial ou à une convention relative à l'effet de serre commenceraient début 1991 après la présentation du rapport du Groupe d'experts Intergouvernemental sur l'Évolution du Climat à la seconde conférence mondiale sur les climats en novembre 1990. L'accroissement dans l'atmosphère de CO_2, de méthane, et d'autres gaz à effet de serre résultant d'émissions d'origine anthropique a conduit les scientifiques à prédire que la surface de la Terre se réchauffera de l'ordre de 3 °C[7] d'ici la fin du prochain siècle si les émissions continuent comme actuellement. L'ampleur, le montant, la répartition régionale et les conséquences socio-économiques de ce réchauffement restent dans une certaine mesure imprécis, mais il y a déjà un accord suffisant sur la nécessité d'entreprendre des actions préventives pour que les pays membres des Nations Unies s'engagent à commencer des négociations devant conduire à une convention sur l'effet de serre[8] (15 décembre 1989).

156

6. On peut trouver un excellent résumé des rencontres internationales ayant mené à la création du GIEC, ainsi que des travaux réalisés par cette instance jusqu'en 1996 dans *Les cahiers de GLOBAL CHANGE*, n° 7, juillet 1996.
7. En fait, le premier Rapport d'évaluation du GIEC prédisait un réchauffement se situant entre 1 °C et 3,5 °C d'ici 2100.
8. Tiré de A. Riedacker, *Les cahiers de GLOBAL CHANGE* , n° 7, juillet 1996.

Il y avait donc une volonté politique minimale de préparer un accord international. En 1990, le GIEC a déposé comme prévu son premier rapport, qui a servi de base aux travaux du Comité de négociation pour une convention climatique (le Comité intergouvernemental de négociation, CIN), formé à l'initiative du PNUE et dont la première session s'est tenue à Washington en janvier 1991. Il a fallu quatre sessions de 15 jours pour ébaucher le texte de la Convention sur le climat qui a été finalisé en mai 1992 à New York, pour prendre la forme qu'il avait à Rio le mois suivant.

Séance de travail à l'ONU.

Kit Kittle/Corbis/Magma

Le contenu de la Convention

Comme dans tout accord à plusieurs partenaires, certains aspects de la CCNUCC sont particulièrement déterminants pour son application. Pour bien comprendre les enjeux liés à la Convention, il importe d'en connaître les objectifs, les pays membres et leurs responsabilités respectives, ainsi que le fonctionnement général[9].

La Convention avait pour objectif ultime, à l'origine, de stabiliser les concentrations atmosphériques de gaz à effet de serre à un niveau qui empêche toute perturbation anthropique et qui soit acceptable dans une perspective de développement durable. Le fait de statuer sur un objectif précis à atteindre constituait, de plus, une première dans l'histoire des conventions internationales. Comme le dit le texte même de la Convention :

> Il conviendra d'atteindre ce niveau dans un délai convenable pour i) que les écosystèmes puissent s'adapter naturellement aux changements climatiques, ii) que la production alimentaire ne soit pas menacée et iii) que le développement économique puisse se poursuivre d'une manière durable[10].

Un des principes directeurs sur lesquels s'appuie la Convention et qui revêt une grande importance est celui de la « précaution ». En vertu de ce principe, les Parties à la Convention ont l'obligation d'agir afin de diminuer les impacts potentiels d'un réchauffement du climat, et ce, malgré l'absence de certitude scientifique absolue quant à l'ampleur du phénomène. En

---

9. Le lecteur intéressé par les tenants et aboutissants de la CCNUCC pourra consulter le texte de la Convention et autres documents sur le site Internet consacré au sujet. Le site officiel est accessible à : http://www.unfccc.dc.
10. Article 2 de la CCNUCC.

Encadré 8.1

Les conventions sœurs de la CCNUCC

Le Sommet de la Terre de 1992 a été l'occasion de faire d'une pierre plusieurs coups. Au moins deux autres accords internationaux reliés de très près au changement climatique et portant sur des problématiques tout aussi globales ont été adoptés à Rio. La Convention sur la diversité biologique et la Convention internationale sur la lutte contre la désertification ont ainsi surgi naturellement du mouvement planétaire à l'origine du développement durable.

L'influence de plus en plus marquée des activités humaines sur les ressources de la planète et sur la santé de la biosphère en général constitue l'un des principaux points communs aux trois conventions issues de Rio. Ainsi, suivant la même approche que la Convention-cadre sur les changements climatiques, les accords sur la biodiversité et la désertification proposent des stratégies contraignantes afin de limiter les impacts négatifs de l'utilisation des ressources par l'homme.

Caribou, en Gaspésie.

MLCP

La Convention sur la diversité biologique(CDB)[11]

Cet accord international avait pour but de combler un vide dans la panoplie de conventions et d'ententes portant spécifiquement sur des types d'écosystèmes ou des espèces vivantes particulières[12]. Négociée depuis des années, à l'instar de la Convention sur les changements climatiques, la Convention sur la diversité biologique (CDB) a aussi été adoptée à Rio en 1992. Les ratifications étant allées bon train, elle est entrée en vigueur 18 mois plus tard.

La CDB est la première à aborder la diversité biologique selon une perspective globale et incluant la diversité génétique. Les thèmes couverts par la Convention sont particulièrement adaptés à la réalité des développements en matière de biotechnologie. À une époque où le clonage et la modification génétique des organismes vivants sont de plus en plus d'actualité, la CDB offre un cadre de référence et des balises visant à protéger les intérêts communs de l'humanité. On y retrouve donc des points touchant l'accès aux ressources génétiques et leur utilisation, le transfert technologique et la biosécurité, et ce, toujours dans l'esprit du développement durable. Dans ce dossier, les États-Unis font cavalier seul, ayant refusé de signer la Convention sur la diversité biologique à la clôture du Sommet de Rio.

11. L'adresse Internet de la Convention sur la diversité biologique est http://www.biodiv.org/.
12. Par exemple, la Convention concernant la protection du patrimoine mondial, naturel et culturel, la Convention sur le commerce international des espèces de faune et de flore sauvages menacées d'extinction (CITES), la Convention de Ramsar relative aux zones humides d'importance internationale, et la Convention sur la conservation des espèces migratrices appartenant à la faune sauvage.

Encore une fois, puisque les pays en développement ont la plus lourde tâche en termes de diversité biologique à conserver, tout en étant les moins bien nantis pour s'en acquitter, les fonds nouveaux prévus par la Convention devront venir des pays développés, par l'intermédiaire du Fonds pour l'environnement mondial. La situation est particulièrement alarmante dans les pays tropicaux, et il est facile d'imaginer que la majorité des six espèces qui disparaissent de la planète à chaque heure vivent sous ces latitudes. Or, la CDB tente, à l'aide de mécanismes de coopération Nord-Sud, de sensibiliser à l'importance de la conservation de la diversité biologique, tout en rappelant le caractère irréversible de la perte de cette diversité.

La Convention internationale sur la lutte contre la désertification (CLD)[13]

La désertification, selon la Convention adoptée en 1992 et entrée en vigueur en 1996, n'est pas que la transformation des terres arables en déserts. Toute dégradation du sol par les activités de l'homme, que ce soit en agriculture ou en foresterie, est considérée comme un signe de désertification, puisque à long terme le sol perd tout son potentiel physique, biologique et économique. L'ensemble des zones sèches de la planète gagne ainsi chaque année 10 millions d'hectares de terres, une superficie égale à deux fois la Nouvelle-Écosse.

Évidemment, l'Afrique est la plus touchée par le phénomène, mais le Canada, partie à la Convention, n'est pas à l'abri de ce grave problème. Dans les pays en développement les plus affectés, la conséquence la plus tangible de la désertification est le déplacement forcé de milliers de personnes, les réfugiés de l'environnement, dont la plupart sont des femmes et des enfants. Dans un pays comme le Canada, le phénomène se traduit entre autres par la perte de potentiel agricole et par un déclin de la biodiversité.

Chebika, en Tunisie.

Jacques Prescott

La CLD vient appuyer les multiples programmes de lutte déjà en place et fournit en outre de nouveaux fonds basés sur un partage équitable et une meilleure coordination de l'aide financière. À l'instar de ses deux sœurs de Rio, la CLD comporte un caractère contraignant et, de plus, elle met l'accent sur l'aspect participatif des populations concernées.

Enfin, signalons un point commun aux trois conventions, qui constitue en fait le levier permettant d'en juger l'efficacité, soit l'obligation faite aux parties d'élaborer des plans d'action nationaux, d'en mesurer les effets, d'en assurer le suivi et, bien sûr, d'en rendre compte à la communauté internationale. C'est sur cette base que seront évalués demain les efforts accomplis aujourd'hui.

159

---

13. Le nom complet de la CLD est la Convention sur la lutte contre la désertification dans les pays les plus gravement touchés par la sécheresse et/ou la désertification, en particulier en Afrique. L'adresse Internet de la Convention internationale sur la lutte contre la désertification est http://www.unccd.int/main.php.

somme, « vaut mieux prévenir que guérir ». Le principe de la responsabilité commune de tous les États mais de la différenciation de cette responsabilité entre eux constitue un autre élément clé de la Convention. Ces deux principes sont d'ailleurs la source d'importants désaccords entre les groupes d'influence, comme nous le verrons plus loin.

Faire payer les riches

Dans l'ordre normal des choses, la Convention assigne la responsabilité de la réduction la plus substantielle aux pays les plus industrialisés. Ces États constituent le groupe des « pays de l'Annexe I », qui regroupe les 24 pays membres de l'Organisation pour la coopération et le développement économiques (OCDE), de même que 12 États de l'Europe de l'Est et Centrale, anciennement du bloc communiste et que l'on désigne désormais comme des économies en transition. En grande partie responsables des émissions ayant accentué le phénomène du réchauffement climatique, les pays de l'Annexe I avaient pour objectif principal de ramener pour l'an 2000 leurs émissions de gaz à effet de serre à leurs niveaux de 1990. Aucun objectif de réduction n'avait été fixé pour les pays en développement, ce qui constitue un irritant pour certaines parties à l'entente, les États-Unis en premier lieu. D'ailleurs, le Congrès américain, sans nommer toutefois la Convention-cadre sur les changements climatiques, a voté une loi qui interdit la ratification d'un traité inter-national où les pays en développement ne seraient pas obligés de prendre des engagements.

En ce qui concerne le financement des engagements envers les pays défavorisés, transferts technologiques et aides diverses, la Convention stipule que ce sont les membres de l'OCDE, à part le Mexique, qui doivent en assumer la responsabilité. Ce principe repose sur le fait que les pays développés ont atteint leur niveau élevé de développement principalement grâce à une utilisation intensive de l'énergie fossile. Et si, en toute légitimité, les pays en développement aspirent à améliorer leurs conditions sociales et économiques, ils doivent être appuyés en ce sens par les plus riches, et ce, en recourant à des moyens qui affectent le moins possible le climat de la planète. Autre argument plaidant en faveur d'une aide aux pays pauvres par les mieux nantis : bon nombre de ces pays les plus défavorisés sont également les plus vulnérables face aux impacts éventuels du changement climatique. La gestion de l'aide monétaire offerte par l'intermédiaire de programmes tels que les transferts technologiques est confiée au Fonds pour l'environnement mondial (FEM), créé à la suite du Sommet de Rio.

Les instances et les groupes de travail liés à la Convention

Bien que la représentation des pays signataires au Bureau de la Conférence des Parties

CONFÉRENCE DES PARTIES : cette Conférence constitue l'organe suprême de la Convention. Elle est constituée des représentants de tous les pays signataires. Le mot « conférence » n'a donc pas ici le sens de « réunion », bien que chacune des rencontres annuelles soit désignée par son acronyme et le nombre correspondant à son rang chronologique (ex. CP1, pour la première série de rencontres de la Conférence des Parties, qui a eu lieu à Berlin en 1995).

160

se fasse sur une base géographique (des délégués de cinq grands groupes régionaux y siègent), les négociations quant aux objectifs et aux mécanismes de la Convention se font plutôt en fonction de regroupements de pays ayant des intérêts communs. Ainsi, les négociations, qui ont lieu chaque année vers le mois de novembre comme le prévoit le texte de la Convention, sont l'occasion de tractations entre divers groupes d'intérêts qui, par ailleurs, organisent leurs propres rencontres stratégiques en parallèle des sessions de la Conférence des Parties.

Nous avons vu que le premier rapport du GIEC constituait le point de départ des négociations ayant mené à l'adoption de la Convention. Cela veut dire que les travaux du GIEC ont dès le début été reconnus par l'ensemble des négociateurs comme étant la meilleure source d'information scientifique sur le phénomène du changement climatique.

Le GIEC regroupe près de 2 000 experts scientifiques désignés par les gouvernements liés à la Convention et reconnus dans des domaines connexes à l'étude des climats. Chaque rapport des groupes de travail est produit par quelque 200 scientifiques et autres experts d'environ 120 pays. Ces rapports sont ultérieurement révisés par des centaines d'experts indépendants. Au sein du GIEC, la représentation des pays doit être le plus équitable possible. Les travaux se partagent en trois groupes distincts chargés

de mandats spécifiques : l'évaluation des connaissances scientifiques relatives au changement climatique ; l'évaluation des impacts et des stratégies de réduction des GES selon une approche « *bottom-up* » ; l'évaluation socioéconomique des scénarios selon une approche « *top-down* ». Un quatrième groupe s'est récemment joint aux trois premiers pour se consacrer essentiellement aux méthodologies des inventaires. Le GIEC rend compte des résultats de ses travaux à deux organes subsidiaires de la Convention : l'Organe subsidiaire du conseil scientifique et technologique (SBSTA) et l'Organe subsidiaire de mise en œuvre (SBI). Ces deux instances permanentes servent de courroie de transmission de l'information entre la « science », représentée par le GIEC, et la « politique » que constitue la Conférence des Parties.

Il faut souligner, enfin, que les documents produits par le GIEC sont révisés par des experts indépendants, selon la même procédure que pour les articles soumis aux revues scientifiques. Cette façon de faire garantit le sérieux et l'indépendance des travaux du GIEC, puisque le jugement par les pairs en vue de la publication dans les grandes revues scientifiques constitue l'épreuve la plus difficile à laquelle puissent être soumis les auteurs de données expérimentales et d'hypothèses dans notre société. Cependant, il convient de noter que le GIEC est aussi une créature politique qui publie deux types de rapports : les résumés à

APPROCHE *BOTTOM-UP* : de l'échelle micro à macroéconomique.

APPROCHE *TOP-DOWN* : de l'échelle macro à microéconomique.

161

l'intention des décideurs, qui doivent être adoptés ligne par ligne par les représentants des pays parties à la CCNUCC et les rapports sous-jacents qui, ne subissant pas d'adoption politique, sont beaucoup plus crédibles sur le plan scientifique. Malheureusement, ce sont les premiers documents qui sont largement diffusés et médiatisés.

Une course à obstacles

Malgré le sérieux des études sur lesquelles s'appuient les travaux de la Conférence des Parties, il est très difficile d'obtenir des consensus et des engagements permettant la mise en œuvre de la Convention et de ses objectifs. Nous verrons, au chapitre 10, que différents lobbies exercent leur influence auprès des délégations nationales afin de faire dévier le cours des négociations dans une direction ou dans l'autre. Certains de ces groupes mettent en doute, évidemment, la validité scientifique des données présentées par le GIEC. On retrouve parmi eux la Global Climate Coalition, dont les membres sont reliés de près à l'industrie des combustibles fossiles. Il faut reconnaître qu'ils ont beau jeu, car la nature même de la science est de se remettre en question chaque jour. En engageant des scientifiques qui font des recherches dont les résultats peuvent sembler contradictoires par rapport à ceux du

JUSSCANNZ, GROUPE DE PAYS DÉVELOPPÉS : Japon, États-Unis, Suisse, Canada, Australie, Norvège, Nouvelle-Zélande, auxquels se joignent, à l'occasion, l'Islande, le Mexique et la République de Corée.

GIEC, on sème facilement le doute dans l'esprit de certains représentants politiques qui voient un avantage à tergiverser. L'annonce par le président George W. Bush que les États-Unis ne ratifieraient pas le Protocole de Kyoto montre bien l'efficacité politique de telles interventions. Malgré cette déclaration, toutefois, les États-Unis ont envoyé une délégation de négociateurs à Bonn en juillet 2001, sans toutefois modifier leur position.

Nous verrons, au chapitre suivant, comment se sont développées les tendances tout au long du processus de négociation des principes et des mécanismes de la CCNUCC et comment certains regroupements affichant de profondes divergences de vues en arrivent à faire échouer les ententes. C'est ce qui s'est passé notamment en novembre 2000, lors de la CP6 à La Haye, où les États-Unis et le Canada, principaux membres du groupe JUSSCANNZ, ont adopté une position inflexible pour affronter une Union européenne tout aussi intransigeante. Sous une apparence de vertu s'affrontent des titans qui cherchent à tirer avantage de leur position respective en forçant l'autre à s'aligner. Il est loin d'être certain que l'environnement sortira gagnant de ce combat.

Le Protocole de Montréal : un exemple à suivre ?

Faut-il prendre exemple sur le Protocole de Montréal pour inciter la communauté internationale à ratifier enfin le Protocole de Kyoto ? La question est pertinente car, malgré certaines critiques, la preuve est faite : le Protocole de Montréal a réussi à faire fléchir les émissions atmosphériques de substances qui appauvrissent la couche d'ozone. En 1996, la production et la consommation globales de ces substances avaient déjà diminué de 80 % par rapport aux niveaux antérieurs à l'entrée en vigueur des contrôles internationaux[14]. Il n'est donc pas surprenant que le Protocole de Montréal soit considéré comme l'instrument juridique international le plus efficace à avoir été mis en place relativement à une problématique environnementale globale.

Revoyons donc ici brièvement ce qui a mené à l'adoption du Protocole de Montréal en 1987. Au début des années 1980, il devenait de plus en plus évident que la couche d'ozone stratosphérique (celle qui protège les organismes vivants des rayons ultra-violets du Soleil) diminuait en épaisseur, qu'un « trou » se formait au-dessus de l'Antarctique et que la couche d'ozone s'amincissait dangereusement au-dessus de l'Arctique. Les observations scientifiques effectuées depuis 1974 par des chercheurs de l'Université de Californie tendaient à démontrer, sans certitude absolue toutefois, que la couche d'ozone pouvait être endommagée par les composés d'origine anthropique contenant des halogènes tels que le chlore, le brome et le fluor. En 1985, les dirigeants de nombreux pays se réunirent à Vienne pour adopter la Convention pour la protection de la couche d'ozone, malgré l'incertitude scientifique entourant la question.

Ève-Lucie Bourque

Curieusement, et à l'inverse de ce qu'on observe dans le cas du climat, ce sont les États-Unis et le Canada qui ont appuyé le principe de précaution pour agir malgré l'absence de certitude absolue, alors que la Communauté européenne préconisait qu'on attende des preuves scientifiques fondées.

Deux ans plus tard, le Protocole de Montréal était adopté à titre d'instrument contraignant visant à éliminer complètement, sur un horizon de quelques décennies, certaines substances appauvrissant la couche d'ozone. Les composés visés en premier lieu étaient les

---

14. S. Oberthür, *Linkages between the Montreal and Kyoto Protocols*. Préparé pour Inter-Linkages, International Conference on Synergies and Coordination between Multilateral Environmental Agreements, The United Nations University, 1999.

chlorofluorocarbones et les halons. Plus tard se sont ajoutées d'autres substances, dont le bromure de méthyle il y a quelques années.

Ce qui surprend surtout, lorsqu'on aborde la question des substances qui appauvrissent la couche d'ozone, c'est le court échéancier prévu pour leur remplacement et la diminution de leur consommation. Dans ce contexte, l'efficacité du Protocole de Montréal est principalement attribuée à la disponibilité et au développement des solutions de remplacement à certaines des substances indésirables. L'entente entre les pays signataires du Nord et du Sud établit par ailleurs une certaine équité, acceptée de part et d'autre: pour les pays en développement du Sud, une période plus longue pour en arriver à une consommation nulle, et pour les pays du Nord, un engagement à financer les solutions de remplacement.

Le fait que les sources du problème de la diminution de la couche d'ozone aient été clairement identifiées et facilement quantifiables a également contribué pour une large part, à l'adoption accélérée du Protocole de Montréal et des quelques amendements qui ont suivi. Les impacts directs sur la santé de la population des pays industrialisés ont certainement aussi ajouté à l'urgence d'agir.

Les liens et les contradictions

Le Protocole de Montréal établit un contrôle sur les substances appauvrissant la couche d'ozone, les SACO, dont la plupart sont aussi des gaz à effet de serre (voir le chapitre 7). Cela peut sembler intéressant pour la réduction des gaz à effet de serre, mais il y a un problème relativement aux solutions de rechange aux SACO. Soulignons, en particulier, les HFC, qui remplacent depuis plusieurs années les CFC et qui sont eux aussi de puissants gaz à effet de serre. Les HFC, qui font l'objet de subventions aux pays en développement dans le cadre du Protocole de Montréal, sont parmi les cibles visées par les objectifs de réduction du Protocole de Kyoto.

Il y a donc lieu d'établir des liens et des politiques convergentes entre les protocoles internationaux touchant les deux problématiques de l'ozone et du climat, d'autant plus que la science démontre avec de plus en plus de certitude les liens complexes qui existent entre ces deux phénomènes.

Par conséquent, non seulement le Protocole de Montréal[15] peut-il servir d'exemple pour la mise en place du Protocole de Kyoto, mais les deux instruments peuvent se compléter et coordonner l'action internationale dans le but de permettre l'amélioration et le maintien de la qualité de vie sur notre planète.

---

15. On peut consulter le Protocole de Montréal à l'adresse Internet
    http://www.unep.org/ozone/mont_t_fr.shtml.

Le Fonds pour l'environnement mondial (FEM)

Tout le monde sait qu'il n'est pas facile de trouver des fonds pour le financement de projets environnementaux. Même lorsqu'il s'agit de petits projets à budget modeste, tous ceux qui œuvrent à améliorer la qualité de l'environnement peuvent affirmer que le financement est un obstacle trop souvent insurmontable. À l'échelle internationale, un fonds consacré à l'environnement a été créé par la Banque mondiale, le Programme des Nations Unies pour l'environnement (PNUE) et le Programme des Nations Unies pour le développement (PNUD), qui en sont également les gestionnaires. L'objectif du Fonds est de promouvoir la coopération internationale et d'encourager les initiatives pour la protection de l'environnement mondial. Doté de plusieurs milliards de dollars, le Fonds a vu le jour en 1990 et s'est vu assigné, depuis, à quatre domaines d'intervention : la diversité biologique, les changements climatiques, les eaux internationales et l'appauvrissement de la couche d'ozone. Les activités portant sur la dégradation des sols, et plus particulièrement la désertification et le déboisement, sont également admissibles dans la mesure où elles sont reliées aux autres domaines. Ce sont donc les activités encadrées par les conventions internationales qui ont accès au FEM.

L'argent en provenance du Fonds sert à compléter le financement traditionnel de l'aide au développement lorsque les projets de développement durable à l'échelle régionale, nationale ou internationale ont en même temps des objectifs d'amélioration de l'environnement de la planète. Dans le cas particulier de la Convention sur le climat, le FEM gère le mécanisme financier qui permet de financer les projets des pays en développement dont on juge qu'ils ont un effet positif sur l'évolution du climat mondial. L'installation de systèmes d'approvisionnement électrique par panneaux solaires en zone rurale africaine serait un exemple parmi d'autres de projets admissibles. Il est bien précisé, dans le fonctionnement du Fonds, que l'argent sert à cofinancer les projets, c'est-à-dire à subventionner le coût additionnel d'un projet issu d'une politique ou d'un programme national afin d'y ajouter la dimension planétaire.

Pour en faciliter l'analyse, plusieurs catégories de projets ont été définies et elles correspondent généralement au niveau de financement requis. Les besoins couverts peuvent ainsi varier de quelques milliers à plusieurs millions de dollars, et s'échelonner sur quelques mois ou plusieurs années.

Le FEM permet donc la réalisation de nombreux projets qui contribuent à l'amélioration de l'environnement mondial, principalement dans les régions les plus pauvres du monde, là où les ressources sont aussi les plus menacées. Il faut bien se rappeler qu'en faisant bénéficier des populations locales d'avancées technologiques durables, c'est toute la communauté mondiale qui en profitera à long terme.

Le chemin de croix

Même si la Convention-cadre des Nations Unies sur les changements climatiques a été signée dans la foulée du Sommet de Rio, sa mise en œuvre s'est avérée un véritable calvaire.

Le 25 novembre 2000, à La Haye, la 6ᵉ Conférence des Parties à la Convention sur les changements climatiques se concluait par un échec. Les principaux protagonistes étaient, d'un côté, l'Union européenne, Allemagne et France en tête, de l'autre, les États-Unis et le Canada. Cet échec a permis de constater une fois de plus l'océan virtuel, et pourtant bien tangible, qui sépare les deux rives de l'Atlantique quant à la stratégie préconisée pour faire face au changement climatique. Huit ans après qu'on eut décrété l'urgence d'agir en cette matière, l'incapacité de s'entendre est déconcertante. Pourquoi la Convention sur les changements climatiques, adoptée et ratifiée dans une volonté de développement durable, connaît-elle tant d'avatars et combien de fois encore le Protocole de Kyoto trébuchera-t-il avant d'entrer en vigueur? À la réunion intermédiaire de Bonn, les négociateurs et les ministres de l'Environnement des Parties ont convenu de signer une version édul-

corée du Protocole de Kyoto, malgré la position des États-Unis, dont le président, Georges W. Bush, avait signifié en avril la volonté de ne pas ratifier cette entente. Il reste toutefois à ratifier le Protocole pour le mettre en vigueur entre les signataires. On peut penser que compte tenu des éléments relatés dans ce chapitre cette étape ne sera pas facile non plus.

Les négociations tenues au fil des rencontres qui ont suivi l'entrée en vigueur de la CCNUCC fournissent l'occasion d'observer la politique internationale à l'œuvre et illustrent bien les relations entre la science, la politique et les groupes d'intérêts économiques. Voyons donc comment chacun, même s'il déclare vouloir le bien commun, cherche à protéger ses acquis et, si possible, à tirer les marrons du feu réussissant, à travers les alliances et les amendements, les exigences nouvelles et les positions inflexibles, à faire trébucher la CCNUCC sur un véritable chemin de croix.

Une science qui s'affine, des politiques qui hésitent

Au moment de l'adoption de la Convention, en 1992, le Premier Rapport d'évaluation du GIEC mettait en lumière le phénomène du réchauffement planétaire, sans pour autant en identifier clairement les causes. Cette attitude prudente des scientifiques était justifiée par le niveau d'incertitude résultant des études réalisées jusque-là. Compte tenu des conséquences catastrophiques évoquées dans le premier rapport du GIEC pour les instances politiques, le fait de s'engager à protéger l'atmosphère planétaire pouvait toujours entraîner des retombées positives, en termes de visibilité et de sympathie du public, sans pour autant qu'il soit nécessaire d'agir. Sauf, bien sûr, pour commander aux scientifiques de nouveaux travaux pour préciser leurs conclusions, dans l'espoir que les controverses continuent de repousser l'échéance de l'action.

La Convention est entrée en vigueur en 1994 et une première rencontre de la Conférence des Parties a eu lieu à Berlin en 1995, alors que venait de paraître le Deuxième Rapport d'évaluation du GIEC. Or ce rapport, basé sur les données scientifiques les plus récentes à l'époque, énonçait clairement qu'un «faisceau d'éléments suggère qu'il y a une influence perceptible de l'homme sur le climat global[1]». Les experts avaient en effet observé une augmentation de la concentration des principaux gaz à effet de serre et ils étaient en mesure de mieux évaluer l'ampleur du «signal» climatique d'origine anthropique. C'est ce qui a permis, malgré les incertitudes subsistantes, d'affirmer qu'une modification du climat par l'homme était bel et bien observée.

Ayant en mains ce constat non équivoque, les pays réunis à Berlin pour la première rencontre de la Conférence des Parties en sont venus à la conclusion que les mesures volontaires de stabilisation des concentrations de gaz à effet de serre préconisées dans le texte de la Convention étaient tout simplement inefficaces. Les Parties ont conclu la rencontre par l'élaboration du Mandat de Berlin, qui prévoyait que les pays industrialisés signataires de l'Annexe I commenceraient à négocier un protocole en vue de réduire leurs émissions de façon significative après 2000, l'objectif de ramener volontairement ces émissions aux niveaux de 1990 paraissant d'ores et déjà impossible à réaliser. L'échéancier, pour la livraison de ce protocole de nature contraignante, était fixé à deux ans. La balle venait de tomber dans le camp des économistes.

---

1. Groupe de travail I du GIEC, *Aspects scientifiques de l'évolution du climat. Résumé à l'intention des décideurs*, 1995.

Même les États-Unis, à l'époque, ont accepté d'emblée que les pays en développement ne se voient pas contraints à des objectifs de réduction, les obligations de résultats se limitant aux seuls pays industrialisés. Nous verrons que cette position du plus important émetteur de gaz à effet de serre a rapidement été modifiée.

Le Protocole de Kyoto

Il est facile d'adhérer à de grandes déclarations pour faire bonne figure à l'échelle internationale tout en continuant à agir chez soi selon ses habitudes. C'est ainsi que des pays qui pratiquent la torture ou appliquent la peine capitale siègent quand même sans contraintes à la Commission sur les droits de l'Homme de l'ONU. Mais la Convention sur les changements climatiques était plus qu'une déclaration ; elle représentait un engagement commun à atteindre un objectif mesurable à l'échelle planétaire pour le bien commun de l'humanité, peu importe les frontières.

Le Protocole de Kyoto a donc été élaboré de manière à rendre contraignante l'action des parties à la Convention. En effet, si depuis l'adoption de la CCNUCC les émissions continuaient d'augmenter bien au-delà des niveaux de 1990, il était tout à fait justifié pour la communauté internationale de mettre en place un instrument juridique permettant d'atteindre et même de dépasser l'objectif de la Convention. Aussi l'Article 3

▼

Le Canada se voit fixer une réduction de l'ordre de 6 %, les États-Unis, 7 %, l'Union européenne, 8 %, alors que certains États se voient accorder une augmentation de leurs émissions, telle l'Australie avec 8 %.

▲

du Protocole fixe-t-il un objectif précis de réduction des émissions de gaz à effet de serre qui s'adresse uniquement aux pays de l'Annexe I :

> Les pays de l'Annexe I s'engagent à mettre en place individuellement ou conjointement des mesures afin de réduire les émissions combinées de six gaz à effet de serre d'au moins 5 % sous le niveau de 1990 au cours de la période située entre 2008 et 2012. De plus, les pays visés devront avoir accompli des progrès significatifs avant 2005.

Notons que l'objectif moyen de 5 % se traduit par des efforts plus ou moins importants de la part des pays pris individuellement. Par exemple, le Canada se voit fixer une réduction de l'ordre de 6 %, les États-Unis, 7 %, l'Union européenne, 8 %, alors que certains États se voient accorder une augmentation de leurs émissions, telle l'Australie avec 8 %.

Les six gaz du Protocole de Kyoto sont des gaz d'origine anthropique, à savoir : le dioxyde de carbone (CO_2), le méthane (CH_4), l'oxyde nitreux (protoxyde d'azote, N_2O), les hydrofluorocarbones (HFC), les perfluorocarbones (PFC) et l'hexafluorure de soufre (SF6). Le total des émissions de ces gaz se mesure en équivalents de CO_2.

169

L'ornithorynque, fruit d'une négociation internationale ?

L'ornithorynque est un animal de l'ordre des Monotrèmes qui vit dans certaines rivières d'Australie. Son corps est recouvert de fourrure, il a quatre pattes palmées, une queue plate comme celle des castors et allaite ses petits, même s'il ne possède pas de tétines à ses mamelles. Il pond des œufs et possède un bec de canard, et sa température corporelle varie comme celle des reptiles… Voilà un animal qui intrigue les naturalistes et les systématiciens depuis longtemps. On croirait un animal qu'un comité aurait voulu « politiquement correct » pour ne pas indisposer ni les mammifères, ni les oiseaux…

Pour certains, le Protocole de Kyoto est une sorte d'ornithorynque politique. Obtenu à force de négociations ardues entre des pays aux moyens disproportionnés, il contient des dispositions pour ménager la chèvre et le chou, et on y a pratiqué des brèches qui en rendent l'application difficile, voire improbable pour certains articles. On y a joint des instruments encore à définir et des mesures de contrôle devant mener à des sanctions pour les mauvais joueurs, sans déterminer qui sera chargé de les appliquer et avec quels moyens.

Doit-on pour autant rejeter du revers de la main le résultat de ces négociations ? En fait, le Protocole de Kyoto représente probablement un cul-de-sac évolutif, comme l'ornithorynque, mais il a le mérite d'exister et pourrait servir de tremplin à l'idée d'une gouvernance mondiale.

Pour les biologistes, l'ornithorynque est un exemple vivant de l'évolution des mammifères. Rien n'illustre mieux le bricolage opportuniste de l'évolution que son anatomie qui nous paraît si fantaisiste. Il y a des millions d'années que ces animaux subsistent dans leur environnement… on n'en demande pas tant au Protocole de Kyoto.

Un objectif global, modulé en moyenne sur cinq années de référence et reflétant l'importance des moyens mis en place pour régler le problème ainsi que leurs effets cumulatifs, la logique était belle et le résultat semblait raisonnablement facile à atteindre dans un premier effort collectif. Mais il fallait s'assurer que cela soit fait et, à cette fin, se doter d'instruments équitables pour tous, efficaces et applicables à l'échelle mondiale. Ici entrent en jeu les avocats…

Pourquoi moi et pas les autres ?

Naturellement, un mécanisme contraignant suppose des moyens de punir les délinquants, donc une « police internationale » capable de faire respecter des lois internationales et d'appliquer des sanctions. Or, il y a des disparités telles, entre les divers niveaux de richesse et de puissance des pays qui font partie de l'ONU, que la situation n'est pas toujours très claire. Comme l'ont démontré la guerre du Golfe et les interventions des Forces de maintien de la paix au cours des dernières années, il n'est pas facile de savoir si les États-Unis poursuivent des objectifs de maintien de la paix mondiale ou leurs propres intérêts stratégiques et économiques dans ces interventions. Dans la CCNUCC, la première disparité apparaît entre les pays de l'Annexe I et ceux qui n'en font pas partie et, à l'intérieur des pays de l'Annexe I, avec les pays de l'ancien bloc communiste qui, en raison de leur profonde dépression économique, ont vu chuter leurs émissions bien en dessous de ce qu'elles étaient en 1990 et bénéficient ainsi involontairement d'une longueur d'avance dans la poursuite des objectifs de la Convention. Cela fait porter la responsabilité d'agir à deux grands blocs: les États-Unis, le Japon et le Canada d'un côté et la Communauté européenne de l'autre.

Parmi les moyens suggérés dans le Protocole de Kyoto et définis dans les 28 articles du texte, ceux qui retiennent le plus l'attention sont évidemment les mêmes qui sont à la source des désaccords entre les groupes de négociation.

D'abord, concernant un engagement de réduction de la part des pays en développement, la position des États-Unis a été modifiée par l'adoption au Sénat américain d'une résolution (S-R 98) qui empêche le pays de participer à tout accord international sans une participation significative des pays en développement. Il va sans dire que cette mesure visait le Protocole de Kyoto. Sur ce point, toutefois, les Américains ont démontré un peu de bonne foi lorsque l'Argentine et le Kazakhstan se sont engagés, lors de la CoP$_4$ tenue à Buenos Aires, en 1998, à réduire volontairement leurs émissions de gaz à effet de serre. C'est en effet ce geste de deux pays non inclus dans l'Annexe I qui a incité les Américains à s'engager à signer le Protocole. Cela n'a pas empêché le président Bush de renverser les engagements de son prédécesseur et de se

retirer du Protocole, qui s'en trouve du fait beaucoup plus difficile à appliquer avec succès.

Tergiversations

L'une des notions complexes que renferme le Protocole de Kyoto est celle des échanges de permis d'émissions de gaz à effet de serre. Par ce processus, un pays pollueur peut acheter des droits d'émettre des gaz à effet de serre d'un autre pays qui en émet moins que le quota qui lui est alloué. Le prix des permis, en effet, est fixé de telle sorte qu'il en coûte moins cher de se les procurer ailleurs que de prendre des mesures pour réduire les émissions chez soi. Voilà un mécanisme qui plaît bien aux Américains, mais qui se heurte à certaines critiques de la part des pays en développement, entre autres le groupe des 77 plus la Chine, qui souhaitent que les pays développés amorcent d'abord des actions de réduction chez eux. D'ailleurs, le texte du Protocole indique clairement que les échanges de droits doivent se faire en supplément des activités de réduction nationales. Les inquiétudes des pays en développement sont d'autant plus fortes que, rappelons-le, ce sont eux les plus vulnérables face aux effets du changement climatique. Cela est particulièrement vrai dans le cas des pays regroupés sous l'acronyme AOSIS, une alliance de 42 petits États insulaires au littoral peu élevé et très vulnérables à toute élévation du niveau de la mer qui pourrait résulter d'un réchauffement du climat.

GROUPE DES 77 : le groupe des 77 a été formé en 1967 lors de la première réunion de la Conférence des Nations Unies sur le commerce et le développement (CNUCED). Ce regroupement, qui comprend maintenant 133 pays, dont la Chine, essaie d'harmoniser les positions de ses membres lors de négociations.

AOSIS : Alliance of Small Insular States (Association des petits pays insulaires menacés par le relèvement du niveau des océans).

171

On peut considérer comme assez complet le menu du Protocole de Kyoto, en termes de possibilités offertes, pour permettre une réduction des émissions de gaz à effet de serre. Cependant, plus le menu offre de choix, plus il y a risque de discorde au moment de statuer, et de retard dans les prises de décisions.

Faisons donc ça dans ta cour...

Voyons, par exemple, cette invention particulière du Protocole, à l'article 12, que sont les mécanismes de développement propre. Ceux-ci permettent aux pays développés de financer des activités de mise en œuvre conjointe dans les pays en développement, c'est-à-dire d'investir dans des projets utilisant des technologies propres afin de réduire les émissions des pays bénéficiaires. En contrepartie, évidemment, les réductions seraient créditées au pays investisseur. Par exemple, le Canada, pays signataire de l'Annexe I, pourrait décider de financer une campagne de remplacement des luminaires au Honduras, pays qui ne figure pas à l'Annexe I. Le Honduras, consommant grâce à ce projet moins d'énergie fossile, réduirait ainsi ses émissions de CO_2. Celles-ci n'étant pas comptabilisées dans la réalisation des objectifs du Protocole de Kyoto, le Canada pourrait réclamer, en contrepartie du financement d'un développement propre au Honduras, le droit d'appliquer ces réductions à ses propres objectifs de réduction d'émissions. Un tel mécanisme est séduisant tant pour les pays industrialisés, qui peuvent à moindres frais « réduire » leur bilan d'émissions de gaz à effet de serre, que pour les pays en développement, qui y voient des occasions d'améliorer à peu de frais leurs infrastructures.

On sent, encore une fois, que les pays développés veulent en faire le moins possible chez eux, puisque des mesures nationales ralentiraient à coup sûr leur économie, selon certains analystes. (Nous reviendrons là-dessus au prochain chapitre.) De l'autre côté, les pays en développement sont bien sûr enclins à accepter de tels projets mais à la condition, et cela est bien précisé dans le texte du Protocole, que l'aide ainsi distribuée ne vienne pas remplacer celle des programmes déjà en place. Cela retarde toutefois la mise en œuvre de la CCNUCC, car la négociation des détails de tels mécanismes demande du temps et constitue, jusqu'à un certain point, une échappatoire pour les pays développés.

Un autre mécanisme qui laissera des marques dans l'histoire des négociations sur le climat est celui des puits de carbone. L'Article 3 du Protocole précise que les terres agricoles, les forêts et les zones qui changent de vocation peuvent être considérées comme des puits et comptabilisées dans le bilan national d'un pays, et les quantités de carbone absorbées par ces puits peuvent être créditées. Le problème, dans ce cas, c'est que les scientifiques ne s'entendent pas sur la quantité exacte de CO_2 que peut fixer une forêt ou le changement de pratiques culturales sur un hectare de terre. Voilà une autre belle pomme de discorde, cette fois entre les États-Unis et leurs alliés, le Canada, le Japon et l'Australie, d'un côté, et l'Union européenne de l'autre. Et la mésentente dure toujours, longtemps après Kyoto. C'est d'ailleurs sur ce point qu'a finalement été obtenue à Bonn une concession de l'Union européenne. Ainsi, des pays comme le Canada qui disposent d'immenses forêts pourront comptabiliser à leur crédit les millions de tonnes de CO_2 fixées par ces forêts sans avoir besoin de prendre les mesures sévères qui s'imposent pour réduire leurs émissions industrielles.

Le plan d'action de Buenos Aires

Malgré tout, de réunions d'experts en sessions de comités de travail, l'échéance de la Conférence annuelle des Parties transforme en pression politique l'attention médiatique qu'elle suscite. Surtout que les organisations comme Greenpeace clament l'urgence d'agir sur toutes les tribunes.

La quatrième rencontre de la Conférence des Parties, à Buenos Aires, en 1998, a accouché d'un plan d'action qui devait régler les aspects du Protocole de Kyoto sur lesquels les négociateurs n'étaient pas encore parvenus à s'entendre. L'échéance de réalisation de ce plan d'action coïncidait avec la rencontre de La Haye en novembre 2000. Le

En octobre 1999 à Bonn, en Allemagne, le chancelier allemand, M. Gerhard Schroeder, s'adresse à plus de 5 000 délégués venus de 160 pays participer à la cinquième Conférence des Nations Unies sur le réchauffement global et la protection de l'environnement.

AFP/Corbis/Magma

contenu du plan était à première vue plutôt simple: on y retrouvait les mécanismes de développement propre, dont on devait définir le fonctionnement; les règles et procédures donnant force de loi au Protocole; les transferts technologiques et les mesures d'atténuation des effets du changement climatique. Un point qui n'était même pas à l'ordre du jour du plan d'action, la question des puits de carbone, faisait toutefois l'objet d'intenses négociations.

De toutes ces questions, bien peu ont été réglées lors de la Conférence des Parties tenue à Bonn l'année suivante (en 1999), ce qui a laissé un imposant ordre du jour pour les sessions précédant la rencontre des Parties à La Haye en 2000 et pour la Conférence des Parties même.

La Haye : tomber, si près du but

La rencontre de La Haye était porteuse des plus grands espoirs. La conjoncture politique était extrêmement favorable, avec la fin

Le 24 novembre 2000, à La Haye, le président de la sixième Conférence des Nations Unies sur le climat, Jan Pronk, s'adresse aux membres des délégations des 180 pays.

Institut international du développement durable (IISD)

du mandat de Bill Clinton à la présidence des États-Unis et l'élection potentielle d'Al Gore, candidat démocrate à sa succession, qui s'était déjà montré ouvert par rapport à l'environnement, publiant même un livre sur le sujet au début des années 1990. Les documents scientifiques qui allaient servir de support aux conclusions du Troisième Rapport d'évaluation du GIEC étaient publiés dans les revues scientifiques, confirmant la réalité des changements climatiques et la performance accrue des modèles d'analyse. Le marché des permis échangeables se mettait en place de façon autonome, et des courtiers en CO_2 s'affichaient déjà sur Wall Street. La conclusion de cette sixième Conférence des Parties a été d'autant plus décevante qu'elle avait suscité l'espoir de voir enfin le Protocole de Kyoto entrer en vigueur.

Le constat était clair: les États-Unis ne voulaient pas participer sans un engagement des pays en développement; ils exigeaient que leurs terres cultivées et leurs forêts soient considérées comme des puits de carbone leur donnant droit à des crédits d'émissions. Bref, le géant américain semblait dire: on veut bien signer, mais à condition que cela ne nous oblige à rien.

L'Union européenne s'opposait aux États-Unis et formulait des critiques acerbes à l'égard de l'attitude des Américains et de leurs alliés, le Canada et le Japon surtout. Les Européens souhaitaient en arriver à une entente raisonnable sur la question des puits de carbone, mais les Américains sont demeurés inflexibles quant à la... flexibilité qu'ils veulent donner aux mécanismes du Protocole de Kyoto. Et les Européens, qui ont déjà mis en place des mesures de réduction des émissions de gaz à effet de serre, par exemple le développement d'énergies propres, ne sont pas de chauds partisans des permis de polluer, optant plutôt pour des taxes à la pollution. C'est donc sur fond de visions économiques opposées que s'affrontent les plus importants émetteurs de gaz à effet de serre de la planète. Et le contentieux semble loin d'un règlement.

La faillite de l'expertise et le triomphe du politique

Du point de vue des habitants de la planète entière, les négociations qui ont échoué à La Haye constituaient un échec déplorable. Car les tergiversations d'aujourd'hui témoignent de la volonté des décideurs de simplement reporter le problème à demain. Comme l'a déploré d'ailleurs amèrement la ministre française de l'Environnement de l'époque, Dominique Voynet, représentant à la fois la France et l'Union européenne:

> Ce qui s'est passé, même si c'est terrible à dire, c'est la faillite de l'expertise et le triomphe du politique… Nous n'avons donc plus le droit, aussi performants soient-ils [les experts], de nous abriter derrière leurs prudences. C'est aux politiques de prendre des décisions[2].

Après les pourparlers à Kyoto, il avait été prévu par le plan d'action de Buenos Aires, comme nous l'avons vu plus haut, de tenter de régler les points qui retardaient la ratification du Protocole par certains joueurs importants, les États-Unis en tête. Curieusement, ce sont des considérations non prévues par le plan d'action lui-même qui ont provoqué la fin brusque du processus de négociation de la CoP6. Cela démontre bien qu'il y a un monde entre le discours et le désir d'en venir à une solution qui protège réellement l'atmosphère. Mais qui reprochera à un politicien élu pour quatre ans de ne voir que cette échéance? Qui oserait vilipender un chef d'entreprise qui sacrifie l'intérêt de personnes à naître pour pouvoir verser dès maintenant des dividendes aux actionnaires? Qui d'autre que le citoyen pourrait prétendre à ce droit?

Et après La Haye?

À peine deux semaines après la CoP6, les États-Unis, le Canada et quelques autres pays[3] ont décidé de se réunir pour tenter une dernière fois d'en arriver à une entente sur les mécanismes du Protocole de Kyoto. Le principal point de rupture des négociations de la rencontre a été la question des stratégies d'évaluation du bilan des émissions. On sait que les États-Unis et le Canada exigeaient que les forêts et les terres en culture soient comptabilisées et considérées comme des puits de carbone. Or, l'Union européenne accusait ses vis-à-vis de négligence et leur prêtait l'intention de ne prendre aucune mesure susceptible de porter atteinte à l'économie prospère de l'Amérique. L'Europe était confortée dans cette opinion par les grandes organisations environnementales, comme Greenpeace et le Sierra Club, alors que la position des États-Unis trouvait des appuis chez les grandes entreprises regroupées dans la Global Climate Coalition.

---

2. Extrait d'une entrevue parue dans *Le Journal du Dimanche*, 26 novembre 2000.
3. Ce forum de discussion sur Kyoto est une variante du JUSSCANNZ, le groupe du Parapluie, constitué principalement des États-Unis, du Canada, du Japon et de l'Australie. La liste des membres du Parapluie n'est pas formelle et peut varier selon les occasions. Tout comme pour le JUSSCANNZ, aucun pays européen ne fait partie du Parapluie.

*Le président américain
George W. Bush*

P. Roussel/Publiphoto

Comme on pouvait s'y attendre, les négociations de la dernière chance se sont également soldées par l'impossibilité de rapprocher les parties en cause. Malgré les propos rassurants du ministre canadien de l'Environnement, David Anderson, à l'issue de la rencontre d'Ottawa ouvrant la voie à une possible reprise des négociations, il va de soi que chacun des participants est rentré chez lui bien campé sur ses positions. Le seul progrès notable a sans doute été le fait que l'Union européenne accepte que les puits de carbone fassent partie intégrante des stratégies nationales. Toutefois, il semble que les pays du JUSSCANNZ feront front commun contre l'Union européenne lors des prochaines négociations. En avril 2001, George W. Bush déclarait, contre toute attente, que les États-Unis ne ratifieraient pas le Protocole et, en juillet, les autres Parties à la CCNUCC s'entendaient sur une version révisée à la baisse du document. La septième Conférence des Parties, qui se tiendra à Marrakech en novembre 2001, nous réservera-t-elle d'agréables surprises ou un nouvel échec?

Le dilemme américain

Le président Clinton n'a jamais caché son souhait d'en venir, avant son départ, à une entente qui lui aurait permis de présenter le Protocole de Kyoto au Sénat pour obtenir sa ratification. Avec l'ultime échec des rencontres de La Haye et d'Ottawa, le souhait du président sortant s'est malheureusement envolé en fumée. Le résultat des élections américaines, finalement connu en décembre 2000, est sans doute le véritable déterminant de l'avenir du Protocole de Kyoto. En effet, avec George W. Bush et son équipe aux commandes, les chances de voir les États-Unis ratifier le Protocole dans un proche avenir peuvent être considérées comme très minces. De plus, compte tenu du passé politique du nouveau président et de son milieu d'influence relié au secteur pétrolier, il est presque à propos de reprendre ici un énoncé datant de 1989 et extrait de *Vers un réchauffement global?*: « … il ne reste que le président Bush pour demander des études supplémentaires… »

La citation s'appliquait alors au père de l'actuel président. Et, effectivement, ce dernier tient à ce que les décisions sur la question du réchauffement global soient basées

Bonn ou les vertus présumées de l'homéopathie

L'homéopathie est une discipline très controversée qui montre qu'en administrant à un malade des doses infinitésimales d'une substance, on peut mobiliser ses capacités pour combattre les effets pernicieux de la maladie. La préparation des remèdes homéopathiques répond à des règles rigoureuses, qui comportent toujours le recours à des solutions tellement diluées que les homéopathes sont unanimes à dire qu'il ne reste dans le remède statistiquement plus aucune molécule du principe actif. Cela n'est pas étranger aux réticences qu'ont les scientifiques à accepter les résultats dont s'enorgueillissent les tenants de cette médecine dite «douce».

À la dernière minute, le 22 juillet 2001, les négociateurs de 180 pays Parties à la CCNUCC réunis à Bonn pour la conférence ministérielle préparatoire à la CoP7 de Marrakech se sont entendus sur des modifications au Protocole de Kyoto qui laissent ce dernier très affaibli. Le Canada a entre autres obtenu le droit de comptabiliser ses forêts comme puits de carbone, et on a ouvert des brèches dans les mécanismes du Protocole pour en améliorer la « flexibilité ». En diluant ainsi la portée du Protocole et de ses mécanismes d'application, on pourrait croire que les ministres de l'Environnement sont tous devenus partisans de l'homéopathie comme remède pour la planète. Comment la faiblesse des engagements pourrait-elle garantir la mobilisation en faveur d'actions volontaires ?

Il reste maintenant à faire ratifier le Protocole par 55 pays représentant 55 % des émissions planétaires. Bien entendu, les États-Unis, qui constituent le plus grand émetteur de GES, ayant refusé de ratifier le Protocole, on n'a pas fini de voir les obstacles s'accumuler à mesure que les pays réticents, comme le Canada et le Japon, vont sentir leur position se raffermir et devenir déterminante. Il n'est pas exagéré de penser que d'autres pays voudront de nouveaux allégements et accommodements pour diluer encore la portée du Protocole avant de le ratifier. Au Canada, par exemple, le ministre Herb Gray, chef de la délégation à Bonn, a déclaré qu'on ferait une vaste consultation des provinces et des groupes d'intérêts avant de recommander la ratification au Parlement.

En l'absence de solutions technologiques applicables et exportables, il est peu probable que les pays industrialisés prendront de façon crédible les décisions nécessaires pour réduire leurs émissions de GES. On préférera toujours diluer la médecine en souhaitant que le problème se règle tout seul.

Un membre de la délégation de Greenpeace-États-Unis proteste contre la position du gouvernement américain envers le Protocole de Kyoto à la Conférence de Bonn tenue en juillet 2001.

Reuters NewMedia Inc./Corbis/Magma

MESURES SANS REGRETS : activités qui permettent une réduction des émissions de GES qui, parce qu'elles sont économiquement rentables ou contribuent à réduire d'autres formes de pollution, seraient avantageuses à réaliser de toute manière, même sans le Protocole de Kyoto.

sur de la science « solide » (*sound science*) et des analyses coûts-bénéfices[4].

La déclaration du président américain selon laquelle les États-Unis ne ratifieraient pas le Protocole de Kyoto en avril 2001 a choqué le monde entier et provoqué une levée de boucliers chez les écologistes comme chez de nombreux politiciens. On peut voir, derrière cette décision, trois scénarios possibles :

1. Le président se donne une position de négociation très dure pour obtenir (ou faire obtenir par des alliés comme le Canada) des assouplissements au Protocole (les négociateurs américains étaient présents à Bonn) ou même d'autres concessions, par rapport à l'Initiative de défense stratégique, par exemple.

2. Le président retourne l'ascenseur aux industriels qui ont financé sa campagne électorale. (Les pétrolières et les charbonnières comptent parmi les plus gros appuis financiers du Parti républicain.)

3. Le président juge inapplicable le Protocole de Kyoto et veut précipiter la fin des négociations pour mettre en place des programmes mieux appropriés. (L'EPA continue de faire la promotion d'actions contre le changement climatique et la recherche de solutions technologiques est fortement subventionnée.)

Seul l'avenir nous dira lequel de ces scénarios est valable, mais la décision américaine risque de remettre en cause les scénarios les plus optimistes du GIEC, qui supposent la mise en œuvre d'actions immédiates. Or, tant que la volonté politique des États-Unis face aux réductions des émission de gaz à effet de serre ne sera pas clairement établie, il est peu probable que des réductions significatives seront observées à l'échelle de la planète.

Malgré l'attitude des États-Unis face au Protocole de Kyoto, et peu importe ce qu'en disent les opposants (nous le constaterons au chapitre 10), le consensus politique existe quant à l'adoption de mesures dites « sans regrets » pour la réduction des émissions de gaz à effet de serre. L'irritant politique, pour l'administration au pouvoir à Washington, n'est ni plus ni moins que l'entrée en vigueur d'un protocole contraignant comme celui de Kyoto[5]. C'est sur le plan de la gouvernance que le bât blesse.

---

4. Malgré l'avis d'un comité spécial du Conseil national de recherches américain, mandaté par la Maison-Blanche pour réviser les travaux du GIEC et qui concluait, le 15 juin 2001, que la qualité scientifique du rapport était irréprochable, le président demande de nouvelles recherches.

5. Une étude du WRI (World Resources Institute), publiée en juin 2001, montre que les États-Unis sont responsables à eux seuls de 30 % des émissions planétaires de GES, depuis 1900... Difficile à accepter pour le gendarme du monde !

De leur côté, les citoyens américains, surtout lorsqu'ils sont touchés par des catastrophes climatiques, acceptent dans une très large proportion la nécessité de réduire les émissions de gaz à effet de serre afin de freiner le réchauffement global. Là où l'Américain moyen se voit dérangé, c'est sur le plan de sa facture d'énergie: sus aux gaz à effet de serre, mais ne touchez surtout pas au prix du pétrole! Il est peu probable donc qu'on verra les États-Unis se joindre aux autres nations dans la lutte aux GES, du moins pendant la durée de l'administration Bush. Cependant, leur participation étant indispensable au succès d'un objectif de réduction aussi modeste fût-il, les pressions internationales ne manqueront pas de s'exercer, en particulier sur le plan commercial de la part des pays de l'Union européenne. D'ailleurs, le discours de M. Bush a changé depuis avril 2001 et il reconnaît maintenant que le réchauffement climatique existe mais que les efforts exigés coûtent trop cher.

Et s'il se produisait un miracle?

Heureusement, la réduction des émissions de gaz à effet de serre peut se faire et se fera probablement, même sans la ratification du Protocole de Kyoto, mais à quel rythme? Les États-Unis, le Canada et la plupart des pays industrialisés ont déjà adopté des stratégies nationales basées sur des actions volontaires. Le Canada et ses provinces ont effectivement déployé beaucoup d'efforts pour mettre en place des programmes d'actions qui ne devraient pas disparaître, même si les États-Unis ne ratifiaient jamais le Protocole de Kyoto. Plusieurs autres pays, en particulier en Europe, ont entrepris des actions concrètes pour réduire leurs émissions, entre autres l'élaboration d'outils réglementaires ou des mesures incitatives touchant leurs citoyens et leurs industries.

Aux chapitres 11 et 12, le lecteur trouvera des exemples de mesures qui peuvent faire la différence, Protocole de Kyoto ou pas. Diverses combinaisons de ces mesures peuvent permettre d'obtenir, à l'échelle d'un pays, des résultats équivalents à ceux qui auraient été atteints par le Protocole de Kyoto. Ainsi, les programmes volontaires pour les entreprises peuvent avoir la priorité à court terme, l'émergence de technologies vertes peut être visée à moyen terme, et les mécanismes de développement propre peuvent faire l'objet d'engagements à plus long terme et même s'intégrer dans des accords commerciaux comme la ZLEA (Zone de libre-échange des Amériques). Sans instrument contraignant, toutefois, les réductions se feront sans doute à un rythme plus lent, mais les résultats obtenus à moyen terme sauront peut-être inciter les États-Unis et leurs alliés à des ententes politiques plus significatives et plus vigoureuses permettant de contrer le phénomène du réchauffement, à moins que ce ne soit la pression des citoyens, victimes de catastrophes plus fréquentes, qui pousse ces pays à agir.

Cette situation montre bien la disparité entre les intérêts des mieux nantis et ceux de l'ensemble de l'humanité. Parce qu'ils disposent du plus grand pouvoir d'achat au monde, les habitants des États-Unis dictent leur comportement à l'ensemble des habitants de la planète et imposent un joug aux générations futures, et cela au nom d'intérêts immédiats et au mépris de la science et d'une déontologie élémentaire. Dans une perspective de développement durable, la seule position politique des États-Unis ne devrait pas imposer le rythme d'adoption par la communauté internationale de tous les moyens possibles pour réduire les émissions de gaz à effet de serre.

Les Européens, de leur côté, ne sont pas beaucoup plus vertueux. Profitant de leur niveau d'émissions déjà moindre et de leurs infrastructures, ils insistent le plus possible sur des mesures qui ne les obligeront pas à des efforts importants, tout en affirmant leur position commerciale. Quant au Canada, il navigue entre le discours vertueux et l'opportunisme, tout en cherchant des échappatoires pour éviter de prendre le taureau par les cornes. Faudra-t-il faire une ronde de négociations à Lourdes pour trouver une solution?

Quel avenir pour le Protocole de Kyoto sans les Américains?

L'importance de la participation des États-Unis pour l'entrée en vigueur du Protocole de Kyoto saute aux yeux lorsqu'on en connaît les modalités d'application. En effet, l'Article 25 prévoit un ensemble, à première vue assez complexe, de conditions permettant la mise en application du Protocole:

> Le Protocole entrera en vigueur le quatre-vingt-dixième jour suivant la date où au moins 55 pays signataires de la Convention, y compris des Parties à l'Annexe I dont les émissions comptent pour au moins 55 % du total des émissions de 1990 de l'ensemble des pays de l'Annexe I, auront déposé un document de ratification du Protocole[6].

En 1990, les émissions de GES des États-Unis représentaient un peu moins de 40 % de l'ensemble des émissions des pays industrialisés. Cette proportion des émissions d'un seul pays représente évidemment un très large fossé à combler pour atteindre les objectifs du Protocole de Kyoto. Dans ces conditions, l'adhésion des États-Unis n'est pas absolument incontournable, mais il faut une très vaste coalition des autres pays industrialisés pour atteindre les 55 % d'émissions requises pour l'entrée en vigueur du Protocole. Dans ce contexte, le défi de la ratification du Protocole adopté à Bonn n'est pas mince. Alors que le sort du climat

---

6. Traduction libre du texte officiel de l'Article 25 du Protocole de Kyoto.

de la planète appartient à ceux qui savent retenir l'attention du Congrès américain, la position plutôt servile d'un pays comme le Canada assure, à toutes fins utiles, un droit de veto aux Américains, même s'ils ne font pas partie de l'entente. Or, dans ce pays où les lobbies sont acceptés et agissent ouvertement, et où le financement des partis politiques dépend des dons des grandes entreprises, de moins en moins de gens votent[7], et ce, même si la démocratie est présentée comme la première valeur politique de la nation.

Il faut voir, cependant, que si le politique fait la sourde oreille, certains fonctionnaires sont conscients des enjeux et mettent en place les programmes que permet leur marge de manœuvre. Certaines législations d'intérêt national sont par ailleurs implantées, mais sans que s'en dégagent vraiment de stratégies d'action ni d'engagement quant à la réalisation d'objectifs spécifiques de réduction d'émissions de gaz à effet de serre. En dépit de leur opposition politique à un accord international, les États-Unis n'en ont pas moins adopté des lois qui visent l'efficacité énergétique du secteur de l'énergie (*Bill* S. 1369), d'autres qui prévoient des crédits aux entreprises qui mettent en place des stratégies «sans re-grets» (*Bills* S.547 et H.R.2520), ainsi que des normes pour diminuer la pollution par le transport. Par ailleurs, l'administration américaine a déjà proposé, pour 2001, un budget de 4 milliards de dollars dédié à la recherche sur les causes et les conséquences du réchauffement climatique et à la mise au point de technologies moins polluantes (biomasse, combustibles propres, énergie éolienne, etc.). Malgré tout, selon l'Energy Information Administration, ces programmes risquent d'avoir peu d'impacts sur les émissions de gaz à effet de serre[8].

Enfin, il faut croire que la sensibilité environnementale est une vertu tout à fait facultative quand il s'agit de présider aux destinées du pays le plus puissant au monde. C'est ce qu'illustre l'annulation de l'ensemble des dispositions environnementales prises dans les derniers mois de l'administration Clinton, dès l'arrivée des républicains à la Maison-Blanche. L'ex-gouverneur du Texas semble prêter une oreille plus attentive à ceux qui ne croient pas à la science du changement climatique. Il faudra donc attendre encore quelques années et quelques catastrophes avant que le Congrès américain ne soit appelé à ratifier le Protocole de Kyoto ou une autre entente internationale.

---

7.   On observe souvent des taux de participation de moins de 50 % des citoyens aux élections aux États-Unis.
8 . Pour une analyse très intéressante de la position des États-Unis et de leur stratégie face à Kyoto et à la problématique du climat, voir P. Crabbé, *The Mood of Washington about the Kyoto Protocol and Climate Change Mitigation*, Université d'Ottawa et Resources for the Future, 2001.

Mais qui veut donc la mort du Protocole de Kyoto ?

À la fin de mars 2001 est arrivé ce que plusieurs craignaient : le président américain George W. Bush a déclaré que le Protocole de Kyoto, dans sa forme actuelle, ne serait jamais ratifié par son pays et que, par conséquent, le Protocole était « mort ». À la base de cette position, un argument réchauffé par les républicains depuis des années : pas question de mettre en péril la croissance de l'économie et les emplois des Américains pour satisfaire une entente internationale portant sur les gaz à effet de serre qui, par ailleurs, n'impose pas de réductions aux pays en développement.

La réaction mondiale a été instantanée. Même des pays membres du groupe « Parapluie », qui appuyaient sans réserve la position des États-Unis, entre autres l'Australie et le Japon, ont critiqué cette attitude unilatérale. Les États-Unis se sont engagés, au mieux, à former un comité chargé de revoir la politique du cabinet présidentiel à partir d'une évaluation de l'état des connaissances scientifiques sur le climat et des facteurs qui le font varier. Cette réaction est considérée comme un recul de dix ans !

Pour le Groupe des 77 plus la Chine (une coalition composée de 133 pays en développement), il n'est pas question de renégocier l'accord de Kyoto. Il faut lire ici que ces pays ne tiennent absolument pas à se voir imposer des objectifs de réduction des gaz à effet de serre. Cette position est défendable en raison du retard technologique que vivent ces pays, sur le plan tant des possibilités énergétiques que des simples moyens de mesurer et de comptabiliser les émissions.

Les pays les plus menacés par la montée du niveau de la mer en raison du réchauffement planétaire, les 37 pays membres de l'AOSIS (Association des petits pays insulaires menacés par le relèvement du niveau des océans), ont aussi vivement réagi face à l'intention des Américains. C'est ce qu'a tenu à rappeler le président de ce regroupement, Tuiloma Neroni Slade, des Samoa-Occidentales. À l'occasion de la Journée de la Terre, le 22 avril 2001, des délégués des pays insulaires à la Commission sur le développement durable ont pris des engagements en faveur des énergies renouvelables. Les efforts menant à l'utilisation de technologies plus propres comme solution de remplacement aux combustibles fossiles seront parrainés par un forum d'ONG. Malgré le peu d'influence qu'ils peuvent avoir sur le climat global, ces efforts méritent d'être soulignés car ils ont une valeur de symbole. Par exemple, Sainte-Lucie prévoit réduire ses émissions de gaz à effet de serre de 35 % d'ici 2010 grâce aux énergies solaire et éolienne. Sainte-Lucie, État des Petites Antilles, émet au total beaucoup moins de GES que la ville de Pittsburgh, par exemple.

▶

De leur côté, des négociateurs européens, dont le premier ministre suédois, Goran Persson, croient qu'il vaudrait mieux amender le Protocole en répondant à certaines demandes des Américains et ainsi avoir un instrument entre les mains, plutôt que de tout jeter et de recommencer à neuf.

Les vives réactions de la communauté internationale envers la position des États-Unis, malgré la hausse des émissions de gaz à effet de serre observée dans la plupart des principaux pays réprobateurs, peut aisément se justifier par le fait que les Américains produisent, à eux seuls, le quart des émissions planétaires. Parmi ces pays réprobateurs, le Canada fait également piètre figure, en dépit de tous ses moyens technologiques et des discours de ses politiciens, alors qu'il a augmenté ses émissions de GES de 14 %, comparativement à 16 % pour l'Australie, 12 % pour le Japon et 13 % pour les États-Unis. Les seuls pays de l'Annexe I qui ont réussi à diminuer leurs émissions, mis à part les anciens pays du bloc de l'Est, sont l'Allemagne (– 13 %), la Suède (– 2,4 %) et le Royaume-Uni (– 7,3 %). Il faut noter que la diminution observée en Allemagne n'est pas uniquement due à l'annexion de l'ex-République démocratique d'Allemagne (bien que cela soit un facteur déterminant), mais relève de plus en plus de choix énergétiques conséquents.

La question énergétique, nous le soulignons de façon répétée dans ce livre, est centrale en ce qui concerne les efforts de réduction de ces émissions. Et si l'on observe une augmentation très marquée de ces émissions dans plusieurs pays ayant connu un fort développement économique au cours de la dernière décennie (par exemple la Thaïlande,

Figure 9.1

Courbes de la consommation de charbon entre 1990 et 1999
(en millions de tonnes équivalent pétrole)

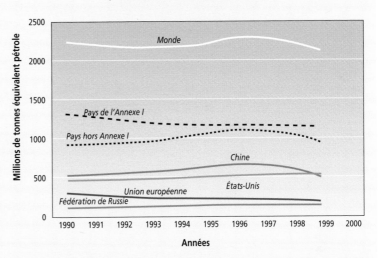

Les courbes illustrent la consommation de charbon en millions de tonnes équivalent pétrole (tep) entre 1990 et 1999. La courbe du haut représente la consommation mondiale, les deux courbes suivantes correspondent aux pays de l'Annexe I et aux pays non membres de l'Annexe I (du Protocole de Kyoto). Suivent les courbes de la Chine, où l'on observe une tendance à la baisse, et des États-Unis, où la tendance est à la hausse et dépasse celle de la Chine. On note également les courbes de la Fédération de Russie et de l'Union européenne.

Source : W. Zittel et M. Treber. *Analysis of BP Statistical Review of World Energy with Respect to CO2-Emissions. Joint Working Paper*, 31 août 2000.

+ 106 %, la Corée du Sud, + 95 % et Taiwan, + 79 %), d'autres ont par contre réussi à maintenir un niveau d'augmentation modeste. Soulignons à cet égard la Chine, dont les émissions ont augmenté de 8 % seulement depuis 1990, malgré un développement industriel galopant, grâce au choix de technologies énergétiques plus propres. Comme l'indique la figure 9.1, la consommation de charbon en Chine est en baisse depuis 1996 et se situe

183

désormais sous le niveau de consommation des États-Unis, dont la courbe de consommation de charbon est en hausse. Rappelons ici l'argument sans cesse martelé par l'administration Bush, en ce qui concerne le poids de la Chine dans la balance des gaz à effet de serre, qui ne tient pas longtemps la route lorsqu'on place les chiffres en perspective: 5 milliards de tonnes de CO_2 émis par 300 millions d'Américains *versus* 2,5 milliards de tonnes de CO_2 émis par plus de 1,3 milliard de Chinois!

Le graphique de la figure 9.1 illustre la tendance de la consommation de charbon de différents pays et groupes de pays depuis 1990.

La situation risque de s'aggraver au cours des deux prochaines décennies si les dispositions de la nouvelle politique énergétique américaine proposée par l'administration Bush entrent en vigueur. La nouvelle politique, en effet, a pour objectif d'augmenter de façon marquée la capacité de production énergétique des États-Unis, tant en carburants raffinés qu'en électricité. De plus, selon les propos du vice-président Cheney, il faut relancer la construction de centrales au charbon afin de maintenir au plus bas les prix de l'électricité dans les années à venir. On parle ainsi de la nécessité de construire une centrale par semaine pendant les 20 prochaines années, soit plus de 1 300 centrales (au charbon, au gaz et même nucléaires) pour répondre aux projections de la demande et maintenir les coûts à la consommation au plus bas par le jeu de l'offre et de la demande.

Cette stratégie de libéralisation s'accompagne d'une stratégie de déréglementation, mise en branle dans les années 1990 en Californie et dans plusieurs autres États américains. L'objectif est de briser les monopoles réglementés pour former des sociétés indépendantes, capables de concurrencer les distributeurs ou, en fin de course, les clients de l'électricité. Malheureusement, même lorsqu'on laisse jouer «parfaitement» la concurrence, il y a toujours des petits malins pour s'en mettre plein les poches et laisser les autres se débrouiller avec les problèmes. On l'a vu à partir de l'été 2000, en Californie, où il a fallu procéder à des délestages sporadiques, en raison d'une demande excédentaire par rapport à l'offre, ce qui a causé une flambée des prix et entraîné la faillite de plusieurs distributeurs. Cette vulnérabilité inquiète les Américains, qui doivent aussi faire face en 2001 à une augmentation généralisée des prix de l'essence. Celle-ci s'explique par l'accroissement de la demande (à la suite d'une croissance économique de dix ans et de l'augmentation de la puissance du parc automobile), alors que la capacité de raffinage n'a pas augmenté. La politique énergétique américaine contient donc des dispositions visant une augmentation de la capacité de raffinage, grâce entre autres à un assouplissement des contraintes environnementales du Clean Air Act.

Pendant ce temps, les démocrates tentent de faire accepter par l'administration Bush les crédits de 4,5 milliards de dollars US destinés aux programmes sur le changement climatique que le président a annulés dès son entrée en fonction. La Maison-Blanche assure aussi que certaines dispositions de sa politique encourageront l'efficacité énergétique et les énergies renouvelables. Il est clair, toutefois, que l'essence même de la politique énergétique, c'est justement… l'essence.

Une tendance accrue à l'utilisation de l'énergie fossile explique probablement l'intention des États-Unis de minimiser leurs actions et surtout d'éviter de se donner des obligations dans le dossier du réchauffement global. Il est à souhaiter dans ce contexte que les alliés des États-Unis, le Canada en tête, désapprouvent ces choix, usent de leur diplomatie et, surtout, prêchent par l'exemple pour faire fléchir la position américaine. C'est loin d'être gagné, car la réponse de l'industrie et des provinces canadiennes est plutôt d'offrir de vendre de l'électricité aux États-Unis en augmentant leur propre capacité de production, souvent basée sur le gaz et le charbon… La façon dont l'administration Bush conduit ses affaires internationales laisse peu d'espoir pour un changement de cap radical.

◀

CHAPITRE 10

Qui dit vrai ?

ans un dossier complexe comme celui des changements climatiques, les enjeux sont tels que les décideurs doivent être circonspects et agir avec prudence. Il est donc normal que les négociations entourant un traité aussi important que le Protocole de Kyoto soient longues et qu'on demande un certain degré de certitude scientifique avant d'entraver le cours des affaires économiques. Au chapitre précédent, toutefois, nous avons vu que, malgré des consensus scientifiques de plus en plus solides, il reste des pays dont l'attitude rend difficile, voire impossible, la prise de décisions concertées à l'échelle planétaire. Sur quoi donc se basent les dirigeants de ces pays pour refuser systématiquement de s'engager dans l'action, même pour des objectifs aussi modestes que ceux du Protocole de Kyoto ?

Il faut dire que le consensus n'est pas l'unanimité et que, si tout le monde veut bien aller au ciel, il en est quelques-uns qui ne veulent pas vraiment mourir… Certaines personnes et certains groupes organisés répondant à des intérêts divers n'hésitent pas à dire que les scientifiques du GIEC se mettent le doigt dans l'œil et que la communauté internationale fait fausse route en cherchant à réduire les émissions de gaz à effet de serre. Dans ce chapitre, nous verrons qui sont les critiques et sur quoi ils basent leurs opinions qui troublent les politiciens.

Qui critique quoi ?

L'un des sens du verbe « critiquer » comporte la notion de porter un jugement défavorable sur la valeur d'un ouvrage ou d'une assertion. Critiquer signifie donc, la plupart du temps, désapprouver, voire condamner, l'objet de la critique et souvent, par la même occasion, le promoteur de cet objet. Qu'est-ce qui est critiqué dans le cas présent ?

Rappelons d'abord que la Convention-cadre des Nations Unies sur les changements climatiques a été adoptée dans l'esprit du développement durable et qu'une large majorité d'États de la planète y sont partie prenante. Les gens qui ont signé ce document devaient avoir un minimum de bonnes raisons de le faire. Il est cependant facile d'attaquer des textes négociés, car ils sont évidemment truffés de compromis. Quelquefois, le consensus obtenu ne concerne que la vertu.

Ensuite, si nous prenons comme référence les travaux du GIEC, en ce qui touche la science du climat et les constatations, observations et recommandations qui en découlent, nous avons l'assurance d'un maximum de rigueur scientifique et d'une grande circonspection dans les conclusions de ces scientifiques, qui sont révisées par des chercheurs indépendants. Ces experts, dont la fortune et le prestige ne sont pas, en théorie, soumis aux conclusions de leurs études, doivent examiner avec la plus grande rigueur tous les résultats qui sont portés à leur attention et recommander les études complémentaires qui s'imposent pour répondre aux questions de leurs collègues.

Cependant, la nature même de la science est d'être critique. Critique envers lui-même, le scientifique doit se soumettre au jugement de ses pairs. Car il n'y a qu'une façon de disposer d'une hypothèse, en sciences: la soumettre à l'expérimentation jusqu'à ce qu'il soit démontré qu'elle est erronée. Il est donc sain qu'à l'intérieur même du GIEC, à la NASA ou ailleurs, de nouvelles données de recherche viennent défier l'hypothèse centrale du réchauffe-

ment planétaire, et le devoir des scientifiques est de chercher jusqu'à ce qu'une explication satisfaisante soit trouvée. La nature de la pensée scientifique étant probabiliste, il est normal que le discours ne soit jamais une certitude à 100 %. Par ailleurs, le processus de recherche scientifique aboutit souvent à des conclusions en apparence contradictoires. La nature est en effet plus complexe que l'imagine le commun des mortels, et les études soulèvent souvent plus de questions que de réponses.

Mais il ne faut pas, non plus, être trop candide. Il y a des sujets de recherche à la mode qui permettent de faire débloquer plus facilement des fonds de recherche, et les changements climatiques sont devenus l'un de ces sujets. Il ne faut donc pas s'étonner de ce que les recherches foisonnent et que le grégarisme rende le consensus plus confortable que la dissidence! Il faut dire, cependant, que les recherches croisées commandées par le GIEC préviennent les fumisteries scientifiques, qui ne durent habituellement guère plus que le temps d'une conférence de presse.

Tels sont les postulats sur lesquels nous nous appuyons pour l'analyse des diverses critiques, souvent mesquines, formulées à l'endroit du Protocole de Kyoto, des bras de fer contraignant de la Convention et des travaux des scientifiques.

Rappelons-nous également le principe d'équité entre les parties et envers les générations futures qui sous-tend l'élaboration de toutes les ententes internationales sur l'environnement. Voilà un principe qui semble irriter certains groupes d'intérêts dont le pouvoir de persuasion se fait sentir auprès des centres décisionnels des États les plus influents. Mais qui sont donc les critiques?

Qui a le plus à perdre?

Il ne faut pas se le cacher, ceux dont les intérêts sont le plus directement menacés, de leur point de vue, par les réductions d'émissions de GES souhaitées dans la Convention et dans le Protocole de Kyoto sont les industries du pétrole et du charbon, et leurs proches alliés les fabricants d'automobiles, les aciéries et autres industries lourdes. L'argument le plus souvent servi par ce groupe d'intérêts concerne, bien sûr, le coût économique, pour leurs activités et pour l'ensemble de la société, de toute mesure contraignante visant à réduire les émissions de gaz à effet de serre.

On peut comprendre, de plus, que ces industries, au cœur de la prospérité économique des pays développés, soient mal à l'aise face à l'exclusion des pays en développement du Protocole de Kyoto. En effet, s'ils devaient payer plus cher pour réduire leurs émissions de GES, leurs produits seraient moins attrayants sur le marché que les produits équivalents provenant des pays non signataires de l'Annexe 1.

Ces critiques et opposants à tout engagement ferme des États se montrent également parmi les plus sceptiques face aux données et aux analyses des experts de toutes les branches de la science du climat. Cette fois, c'est le principe de précaution, pourtant bel et bien inscrit dans le texte de la Convention même, qui est décrié. Or, les dirigeants des pays signataires de la Convention doivent en théorie respecter le principe de précaution.

Comme son nom l'indique, le principe de précaution suggère l'action immédiate, selon l'état actuel des connaissances, sans attendre d'avoir une absolue certitude scientifique, que l'on n'atteindra probablement jamais en ce qui concerne les nombreux aspects du réchauffement climatique. D'ailleurs, on peut facilement constater que la majorité des chercheurs qui travaillent et qui publient en lien avec un aspect ou l'autre du phénomène, peu importe la tendance des résultats, soulignent l'importance de mettre en application, sans délai supplémentaire, des mesures de réduction des émissions de gaz à effet de serre. Le Protocole de Montréal relatif à des substances qui appauvrissent la couche d'ozone est un exemple de concertation en vue d'une action immédiate et échelonnée dans le temps, malgré la subsistance, à l'époque, d'une certaine incertitude scientifique entourant cette problématique.

PRINCIPE DE PRÉCAUTION : principe qui dit qu'il n'est pas nécessaire d'attendre d'avoir une certitude scientifique absolue pour agir afin de protéger l'environnement et la qualité de vie des populations.

189

Deux poids, deux mesures

Le principe de précaution peut cependant être invoqué pour toutes sortes de fins et sert souvent les préoccupations politiques du moment. Comparons, par exemple, l'inaction des forces au pouvoir dans le dossier des changements climatiques avec la ruée des mêmes acteurs sur les organismes génétiquement modifiés (OGM). En Amérique du Nord, en effet, les gouvernements et les multinationales de la biotechnologie allèguent le principe de précaution afin de promouvoir le développement le plus rapide possible des nouvelles plantes et des nouveaux animaux, arguant qu'il n'est pas nécessaire d'attendre d'avoir plus de certitude scientifique sur l'innocuité de ces OGM pour en tirer des bénéfices supposés. Voilà un argument que les gouvernements américain et canadien ont appuyé sans discussion, basant le principe de l'acceptation des OGM sur l'équivalence substantielle, c'est-à-dire qu'une tomate, même génétiquement modifiée, reste une tomate et qu'on n'a pas besoin de prouver son innocuité à ce titre. L'opinion publique a eu peu de prise sur les décisions, les fonctionnaires ayant statué qu'il n'y a pas de risques, malgré l'absence de preuves définitives à cet égard. En Europe, la situation a été très différente.

Or, les travaux scientifiques concernant les conséquences de l'utilisation de ces technologies, en particulier dans le domaine des retombées sur l'environnement et la santé, sont loin d'être aussi avancés que ceux sur lesquels s'appuient les rapports du GIEC. Les partisans de ces technologies, qui voient un avantage à prendre position sur le marché mondial, insistent donc auprès des gouvernements en alléguant que le principe de précaution leur permet d'agir face à l'urgence de nourrir l'humanité, de diminuer l'usage des insecticides ou de produire des variétés de riz génétiquement enrichies pour combattre des carences vitaminiques. Les opposants, pour leur part, invoquent le principe de précaution pour demander plus d'études avant que ne soient libérées dans la nature des chimères dont on ne peut prévoir les impacts hors du champ.

Les empêcheurs de ratifier

Les États-Unis, nous l'avons vu au chapitre précédent, sont pratiquement indissociables de l'application efficace du Protocole de Kyoto. Mais si ce dernier n'est pas encore ratifié, c'est que les conditions d'entrée en vigueur sont jugées trop contraignantes par certains groupes d'intérêts influents qu'il est assez facile d'identifier.

En 2001, la question de la validité scientifique des observations du changement climatique ne se pose plus comme en 1990. Les 2 000 scientifiques et plus qui participent aux travaux du GIEC ont établi un consensus qui devrait être irréfutable, leur degré de certitude dépassant 90 % et même 99 % pour les principales affirmations du dernier rapport, présenté à Shanghai en janvier 2001. Or, on entend encore parler d'irréductibles sceptiques assez fréquemment dans les médias populaires et à profusion sur Internet. L'exigence dialectique incite les journalistes à donner une importance égale aux dires des partisans et des opposants, de sorte que la science des changements climatiques semble beaucoup plus contestée qu'elle ne le serait en réalité si l'on s'en tenait à l'analyse rigoureuse des tenants et aboutissants du problème.

Les tableaux 10.1 et 10.2 présentent les acteurs du débat sur les changements climatiques, de même que les arguments des uns et des autres.

Tableau 10.1

Les acteurs du débat sur les changements climatiques

Consensus

Le consensus planétaire constaté et accepté

♦ Plus de 2 000 scientifiques de partout dans le monde étudient depuis plus de 10 ans les aspects physiques, chimiques, biologiques, économiques, sociaux et sanitaires reliés aux phénomènes climatiques. Leurs travaux sont rassemblés et publiés sous l'égide du Groupe d'experts intergouvernemental sur l'évolution du climat (GIEC). Trois rapports concordants ont été publiés depuis 1990, dont le plus récent en 2001.

♦ En 1997, 3 000 scientifiques ont signé une déclaration (*Scientists' Statement on Global Climatic Disruption*) enjoignant aux États-Unis de consacrer des efforts substantiels et immédiats à la réduction de leurs émissions de gaz à effet de serre.

♦ En septembre 1997, 1 496 scientifiques, dont 102 prix Nobel, ont endossé une déclaration en faveur d'une action significative lors de la réunion de Kyoto (*World Scientists' Call for Action at the Kyoto Summit*).

Opposants et sceptiques

Les critiques ne reconnaissent pas ce consensus et tentent de le minimiser par des interventions de chercheurs dont l'objectivité est mise en doute en raison de leurs sources de financement. D'autres interventions tentent également de discréditer le consensus :

♦ Une déclaration de prétendus scientifiques du climat (*The Leipzig Declaration on Global Climate Change*), signée majoritairement par des annonceurs de prévisions météorologiques.

♦ Une pétition signée par 15 000 prétendus experts et présentée le 22 avril 1998, Journée de la Terre, dans les médias et aux deux Chambres du gouvernement américain. Une pétition électronique fut lancée par Frederick Seitz, un ancien président de l'Académie des sciences des États-Unis. La pétition est accessible sur le site de l'Oregon Institute of Science and Medecine (voir note 1), et on peut toujours y adhérer en signant «en ligne»[1].

---

1. L'Oregon Institute for Science and Medecine (www.oism.org) est un petit organisme financé à partir de dons privés. Son occupation principale est de critiquer à fond de train la science des changements climatiques. Pourtant, sa mission est de «mener des recherches fondamentales et appliquées dont les résultats peuvent contribuer à l'amélioration de la vie humaine, incluant la biochimie, la médecine clinique, la nutrition, la médecine préventive et le vieillissement» (traduction libre). On est loin des sciences du climat !

Tableau 10.2

Les arguments des acteurs du débat sur les changements climatiques

Consensus

✦ *La température moyenne de l'atmosphère s'est réchauffée de 0,6 °C au cours des 100 dernières années.* Il s'agit là d'une moyenne globale, mais le réchauffement est plus marqué au-dessus des continents.

✦ On a observé, au cours des 15 dernières années, les *températures annuelles moyennes les plus chaudes du dernier siècle.*

✦ La présence accrue de gaz de source anthropique dans l'atmosphère accentue cet effet de serre et contribue au réchauffement global. Même si le lien n'est pas encore prouvé hors de tout doute, les *concentrations des gaz à effet de serre ont augmenté du tiers* depuis le début de l'ère industrielle et, parallèlement, *la surface du globe s'est réchauffée rapidement et de façon substantielle.*

✦ Les rapports du GIEC insistent sur la *nécessité d'agir rapidement afin de limiter les coûts futurs:* ne pas prendre de mesures dès maintenant pour réduire les émissions de gaz à effet de serre risque de coûter beaucoup plus cher à long terme pour répondre aux besoins d'adaptation et pour réparer les dommages à l'environnement naturel et humain (écosystèmes, infrastructures, santé).

✦ Pendant que les gouvernements hésitent à prendre des mesures pour réduire immédiatement *les émissions,* ces dernières *augmentent sans cesse et réduisent la capacité des possibilités technologiques futures de réduction des émissions,* tout en augmentant leur coût potentiel.

✦ *De nombreuses mesures «sans regret»* (économie et efficacité énergétique, rationalisation des transports, compostage domestique) *peuvent, à coût minime, contribuer à la réduction des émissions* à court terme *et des coûts associés aux impacts* à long terme du réchauffement.

✦ *La mise en place de politiques contraignantes peut contribuer au développement de technologies de substitution assez rapidement et à des coûts souvent moindres que ceux estimés au préalable.* Le remplacement accéléré des CFC à la suite de leur bannissement par le Protocole de Montréal constitue, d'une certaine façon, un exemple.

Opposants et sceptiques

✦ Les sceptiques soutiennent que *ce réchauffement est négligeable et que, de plus, les mesures faites par satellite contredisent la tendance au réchauffement.* Ils négligent de préciser, cependant, que les satellites enregistrent les températures de la moyenne atmosphère et que les données étayant le réchauffement correspondent à des mesures prises au-dessus des océans et des continents.

✦ Selon les détracteurs, *le réchauffement n'est dû qu'à des causes naturelles, et la combustion des dérivés du pétrole et du charbon pour les activités humaines n'aurait aucun impact significatif.*

✦ *Agir immédiatement porterait un dur coup à l'économie.* Les avocats de cette assertion sont principalement les représentants de l'industrie pétrolière et de ses alliées. Pour ce groupe d'intérêts, évidemment, les coûts (et les contrecoups) qu'entraîneraient les mesures de réduction des émissions de gaz à effet de serre sont importants. (Le modèle élaboré en 1996 par W.D. Montgomery, docteur en économie associé de la firme de consultants Charles River Associates et mandaté par l'*American Petroleum Institute*, avançait un coût variant de 0,2 à 4,0 % du PIB pour réduire les émissions de 2000 au niveau de 1990.)

✦ Derrière le refus de payer le prix de la réduction des émissions de gaz à effet de serre se trouve également *la crainte de voir le développement et la croissance économique américaine ralentir au profit des économies en émergence,* notamment la Chine, qui ne fait pas l'objet de contraintes dans le Protocole de Kyoto. (Pourtant, le Protocole prévoit des mécanismes par lesquels les pays riches peuvent tirer profit du développement de technologies destinées aux pays en développement et permettant à ces pays de se développer «proprement».)

192

Le palmarès des sceptiques

La Global Climate Coalition (GCC)

Cette organisation regroupe, selon ses propres chiffres, six millions de compagnies, de sociétés et de commerces de tous les secteurs de l'économie des États-Unis, dont quelques entreprises majeures des secteurs de l'énergie, du charbon et du pétrole. Les organismes environnementaux ramènent, de façon sans doute plus réaliste, le nombre d'adhérents à environ 230 000 organisations, dont une minorité de multinationales du pétrole. Tout de même, la GCC est la plus importante des associations d'industries qui expriment leurs vues en rapport avec la problématique des gaz à effet de serre et du réchauffement global. C'est aussi celle qui a la plus grande portée médiatique et qui exerce l'influence la plus marquée sur la politique des États-Unis en matière de changement climatique.

Bien qu'elle tente d'exercer son influence sur le plan international, la Coalition agit surtout à l'intérieur des frontières américaines. Fondée en 1989, cette organisation se voulait au départ un forum d'échanges entre les grandes firmes du secteur pétrolier et de l'énergie qui risquaient d'être touchées par un accord international sur le changement climatique. La Global Climate Coalition est cependant rapidement devenue un lobby influent, prenant part aux discussions des instances de la CCNUCC et même aux rencontres de la Conférence des Parties. À Kyoto, par exemple, la GCC était représentée par une délégation de 50 personnes[2], ce qui est assez imposant quand on sait que de nombreux pays en développement n'ont parfois qu'un seul représentant pour faire valoir leurs intérêts dans plusieurs comités à la fois.

La Coalition, bien qu'elle semble reconnaître le phénomène du changement climatique, utilise à ses propres fins les données et observations contenues dans les rapports du GIEC. Sa stratégie consiste à interpréter les constats scientifiques sur lesquels s'appuie le Protocole de Kyoto pour recommander des actions qui vont à l'inverse même de l'accord. Sur la question d'aborder de façon équitable entre nations la problématique du réchauffement, la Coalition prône l'inaction des États-Unis tant que les pays en développement ne seront pas contraints d'agir. Autre élément clé du message de la Coalition : l'importance de l'adoption de mesures volontaires non contraignantes pour les secteurs industriels majeurs de l'économie, dont on sait qu'ils sont tributaires de l'énergie fossile. On reconnaît dans ces énoncés les réticences politiques du Sénat américain lui-même.

2. W. Franz, GEA Discussion Paper E-98-18. *Science, Skeptics and Non-State Actors in the Greenhouse.* Document VII du Global Environmental Assesment Project. Université de Harvard.

Est-ce là un signe de l'efficacité des lobbies ? Il faudrait être bien naïf pour en douter.

Avec un budget annuel dépassant les deux millions de dollars US[3] et la possibilité de compter sur des appuis financiers de partenaires majeurs, la Coalition peut agir sur plusieurs fronts à la fois, sans avoir à s'inquiéter financièrement. Afin de mieux nous représenter les moyens dont dispose la Coalition, il suffit de penser que cette somme équivaut à tout l'argent utilisé par cinq grandes organisations environnementales, l'Environmental Defence Fund, le Natural Resources Defence Council, le Sierra Club, l'Union of Concerned Scientists et le Fonds mondial pour la nature (WWF), pour mener chaque année leurs campagnes de sensibilisation au réchauffement global. La GCC était des premières rencontres de négociations sur le climat et a même participé à l'élaboration du concept de mise en œuvre conjointe en vue de réaliser des transferts technologiques vers les pays en développement. Cela n'est pas surprenant, puisque ces transferts devaient profiter à plusieurs des membres de la Coalition, notamment ceux du secteur énergétique. La présence de la GCC dans l'entourage des travaux du Groupe d'experts intergouvernemental sur l'évolution du climat explique aussi pourquoi la Coalition se fait discrète sur la validité des observations scientifiques incluses dans les rapports du GIEC.

Nous verrons cependant que d'autres voix, reliées à des intérêts proches de ceux de la Coalition, s'en chargent à sa place, et à grands frais d'ailleurs.

La Global Climate Coalition a entre autres mis en branle une campagne de 13 millions de dollars dans les médias, The Global Climate Information Project, juste avant les négociations de Kyoto, afin de sensibiliser le public à la nécessité d'obliger les pays en développement à agir pour réduire les émissions de gaz à effet de serre. L'argument invoqué était que des pays comme l'Inde et la Chine seraient responsables de la majorité des émissions de GES en 2025. Or, on sait que les Américains produisent par habitant dix fois plus de GES que les Chinois (8x) et les Indiens (20x) réunis, ce qui n'a jamais été évoqué dans les textes de la GCC. La publicité ciblait également le coût économique de la réduction des gaz à effet de serre aux États-Unis. Le rapport du GIEC sur l'impact économique des réductions des émissions souligne plutôt que des politiques peuvent être mises en place sans affecter de façon importante le niveau de vie des Américains, tout en ralentissant le changement climatique. Les exemples de la réduction des émissions sulfurées et du remplacement des CFC témoignent d'ailleurs de la possibilité de réduire la pollution tout en permettant la croissance économique.

---

3. *Ibid.*

Les négociations de La Haye ayant échoué et les États-Unis s'étant retirés du Protocole de Kyoto, il semble que la GCC ait atteint son but politique de voir l'entrée en vigueur du Protocole retardée, comme le réclame aussi la résolution Byrd-Hagel du Sénat, qui empêche la ratification par les États-Unis de tout accord qui pourrait porter atteinte à l'économie du pays et qui serait sans obligations pour les pays en développement. La rhétorique de la Coalition, que l'on peut d'ailleurs consulter sur Internet, va jusqu'à suggérer que pas un sou des impôts des contribuables ne soit dépensé pour faire la promotion du Protocole[4].

Par ailleurs, les récentes publications scientifiques concernant le rôle du dioxyde de carbone dans le réchauffement global servent bien les intérêts de la Coalition, qui interprète à son avantage ce qu'elle considère comme des incertitudes de la science du climat et qui ne sont en fait que des ajouts aux connaissances actuelles. On pense en particulier à l'article de James Hansen, du Goddard Institute for Space Studies[5], qui, lorsqu'on en saisit bien la portée, ne fait que réévaluer les valeurs du forçage radiatif de quelques gaz à effet de serre, sans pour autant diminuer l'importance de réduire les émissions. Or, la GCC profite de la médiatisation de ces résultats pour relancer le débat stérile sur le besoin de certitudes scientifiques préalables à toute action concrète et à tout engagement de la part des États-Unis. La Coalition, qui trouve encore depuis l'arrivée du président George W. Bush à la Maison-Blanche des oreilles attentives à ce genre de discours, espère ainsi rejoindre la population en général. Il reste à souhaiter, cependant, que le mouvement global de reconnaissance de la problématique soit assez important pour reléguer le discours de la Coalition dans la marginalité.

Aux dernières nouvelles, il semble que la GCC ait commencé à perdre des membres, et probablement aussi de la crédibilité, notamment du côté des constructeurs automobiles et des pétrolières (BP et Shell se sont retirées récemment), laissant le leadership du mouvement anti-Protocole de Kyoto à l'industrie du charbon et à ses syndicats. Cela indique peut-être que, dans les hautes directions d'entreprises, des gestionnaires plus proactifs ont compris que l'action est inéluctable et que les premiers à agir en tireront le plus de profit. Ce lobby demeure toutefois puissant et on lui attribue[6] la récente volte-

4. Le site Internet de la Globale Climate Coalition est http://www.globalclimate.org.
5. L'article en question, Hansen *et al.*, «Global warming in the twenty first century: An alternative scenario», 2000, est disponible sur Internet: http://www.pnas.org ou: http://www.giss.nasa.gov/research/impacts/altscenario/.
6. P. Crabbé, Université d'Ottawa, communication personnelle, 25 mars 2001.

face du président Bush, qui avait pourtant promis lors de sa campagne électorale de coupler la lutte aux gaz à effet de serre à la lutte au smog urbain.

Le Cato Institute

Le Cato Institute[7] est aussi une organisation en apparence non partisane (bien que sa position soit très conservatrice et axée sur la promotion des droits individuels) qui participe au débat entourant le réchauffement climatique. Ses membres et leurs publications visent à élargir les paramètres des débats entourant les politiques gouvernementales. Dans cet esprit, le Cato Institute prône la limitation de l'intervention des gouvernements et traite d'un grand nombre de dossiers dans des publications périodiques. Bénéficiant d'un budget annuel d'environ 13 millions de dollars US, l'Institut a les moyens de payer des leaders nationaux qui se font les défenseurs de l'économie de marché et de la limitation des pouvoirs des gouvernements.

Pas surprenant, dans ce contexte, que l'Institut ait publié un rapport dans lequel il qualifie le Protocole de Kyoto d'appendice inutile d'un traité non pertinent. Naturel-lement, pour des gens qui veulent limiter le pouvoir des gouvernements, toute forme de gouvernance mondiale est une aberration.

De la science douteuse...

Le réseau Internet (et les groupes de discussion qu'on y trouve) est en voie de devenir une source d'information de plus en plus utilisée par une grande partie de la population et par les médias traditionnels qui, on le sait, n'hésitent pas à s'alimenter les uns les autres. En ce qui concerne le réchauffement global, on y trouve toute une gamme de contenus allant de la science aux opinions les plus variées, en passant par la vulgarisation scientifique.

Un des problèmes que pose cette avalanche de renseignements de toutes sortes est justement la difficulté de distinguer ce qui a valeur scientifique de ce qui relève de l'opinion. Plus encore, un nombre croissant d'articles « scientifiques » peuvent être publiés sur Internet sans qu'aucun comité de révision par des pairs puisse en faire la critique. Les auteurs de ces articles peuvent donc diffuser leur « science » sans avoir à subir l'examen de membres reconnus de la communauté scientifique ni le jugement par

---

7. L'Institut, nommé en l'honneur de Caton l'Ancien, gère plusieurs sites Internet, dont le principal est: http://www.cato.org. Caton l'Ancien (234-149 av. J.-C.) était un homme d'État romain qui incarnait la politique conservatrice de l'oligarchie sénatoriale. Célèbre pour ses écrits et ses discours incitant à rejeter le luxe et les mœurs grecques à Rome, il insistait pour que Carthage soit détruite pour assurer la domination de Rome sur la Méditerranée.

Le fonctionnement de la désinformation

Le journalisme est un dur métier. Toujours dans l'urgence, il faut réunir l'information et la traiter de manière à la rendre accessible au public, tout en lui garantissant le plus possible l'objectivité à laquelle il est en droit de s'attendre. Les changements climatiques sont un des dossiers dans lesquels il est facile de perdre son latin, même pour un journaliste aguerri. En effet, les notions scientifiques fondamentales plutôt rébarbatives, les incertitudes liées à la dimension globale du problème et au manque de données historiques directes, les conséquences mêmes des impacts sur des sociétés humaines technologiquement, géographiquement et économiquement très différentes, tout cela demande du temps pour comprendre et de l'espace pour vulgariser. Or, ce sont les deux goulots d'étranglement des médias: tout doit être nouveau, avoir du punch et durer moins de deux minutes ou tenir dans un quart de page au mieux. Pas étonnant, alors, que le discours des gens qui veulent discréditer les scientifiques du GIEC ou le Protocole de Kyoto ait autant de place, et quelquefois plus, que les travaux des scientifiques qui confirment le changement climatique.

Voyons ici, à la lecture d'un article paru dans le *London Times* du 15 avril 2001, sous la plume de Melanie Philips, quels sont les arguments avec lesquels on condamne les travaux du GIEC et de l'ensemble des scientifiques dont les recherches appuient l'hypothèse des changements climatiques.

La communauté scientifique a adopté le paradigme du changement climatique, qui est devenu son credo, pour obtenir des subventions alors que les scientifiques dont les résultats diffèrent de l'orthodoxie sont marginalisés.

Comme nous l'avons vu tout au long de ce livre, des preuves venant de tous les domaines scientifiques, que ce soit la météorologie, la chimie des isotopes, la biologie, l'écologie, l'épidémiologie, coïncident avec l'hypothèse des changements climatiques. Il est normal que celle-ci se renforce et remporte de plus en plus l'adhésion. C'est ainsi que des théories comme la dérive des continents, dans les années 1960, ou l'extinction des dinosaures par suite d'un impact météoritique, dans les années 1980, ont évolué. Elles ne sont guère remises en question par la communauté scientifique mondiale aujourd'hui et sont même enseignées dans les écoles.

Les scientifiques les plus éminents ne sont pas convaincus des changements climatiques et remettent en question les résultats des chercheurs qui ont utilisé des méthodes discutables pour prouver une hypothèse à laquelle ils veulent bien croire.

Ce genre d'argument permet de citer des scientifiques qui recherchent les médias et qui sont quelquefois plus soucieux de leur gloire personnelle ou de la promotion des intérêts de leurs patrons que du respect du travail de leurs confrères. C'est le règne des professeurs Matuvu de l'Université du Prochain Détour, ou autres météorologues Ducoin, pour qui le GIEC est constitué d'un ramassis de «scientifiques opportunistes n'ayant pour la plupart aucune compétence technique». Quel journaliste peut se poser en juge d'une telle déclaration? Alors on la cite en espérant que quelqu'un voudra bien y répondre et ▶

alimenter l'idée selon laquelle les scientifiques ne s'entendent pas sur la réalité des changements climatiques. Par la suite, ces déclarations deviennent des « vérités », qui sont citées d'un article à l'autre, font quelquefois les manchettes et accordent à la position de négation des changements climatiques un statut équivalent à celui des preuves accumulées. Que la déclaration n'ait pas fait l'objet d'une révision par les pairs ou d'un article scientifique n'émeut généralement pas les journalistes et encore moins leurs chefs de pupitre.

La Terre a connu d'autres épisodes de réchauffement, encore plus considérables, dont l'optimum médiéval. (Mme Philips parle à tort du Petit Âge glaciaire dans son texte.)

En effet, la planète en a vu bien d'autres, comme nous l'avons expliqué au chapitre 5, mais la rapidité du réchauffement actuel est inégalée dans les annales de la science du climat. De plus, c'est le climat planétaire qui se réchauffe, alors que l'optimum médiéval présentait des variations surtout dans l'hémisphère Nord.

Il y a beaucoup de données contradictoires en ce qui concerne les impacts du réchauffement.

Bien sûr! Puisqu'il s'agit d'un processus prévisionnel, il est normal que la précision des indications qu'on en tire varie considérablement selon les données qui alimentent les modèles. L'important, c'est que ceux-ci vont tous dans le même sens.

Les ordinateurs n'ont pas la puissance de calcul nécessaire pour intégrer tous les paramètres qui peuvent influer sur le climat.

Et ils ne l'auront peut-être jamais. Voyez simplement comme il est difficile d'établir des prévisions météorologiques fiables plus de trois jours à l'avance! Une belle journée d'automne ne signifie pas que l'hiver ne viendra pas… Les prévisions basées sur des modèles servent d'abord à comparer des scénarios.

Les rapports du GIEC reconnaissent eux-mêmes les limites (inadequacy) des experts en utilisant des termes comme « fort probablement », « les meilleures estimations », « scénarios », etc. pour qualifier leurs prédictions.

Un groupe de scientifiques dont l'audience est aussi large que celle du GIEC doit être d'une prudence extrême. Les scientifiques utilisent toujours, pour parler de la probabilité des hypothèses testées, des termes tels que « tendance significative », « données à l'appui de l'hypothèse », et finissent souvent par conclure qu'il faudrait un peu plus de recherche. C'est la nature même du métier de chercheur et cela ne remet nullement en cause la valeur des conclusions obtenues par consensus.

Une fois qu'ils sont lancés dans la presse, de tels arguments sont repris jusqu'à saturation. La stratégie des groupes d'intérêts comme la Global Climate Coalition est donc simple: il suffit d'émettre des communiqués de presse, de provoquer des entrevues dans les médias avec des personnalités scientifiques proches de l'industrie ou avides de visibilité médiatique et de laisser aller la machine. Par la suite, politiciens ou groupes d'intérêts peuvent citer telle ou telle opinion parue dans le journal et invoquer les prétendues oppositions au sein de la communauté scientifique pour retarder la prise de décision.

les pairs. Quiconque peut s'offrir un diplôme de docteur ès sciences occultes de l'Académie des sciences de New York (une entreprise qui vend de faux diplômes) pour 200 $ peut créer un site Internet et y diffuser ses idées. Cela fait partie de la liberté d'expression et le bon peuple n'y voit que du feu. Ces articles, avec leurs arguments simplistes souvent beaucoup plus faciles à comprendre que les travaux scientifiques traditionnels, sont de puissants outils de désinformation (voir l'encadré 10.1).

Par ailleurs, on peut être un vrai diplômé en sciences et ne rien connaître aux changements climatiques. L'opinion d'un docteur en physique des plasma sur la vitesse de migration des arbres n'est pas plus valable que celle du pharmacien du coin. Vrais ou faux scientifiques, tous ces auteurs à la plume facile et au verbe haut peuvent se mettre à la solde de regroupements, d'instituts et d'organisations diverses qui sont ouvertement opposés à toute action et qui réfutent souvent les constats du GIEC. La Cooler Heads Coalition[8] constitue un tel regroupement.

Certains articles servent trop souvent à la désinformation des non-initiés; le public est, en général, peu en mesure d'évaluer la validité de ce type d'information. Par ailleurs, les moyens parfois exagérés mis à la disposition de certains auteurs pour la diffusion de leurs résultats sont souvent disproportionnés, compte tenu de l'importance de leurs travaux par rapport à l'ensemble de la recherche.

Deux cas de scientifiques sceptiques sont souvent cités en exemple. Il s'agit du Dr Robert Balling, rattaché à l'Université de l'Arizona, et du Dr Patrick Michaels, de l'Université de Virginie, qui ont pris part à des campagnes de dénigrement de la science étudiant le changement climatique au début des années 1990. Financés entre autres par la Western Fuels Association, organisation sans but lucratif du secteur du charbon, ils ont ainsi contribué à remettre en question la nécessité de réduire les émissions de gaz à effet de serre. Dans un document vidéo approuvé par le Dr Balling et largement distribué alors, on soulignait même les bienfaits supposés, à la grandeur de l'Amérique, d'une augmentation de la concentration atmosphérique du CO_2 pour les forêts et l'agriculture. De son côté, le Dr Michaels a été éditeur d'une publication, trimestrielle à l'origine et devenue hebdomadaire à partir de 1995, la *World Climate Review*, dont les écrits s'acharnaient à faire contrepoids au principe de précaution véhiculé par les organisations environnementales[9]. Il est donc important pour les groupes d'intérêts

---

8. Ce regroupement de 24 instituts politiques est fermement opposé au Protocole de Kyoto et s'applique à discréditer la science du climat, qui est à la base des négociations internationales.
9. W. Franz, *op. cit.*

opposés à la réduction des émissions de GES de s'adjoindre des voix issues du milieu scientifique afin de s'accorder une certaine crédibilité auprès des médias populaires. Ces derniers n'ont pas toujours l'intérêt ni l'expertise nécessaire pour vérifier le fond de cette «science à sensation».

... à la désinformation flagrante...

Que des organisations comme la Global Climate Coalition reprennent des données partielles du GIEC et les transforment en arguments pour appuyer leurs revendications peut à la rigueur passer pour de la libre expression. Cela vaut d'ailleurs également pour certains groupes environnementaux qui présentent une vision partiale et opposée de la même base de données scientifiques et profitent allègrement du haut-parleur médiatique.

Il existe cependant des cas de désinformation flagrante. C'est ce qui se passe lorsque des organisations, qui se veulent sérieuses, font circuler des informations qui sont soit déformées, soit carrément fausses. Dans un document accessible par Internet[10], l'organisation The Heritage Foundation affirme entre autres que le réchauffement global est un mythe nébuleux en raison des incertitudes scientifiques entourant l'observation du phénomène. Parmi les arguments cités, on souligne que les lectures de température par satellite constituent la source la plus fiable de données. Or, comme il a été mentionné plus haut, les satellites ne mesurent qu'une partie des températures et ne peuvent constituer la seule source de données pour valider une tendance à la hausse ou à la baisse. Le document présente également des prévisions économiques catastrophiques qui pourraient être qualifiées de ridicules par n'importe quel économiste sérieux.

Mais, par-dessus tout, ce genre de document témoigne d'une grossière méconnaissance, doublée d'un mépris flagrant des institutions internationales qui encadrent les ententes telles que le Protocole de Kyoto. À titre d'exemple, on souligne à plusieurs reprises, dans le document de la fondation Heritage, que les pays de l'Annexe II du Protocole sont les pays en développement et on en rajoute en précisant qu'ils sont exempts de toute obligation de réduction, ce qui est faux. En effet, il ne faut pas chercher très longtemps pour savoir que l'Annexe II du Protocole regroupe en fait les 24 pays

---

10. Le document *The Road to Kyoto: How the Global Climate Treaty Fosters Economic Impoverishment and Endangers U.S. Security* est disponible sur Internet à l'adresse http://www.heritage.org/library/categories/enviro/bg1143.html. (Antonelli *et al.*, *The Road to Kyoto: How the Global Climate Treaty Fosters Economic Impoverishment and Endangers U.S. Security*, The Heritage Foundation, Roe Backgrounder, n° 1143, 6 octobre 1997.)

originalement membres de l'Organisation de la coopération et de développement économiques (OCDE), lesquels ont pour mandat de financer les mécanismes de développement propre encore à définir en vertu du Protocole.

Le document de la Heritage Foundation reflète enfin la méfiance des Américains à l'égard des institutions qui représentent une forme de gouvernance mondiale. Contrairement à ce qu'on observe en Europe, la souveraineté des États-Unis n'est pas subordonnée à celle d'un groupe et les Américains ne sont pas prêts à voir cette situation se produire dans quelque domaine que ce soit. Et c'est ce que fait bien valoir ce genre de publication en ce qui concerne le changement climatique.

... en passant par les pétitions sans scrupules

Certains groupes d'intérêts tentent, dans le but de discréditer le processus de négociation d'un accord sur le climat, de mettre en doute le consensus existant parmi la communauté scientifique. Tel est le cas d'un document qui se veut une pétition, lancée par le Dr Fred Singer[11] de l'Université de Virginie et financée en partie par des fonds provenant de la Western Fuels Association. Intitulé «The Leipzig Declaration on Global Climate Change», le document a été lancé une première fois en 1995 à Leipzig, lors d'un symposium sur la controverse de l'effet de serre, puis a été repris à Bonn en 1997. Cette lettre d'une page constitue en fait un credo pour tous les sceptiques qui réfutent les données sur le changement climatique, les conséquences possibles d'un réchauffement global et toute action pouvant entraver la bonne marche de l'économie. Il va sans dire que la cible principale de cette pétition est le Protocole de Kyoto.

Les signataires de la pétition affirment également sans scrupules qu'il n'y a pas consensus sur la question d'un lien possible entre l'augmentation des concentrations atmosphériques de CO_2 et le réchauffement global, leur appui à la pétition en faisant foi. Or, il semble que le statut de scientifiques neutres dont se réclament les signataires soit pour le moins douteux. On retrouve en effet parmi eux des chercheurs clairement identifiés à des industries ou à des groupes reconnus pour leur opposition au Protocole

---

11. Fred Singer est un personnage presque caricatural. Selon G. Guilbault, directeur de Greenpeace Québec (*Les Affaires*, 25 août 2001), ce prétendu scientifique n'a publié aucun article dans une revue scientifique soumise à la révision d'experts indépendants sur les changements climatiques. Par ailleurs, au cours des trois dernières décennies, le même professeur s'est prononcé tour à tour contre l'existence d'une réduction de la couche d'ozone, a remis en question les effets du smog urbain sur la santé humaine, a nié l'existence des précipitations acides et s'est aussi prononcé en faveur de la chasse commerciale à la baleine et contre le salaire minimum. Un esprit éclectique pour le moins!

Des membres de Greenpeace manifestent de façon originale, s'adressant aux représentants du G8 réunis afin de discuter du changement climatique à Trieste, en Italie. Chaque lettre du message Clean Energy NOW est représentée par des personnes provenant de 14 pays différents.

AFP/Corbis/Magma

de Kyoto; les professeurs Balling et Michaels présentés plus haut sont du nombre. Le plus absurde est que plusieurs annonceurs de prévisions météorologiques connus aux États-Unis ont signé la pétition en se réclamant du statut de scientifiques du climat! La pétition est toujours ouverte pour signature et c'est une organisation dirigée par Fred Singer, le Science and Environemental Policy Project, qui en fait la promotion à grand renfort de financement du secteur du charbon[12].

Cette stratégie s'avère efficace. Par exemple, le journal *Les Affaires* publiait dans son édition du 14 juillet 2001, sous la plume de Michel Kelley-Gagnon, un texte remettant en doute la réalité du changement climatique, sur la foi des déclarations de Fred Singer et de l'Oregon Institute for Science and Medecine

(*Les Affaires*, 14 juillet 2001, p. 10). Il est évident que le directeur exécutif de l'Institut économique de Montréal n'avait jamais vérifié la validité de ses sources!

Que doit-on penser de la crédibilité d'une pétition que quiconque peut signer sur Internet avec un nom d'emprunt? Il faut beaucoup de naïveté pour croire que ce genre de littérature puisse remettre en question le travail du GIEC!

Des renforts au secours de la CCNUCC

Heureusement, il y a aussi des défenseurs de la Convention-cadre sur les changements climatiques et du Protocole de Kyoto, et eux non plus n'y vont pas toujours avec le dos de la cuiller dans leurs arguments. De nombreuses organisations vouées à la protection de l'environnement se font les porte-étendards du développement durable et se portent à la défense de grandes causes planétaires. Plusieurs grandes organisations ont ainsi un volet protection du climat et sont engagées à différents niveaux dans la réduction des émissions de gaz à effet de serre et dans le processus même de négociation. Pour ne citer que les plus importantes, celles qui sont présentes à titre d'observateurs ayant le statut d'organisations non gouvernementales lors des négociations sur le climat, mentionnons, entre autres,

---

12. La pétition peut être consultée sur Internet à l'adresse http://www.sepp.org/leipzig.html.

Greenpeace, le Sierra Club, l'Institut international pour le développement durable (IISD)[13], ce dernier étant d'ailleurs un rapporteur officiel des activités des instances de la Convention, le Fonds mondial pour la nature (WWF) et l'Environmental Defence Fund.

Toutes ces organisations tentent évidemment d'influencer les décideurs et de faire passer leur message dans les médias. Tout le monde connaît le style médiatique de certaines campagnes de Greenpeace, misant sur l'aspect catastrophique des impacts des activités humaines. D'autres organisations ont leur propre stratégie, souvent plus discrète, mais toutes ont en commun la volonté de voir la communauté internationale se donner un instrument contraignant et s'imposer des actions concrètes de réduction des émissions de gaz à effet de serre. Il n'est pas surprenant, dès lors, que la volée de critiques des environnementalistes soit la plupart du temps dirigée, dans le cadre des négociations sur le climat, vers les Américains et leurs alliés. Cette bataille se fait à coups de financements importants mais modestes par rapport aux fortunes que dépensent les opposants à la Convention. C'est pourquoi l'on essaie de jouer à fond l'effet amplificateur des médias. Cette stratégie peut néanmoins se retourner contre ceux qui l'utilisent, car lorsque la catastrophe annoncée ne se produit pas immédiatement, les prophètes de malheur sont souvent montrés du doigt comme fauteurs de troubles[14].

Un combat d'arrière-garde ?

L'ensemble des critiques à l'égard de ceux qui dénoncent le réchauffement climatique et ses impacts possibles, qui étudient le phénomène et imaginent des stratégies susceptibles de le contrer n'arrivent pas à fléchir la volonté d'une majorité d'intervenants d'agir à l'échelle locale et régionale. La voix discordante des critiques reçoit cependant à l'occasion une importance démesurée dans les médias populaires. Il n'est pas rare en effet de voir des résultats scientifiques incorrectement rapportés dans les journaux ou ailleurs, provoquant ainsi de la confusion dans un public déjà peu enclin à fouiller pour découvrir la substance derrière les gros titres. Le fait que les médias soulignent de façon plus marquée les incertitudes entourant la science du réchauffement climatique a pour résultat de justifier l'inaction permanente des intervenants. Voilà un rôle que jouent les médias, parfois de manière bien involontaire, par simple méconnaissance des diverses facettes du phénomène. Sans vouloir rejeter la faute sur les médias, la difficulté

---

13. L'adresse Internet de l'Institut international pour le développement durable (IISD) est : http:// www.iisd.org
14. Voir C. Villeneuve, « Le discours environnemental nuit-il à la protection de l'environnement ? », 1993, *L'Agora*, 1:1.

Pour conseiller le président

La Reason Foundation

La Reason Foundation[15] se dit une organisation américaine à vocation éducative qui se consacre à la promotion des droits individuels et de la privatisation de toutes les activités du gouvernement. Elle bénéficie d'un budget annuel de 5 millions de dollars (en 2000), mais ce budget est en forte croissance. Son financement provient de fondations privées (21 %), de sociétés privées (15 %) et de près de 2 000 donateurs individuels (34 %). Le reste de son financement est assuré par la vente de publications, dont un périodique, le *Reason Magazine*.

La Fondation finance par ailleurs une organisation de lobbying, le Reason Public Policy Institute, qui publie des articles et des rapports dont les fondements scientifiques semblent parfois douteux. À titre d'exemple, un texte remettant en cause la validité scientifique du GIEC et publié en octobre 2000 laisse encore planer le doute quant à l'influence des activités humaines sur le réchauffement du climat, alors que même la plupart des grandes pétrolières ne remettent plus en cause ce constat ! Le rapport du Reason Public Policy Institute a reçu l'appui du Fraser Institute[16], organisme de recherche économique de Vancouver, qui affirme dans son propre rapport, « Eight reasons to celebrate the 30th anniversary of Earth Day », que les scientifiques ne sont pas encore convaincus de l'influence humaine sur le climat. Cette façon de présenter les choses est plutôt pernicieuse. En effet, s'il est vrai que le doute subsiste quant à l'ampleur de l'influence humaine sur le climat et que les scientifiques doivent, de par la nature même de leur travail, remettre en cause régulièrement leurs hypothèses, le fait d'entretenir le doute incite à retarder l'action et à freiner les investissements visant à prévenir les impacts d'un changement climatique. C'est en véhiculant de telles idées, reprises de façon simpliste et sans nuances par les médias, qu'on réussit, tout en gardant la patine de l'objectivité et de la prudence, à maintenir un climat politique favorable au laxisme envers l'industrie du transport et des combustibles fossiles.

En fouillant un peu, on découvre que la présidente et chef de la direction de la Reason Foundation, Mme Lynn Scarlett, qui se présente comme spécialiste des questions environnementales (sans préciser sa formation initiale), vient d'être nommée par le président Bush sous-ministre aux politiques, à la gestion et au budget du ministère de l'Intérieur, ce qui ne l'empêchera pas de continuer à occuper son poste à la Fondation ! Sans compter que Mme Scarlett est aussi une employée de la Global Climate Coalition, dont nous avons parlé plus haut, où elle a la charge d'une rubrique dans le journal *Tech Central Station*[17], qui traite de questions d'environnement, en niant l'existence des changements climatiques, comme on le devine !

On peut se demander quelle importance Mme Scarlett accordera, dans le cadre de ses fonctions officielles à la Maison-Blanche, à la réduction des émissions de gaz à effet de serre et à la nécessité de faire participer tous les intéressés au processus. Comme dirigeante d'une organisation qui préconise une privatisation sans limite des espaces naturels, peut-on attendre de Mme Scarlett qu'elle défende la protection de l'environnement et fasse la promotion d'une politique énergétique dans une optique de développement durable ? Décidément, l'administration de George W. Bush risque de passer à l'histoire de bien triste façon.

---

15. L'adresse du site Internet de la Reason Foundation est : http://www.reason.org.
16. Le rapport du Fraser Institute peut être consulté sur le site http://www.fraserinstitute.ca/media/media_releases/2000/20000418.html.
17. Voir le journal *Tech Central Station* à l'adresse Internet http://www.techcentralstation.com/envirostatecraft.asp.

Les militaires, à gauche ou à droite ?

Entre les divers intérêts exprimés par les uns et les autres s'élève, à l'occasion, l'avis des autorités militaires. Dans l'éventualité de l'entrée en vigueur du Protocole de Kyoto, les responsables militaires américains ont clamé la nécessité d'écarter l'armée de toute obligation de réduction des émissions de GES. L'argument invoqué en est un, bien sûr, de sécurité nationale, laquelle serait menacée en cas de réduction de l'autonomie d'action des forces armées.

Le même argument de menace à l'intégrité du territoire a récemment été servi par l'armée canadienne, mais cette fois en faveur d'une réduction des émissions! L'argument est simple: le réchauffement ferait fondre la banquise du pôle Nord et, selon la logique militaire, l'océan Arctique libéré de ses glaces constituerait une voie de pénétration convoitée par les puissances étrangères.

Il est normal que les militaires puissent, comme de nombreux autres groupes, exposer leur vision des choses dans le cadre des négociations sur le climat, mais il serait dangereux que le pouvoir armé se substitue au pouvoir politique civil et décide des orientations en matière de climat.

Ron Kocsis/Publiphoto

qu'éprouve la communauté scientifique à faire passer ses affirmations, ses doutes et ses hypothèses à travers le filtre du sensationnalisme qui fait vendre est symtomatique.

Il reste que des gouvernements, des industries et des personnes agissent dorénavant de leur propre chef, sans nécessairement chercher à justifier leurs gestes par des certitudes scientifiques et sans attendre l'entrée en vigueur du Protocole de Kyoto. Et c'est probablement cette voie qui permettra de véritablement contrer les critiques qui s'acharnent à nier le problème et à prôner le laisser-faire. À preuve, l'effritement des appuis à la Climate Change Coalition et le désistement de certains de ses membres influents.

Faisant fi des critiques, les divers acteurs de la société peuvent saisir plusieurs occasions et possibilités d'actions qui s'offrent à eux. C'est ce que nous invitons le lecteur à constater dans les prochains chapitres.

CHAPITRE 11

Que faire ?

Les changements climatiques nous plongent dans l'incertitude par rapport à ce qu'il nous est possible de faire en tant qu'individus et comme société. En 1990, dans *Vers un réchauffement global?* nous proposions des actions simples à mettre en pratique sur le plan individuel. Ces stratégies sont encore tout à fait valables et c'est pourquoi nous les reprendrons dans le présent chapitre. Le contexte entourant la problématique du réchauffement global a toutefois radicalement changé avec le développement des connaissances et l'adoption de la Convention-cadre sur les changements climatiques. Les dix dernières années ont vu se développer un arsenal de pratiques applicables au niveau des États et des entreprises et, comme le souligne justement le rapport du troisième groupe de travail du GIEC sur l'atténuation des effets des changements climatiques dévoilé à Accra, au Ghana, en mars 2001, les scénarios d'augmentation des émissions de gaz à effet de serre peuvent changer de façon radicale si nous prenons dès aujourd'hui des mesures pour limiter ces émissions.

Comme nous l'avons vu, il existe des sources ponctuelles, des sources mobiles et des sources diffuses de gaz à effet de serre. Parce que les solutions sont à la portée d'acteurs différents, le problème peut être atténué par des réglementations, des choix technologiques, des outils économiques, des modifications de comportement ou des choix de consommation et idéalement par une combinaison de ces mesures. Des stratégies d'action ont ainsi été élaborées sur les plans politique et économique, à l'échelle des divers paliers de gouvernements et au niveau des entreprises, des plus petites aux plus grandes. Quels sont donc les choix et comment s'y retrouver dans la panoplie de mesures qui s'avèrent aussi variées qu'il y a d'intervenants? Mais d'abord, plutôt que de chercher toutes sortes de solutions, pourquoi ne pas tout simplement tenter de s'adapter au nouveau climat planétaire, comme le souhaitent les apôtres de la libre entreprise?

Parmi les technologies de production de l'énergie «propre», le secteur éolien est considéré comme une filière mature qui peut assurer une portion significative de la croissance de la demande mondiale d'énergies renouvelables.

Bernard Saulnier

L'adaptation

Dans le passé, l'homme s'est constamment adapté à des modifications du climat et des écosystèmes. Des populations humaines ont migré, souvent sur des distances considérables, délaissant leurs terres traditionnelles ou leurs territoires de chasse devenus improductifs. D'autres sont restées sur place, apprenant à tirer parti autrement des écosystèmes qui se transformaient. L'espèce humaine n'a-t-elle pas essaimé, au Paléolithique, dans tous les écosystèmes de la planète, de la forêt tropicale aux déserts les plus secs, des hautes montagnes à la toundra arctique? Le niveau de la mer ne s'est-il pas élevé de 120 m en 10 000 ans lors de la dernière déglaciation? Alors, pourquoi avoir peur de changements de quelques degrés dans la température moyenne de la planète, ou d'une élévation de quelques dizaines de centimètres du niveau de la mer?

Bien sûr, cette adaptation était possible et elle le serait toujours si nos effectifs étaient de quelques centaines de millions de personnes et nos besoins, comparables à ceux de nos ancêtres. Cela n'est pas le cas, toutefois, avec une population mondiale de plus de six milliards de personnes dont les habitudes de consommation sont de plus en plus motivées par le confort attrayant d'une société industrielle et qui tend à s'urbaniser constamment. (Selon les prévisions des Nations Unies, la population planétaire de huit milliards, en 2025, sera alors à 80 % urbaine.)

Pensons aux efforts colossaux qu'il faudrait déployer pour déplacer les centaines de millions de personnes qui habitent de grandes villes situées au bord de la mer, en cas d'élévation du niveau des eaux. Imaginons un instant que les grandes plaines des États-Unis et du Canada se désertifient à la suite d'une réduction, même modeste, des précipitations. Que dire des pays qui, comme la Hollande, abritent des millions de personnes sous le niveau de la mer, derrière des digues, ou encore des petits pays insulaires, qui verraient leur superficie se réduire comme peau de chagrin? Et que dire des 80 millions d'habitants du Bangladesh pris entre les crues du Gange et les marées?

Quelle que soit l'incertitude quant à la vitesse à laquelle se produiront les changements climatiques, il est prudent d'éviter de les accélérer. C'est pourquoi nous sommes condamnés à trouver collectivement des moyens pour ralentir l'augmentation des émissions de gaz à effet de serre, de manière à faciliter l'adaptation du système écologique planétaire et de l'humanité dans son ensemble aux changements climatiques d'origine humaine. Des événements comme les inondations au Saguenay et le verglas de Montréal montrent bien le potentiel dévastateur d'événements climatiques.

Les stratégies de réduction

Les émissions de gaz à effet de serre ne peuvent pas être arrêtées instantanément ni

Parce que les solutions sont à la portée d'acteurs différents, le problème peut être atténué par des réglementations, des choix technologiques, des outils économiques, des modifications de comportements ou des choix de consommation et idéalement par une combinaison de ces mesures.

complètement. Personne, en effet, ne va cesser de respirer sous prétexte qu'il exhale du CO_2 ! Pis encore, les émissions ont tendance à se reproduire d'une année à l'autre, les sources émettant tout au long de leur vie utile une fois qu'elles sont installées. Il est donc difficile d'imaginer qu'on puisse réduire de façon significative la quantité de GES dans l'atmosphère à moyen ou même à long terme. De plus, il y a peu de mécanismes qui permettent d'extraire du CO_2 de l'atmosphère de façon durable, à l'exception de la photosynthèse, dont l'efficacité est réduite du fait des besoins énergétiques des organismes vivants. Il faut donc se donner des outils qui permettent de réduire de façon durable et à la source les émissions, pour ralentir à la longue la croissance des concentrations de GES dans l'atmosphère et enfin les stabiliser à un niveau qui soit compatible avec les capacités d'ajustement de la biosphère.

Comme il n'existe pas de panacée, il faut que les législateurs s'appuient sur des stratégies à long terme, qui n'entravent pas le développement économique des pays en développement et qui fassent appel à un large éventail d'actions dans tous les secteurs de la société. Dans une problématique aussi complexe, où s'applique le principe de précaution, il faut laisser place à des ajustements en fonction des nouvelles connaissances qu'apporte chaque année la recherche scientifique.

Il faut pouvoir adopter de nouvelles législations, mettre en place de nouveaux outils économiques, concevoir et produire de nouvelles technologies et de nouveaux équipements, apprendre à mieux mesurer et suivre les émissions et les concentrations, et enfin adopter et mettre en œuvre les mesures d'adaptation qui permettront à nos sociétés de vivre sans trop de heurts le changement climatique, peu importe la façon dont il se manifestera. Selon l'évolution du problème, il n'y aura pas de solution miracle mais une panoplie d'outils qu'il faudra utiliser selon la bonne combinaison à chaque moment. Néanmoins, la plupart des experts s'entendent pour dire qu'à court terme, on devrait accorder la priorité à la réduction de la quantité d'énergies fossiles nécessaire pour produire chaque dollar du PNB, investir dans la recherche sur les technologies, faire des projets de démonstration et, naturellement, prendre des mesures « sans regrets », c'est-à-dire des mesures dont le coût soit nul, voire qui soient rentables ou dont la mise en œuvre contribuera à résoudre un autre problème environnemental, tout en réduisant, bien sûr, les émissions de GES.

Chaque pays signataire de la CCNUCC a pour mandat de préparer un plan d'action national comprenant l'ensemble des mesures de réduction adaptées à sa propre situation. Les mesures que nous présentons ici font toutes partie des stratégies susceptibles de se retrouver dans un plan national. Même certains États qui ne sont pas directement liés par la Convention élaborent des plans d'action sur les changement climatiques, comme le Québec notamment. Lorsque cela sera pertinent, nous donnerons des exemples de stratégie tirés du Plan d'action québécois sur les changements climatiques[1].

En Europe, un pays tel l'Allemagne, troisième émetteur de GES après les États-Unis et le Japon, parmi les pays du G7, a déjà entrepris de mettre en œuvre des mesures sérieuses, au-delà même des exigences de l'Union européenne, pour diminuer ses émissions. L'approche européenne, dont l'Allemagne se fait le porte-étendard, si on la compare à l'approche nord-américaine, est beaucoup plus centrée sur la taxation et les mesures touchant les secteurs de l'énergie et des transports. Nous allons donc voir quelques exemples de stratégies adoptées en Allemagne, en guise d'aperçu de la stratégie européenne.

L'Allemagne, comme plusieurs pays européens, est fortement tributaire du charbon pour sa production d'électricité. Ses efforts sont d'autant plus méritoires que sa population, aiguillonnée par le Parti vert, est fortement réfractaire à l'énergie nucléaire, qui ne constitue pas, de ce fait, une solution de remplacement, à moins d'un

important retournement politique. Ce pays a d'ailleurs pris l'engagement d'abandonner progressivement cette filière énergétique, alors que d'autres, comme le Royaume-Uni, la voient au contraire d'un œil favorable.

Les négociations internationales entourant l'adoption de la CCNUCC ont permis d'étaler devant les décideurs de tous les pays une large panoplie de mesures visant la réduction des émissions de gaz à effet de serre. Des comités spécialement formés d'économistes ont présenté les choix stratégiques, dont certains se retrouvent parmi les priorités du Protocole de Kyoto. Ces stratégies ont déjà été abordées au chapitre 8, mais d'autres solutions existent qui ne font pas partie des mesures préconisées par le Protocole. Et ce n'est pas faute d'être présentables, bien au contraire, car certaines sont déjà en application dans plusieurs pays.

Les outils économiques

Les changements climatiques auront des effets économiques importants à l'échelle planétaire. Dans plusieurs pays, on s'attend à des réductions de la capacité de production agricole, à des difficultés d'approvisionnement en eau, à des ajustements nécessaires dans les réseaux de transport, à la réparation des dégâts causés par des événements climatiques extrêmes et autres coûts

---

1. *Plan d'action québécois 2000-2002 sur les changements climatiques*, ministère de l'Environnement et ministère des Ressources naturelles, Québec, 2000, Envirodoq : ENV2000-0173.

sociaux qui devront être assumés par les gouvernements en dernière instance. Comme les activités qui provoquent les émissions de gaz à effet de serre sont très étroitement associées au développement économique, il est normal que les législateurs prennent des mesures qui permettent, sans empêcher le développement et la compétitivité des entreprises, de dégager des marges de manœuvre économiques pour l'adaptation, tout en aidant le marché à s'ajuster en réduisant ses émissions par différentes techniques.

Dans notre monde, cependant, personne ne peut imposer à un pays une ligne de conduite, sinon son gouvernement et ses citoyens. Cette souveraineté des pays et leur concurrence pour le développement économique, à l'ère de la mondialisation des marchés et des échanges, est un frein à l'adoption de mesures universelles qui soient équitables pour tous et rend très difficile la mise en œuvre des conventions internationales. Dès qu'un groupe local se sent lésé, il fait valoir ses doléances auprès de son gouvernement qui est élu pour protéger ses citoyens avant la communauté internationale.

Les politiques visant la réduction des émissions nationales ou régionales de gaz à effet de serre devraient être vues comme des outils faisant partie d'une politique plus vaste de développement durable. Celui-ci, rappelons-le, doit permettre aux personnes de satisfaire leurs besoins matériels, mais aussi leurs besoins sociaux, tout en préservant la qualité du milieu de vie et en respectant une répartition équitable des fruits du développement.

Une limitation effective des émissions de gaz à effet de serre représente un véritable défi pour les hommes et les femmes politiques, car au-delà des impacts immédiats, il faut penser en termes d'équité entre les peuples et entre les générations. En effet, les pays et les régions ne sont pas tous sensibles également aux impacts des changements climatiques. Certaines régions peuvent même être avantagées par une période sans gel plus longue ou des hivers plus doux par exemple. D'autres régions, celles qui sont menacées par la désertification ou par les inondations peuvent se voir complètement dépeuplées. Il y a là un problème de solidarité humaine. Par ailleurs, plusieurs des impacts des changements climatiques ne se produiront que dans trente ou cinquante ans, alors que les classes dirigeantes d'aujourd'hui auront disparu depuis longtemps. Laisserons-nous les générations futures payer le prix de notre inaction ? Il s'agit d'un problème d'équité intergénérationnelle.

Dans plusieurs pays, on s'attend à des réductions de la capacité de production agricole, à des difficultés d'approvisionnement en eau, à des ajustements nécessaires dans les réseaux de transport, à la réparation des dégâts causés par des événements climatiques extrêmes et autres coûts sociaux qui devront être assumés par les gouvernements en dernière instance.

Parmi les outils économiques qui peuvent être mis en œuvre par nos gouvernements, nous en examinerons plus particulièrement trois: les taxes sur le carbone, les mécanismes de permis échangeables et les mesures d'incitation à l'adoption des énergies vertes. Ces trois instruments économiques présentent des avantages et des inconvénients, mais ils trouvent leur place au sein d'un portefeuille de mesures qui sont à la portée des États dans la poursuite des objectifs de la Convention-cadre sur les changements climatiques.

Les taxes

Bien que cela soit impopulaire de nos jours, plusieurs pays ont pris la décision, dans leur volonté de réduire leurs émissions, d'imposer des taxes sur le contenu en carbone des carburants et sur la consommation de produits pétroliers.

Les taxes sont un instrument dont les gouvernements disposent pour répartir la richesse, mais aussi pour responsabiliser les usagers de certains services. Ainsi, les fumeurs paient sur le tabac des taxes plus élevées que sur d'autres biens de consommation, car on suppose qu'ils seront de plus grands usagers des services de santé. S'appuyant sur de très nombreuses études scientifiques concluantes, la pratique est socialement acceptée dans l'ensemble des pays développés.

Tous les pays du monde imposent des taxes sur l'énergie, mais celles-ci sont plus ou moins élevées, selon les choix politiques des divers États. Depuis le début des années 1990, des pays comme la Norvège ont recours à des taxes sur les carburants appelées «taxes sur le carbone». Qualifiées de «taxes vertes», elles visent à encourager une utilisation plus rationnelle de l'énergie, dont elles augmentent le coût. Elles s'ajoutent aux autres taxes sur les produits pétroliers et font entrer des revenus supplémentaires dans les coffres de l'État. Plusieurs pays européens ont adopté ce type d'approche, qui impute directement aux responsables des émissions de gaz à effet de serre certains coûts, de manière à les inciter à choisir des véhicules plus petits ou à préférer les transports en commun pour leurs déplacements.

Cette approche a l'avantage d'être universelle et facile d'application. Malheureusement, elle comporte aussi de nombreux défauts. D'abord, elle pénalise plus que d'autres les consommateurs de carburants qui vivent hors des villes et qui sont obligés de prendre leur voiture, n'ayant pas de moyen de transport en commun à leur disposition ou ceux qui habitent un logement dont ils payent le chauffage, sans avoir le contrôle sur l'isolation thermique. Deuxièmement, la taxe étant la même pour tout le monde, elle fait plus mal aux pauvres qu'aux riches, qui disposent d'une plus grande marge de manœuvre. Troisièmement, les taxes payées par les producteurs qui utilisent des carburants fossiles (agriculteurs, industriels, transporteurs) sont refilées aux consommateurs, ce qui n'incite pas nécessairement ces secteurs de l'économie à être plus économes d'énergie, si les clients n'ont pas de solution de rechange. Enfin, les industries exportatrices de biens et de services exigent une détaxe, arguant que ce prélèvement de l'État nuit à leur compétitivité vis-à-vis des concurrents d'autres pays où de telles taxes n'existent pas.

D'autres types de taxes, plus spécifiques, peuvent être appliquées, par exemple sur la puissance des véhicules moteurs (les « chevaux fiscaux » en France). Il s'agit d'une taxe progressive, car une voiture plus puissante est présumée, avec raison, consommer plus d'essence. Cependant, la portée d'une telle taxe est très limitée et ne touche qu'un secteur de l'économie. On doit plutôt la voir comme un outil complémentaire dans une stratégie concertée.

Les permis échangeables

La notion de permis échangeables est née aux États-Unis dans les années 1970. Il s'agit de droits de polluer octroyés par l'État à des industries qui doivent en assumer le coût et en respecter les limites. Ces droits sont échangeables par des mécanismes de marché qui servent à en fixer le prix selon l'équilibre de l'offre et de la demande. Chaque année, l'instance réglementaire décide de la quantité de polluants qui peut être émise par diverses sources et divise cette quantité par le nombre de permis détenus par les émetteurs de tels polluants. Si une industrie veut émettre plus que ce que lui donne le nombre de permis qu'elle détient, elle doit acheter des permis supplémentaires d'un autre détenteur. Ce mécanisme est d'une grande flexibilité et comporte plusieurs caractéristiques intéressantes qui en assurent l'efficacité économique et environnementale, l'objectif étant de favoriser l'émergence de technologies plus propres et efficaces.

Comment fonctionnent les permis échangeables? Supposons un pays qui émettait, en 1990, un million de tonnes de carbone par an. S'étant engagé, en ratifiant le Protocole de Kyoto, à réduire ses émissions de 10%, il devra en moyenne, entre 2008 et 2012, émettre 900 000 t de carbone par année, c'est-à-dire un total de 4 500 000 t pour l'ensemble de la période.

Dans ce pays, les émissions sont réparties de la manière suivante:

– Production d'énergie: 600 000 tonnes;

– Cimenterie: 100 000 tonnes;

– Aciérie: 100 000 tonnes;

– Transports: 100 000 tonnes;

– Pétrochimie: 100 000 tonnes.

> ▼
>
> La notion de permis échangeables est née aux États-Unis dans les années 1970. Il s'agit de droits de polluer octroyés par l'État à des industries qui doivent en assumer le coût et en respecter les limites.
>
> ▲

213

Entre 1990 et 2000, l'augmentation du PNB a fait augmenter de 10 % le niveau des émissions. En 2001, les autorités mettent en place un système de permis échangeables et émettent aux industries concernées des droits équivalant à 1 100 000 t par année. Ce nombre sera réduit de 2 % par an jusqu'en 2008 et de 3 % par la suite, pour atteindre le niveau moyen requis par le Protocole de Kyoto. La réduction souhaitée des émissions se ferait selon le tableau suivant.

Tableau 11.1

Réduction souhaitée des émissions de carbone, par année, de 2001 à 2012

Année	Tonnes
2001	1 100 000
2002	1 078 000
2003	1 056 440
2004	1 035 311
2005	1 014 605
2006	994 313
2007	974 427
2008	954 938
2009	926 290
2010	898 501
2011	871 546
2012	845 400

Il serait donc possible d'obtenir une moyenne de 899 335 t par an entre 2008 et 2012, respectant ainsi l'engagement de réduire les émissions de 10 % par rapport au niveau de 1990, et cela, même si la croissance de la demande se fait au rythme de 1 % par année.

Comment les entreprises pourront-elles s'ajuster à ces permis en réduction constante sans handicaper leur croissance et leur compétitivité ?

Supposons d'abord que les permis sont émis à un taux nominal de 5 $ la tonne. Si la compagnie d'électricité décide de changer de combustible en substituant, par exemple, le gaz naturel au charbon en 2002, elle pourra réduire ses émissions de 100 000 t. Elle aura les permis nécessaires pour son développement futur et recevra, chaque année où elle n'aura pas utilisé ces permis, un revenu équivalent à la valeur des permis non utilisés.

Il est probable que la valeur de ces permis ira en augmentant à mesure que s'accroîtra la demande. En 2012, par exemple, la compagnie d'électricité aura besoin d'émettre 500 000 t et aura droit à encore 507 240 t en permis, en supposant qu'elle ait poursuivi son développement uniquement en ajoutant des sources d'énergie renouvelables à ses infrastructures de production. Elle disposera aussi des montants provenant de la vente de permis aux autres secteurs qui auront eu besoin de permis supplémentaires pour financer des innovations technologiques, car les permis sont transférables d'un secteur à l'autre de l'économie et même entre pays. Ainsi, la cimenterie pourrait continuer d'exploiter ses installations sans modifier ses procédés en achetant les permis qui lui manquent pour la quantité de CO_2 qu'elle émet réellement.

Les entreprises et les pays qui pourront faire les réductions d'émissions à moindre coût permettront de rendre moins dure l'adaptation de certains secteurs limités par la nature de leur production ou par une conjoncture économique défavorable.

Le législateur pourra déterminer le niveau de polluants acceptable et se fixer des objectifs de réduction sans avoir à s'immiscer dans un secteur de production ou à favoriser une entreprise aux dépens d'une autre. Ce principe respecte la concurrence entre les entreprises et n'introduit pas de biais supplémentaire.

Pour les entreprises, l'existence d'un marché de droits de polluer permettra de financer des améliorations technologiques susceptibles de réduire la pollution; l'entreprise qui aura apporté des améliorations technologiques pourra vendre à d'autres les permis dont elle n'aura plus besoin. Elle pourra aussi décider de se donner des marges de manœuvre pour augmenter sa production, pendant que d'autres ne pourront pas se procurer de permis à des coûts intéressants.

Dans le cas des gaz à effet de serre, le mécanisme de permis échangeables est particulièrement attrayant. En effet, une tonne de CO_2 émise par des automobiles ou une tonne de CO_2 émise par une centrale thermique, ça ne fait pas de différence dans l'atmosphère. La possibilité d'échanger l'une contre l'autre peut être fort intéressante, car plus le marché est grand, plus il y a place pour des innovations et des réductions qui respectent la capacité d'ajustement des technologies. De plus, certains secteurs industriels peuvent plus facilement effectuer des réductions significatives à faible coût. Cela permet de procéder rapidement aux réductions les plus faciles et de limiter les impacts économiques.

L'échange de permis fait partie des mécanismes prévus par le Protocole de Kyoto. Là où le bât blesse, cependant, c'est quand des pays comme les États-Unis et le Canada au premier chef veulent en élargir la portée de telle façon qu'ils ne soient pas obligés de procéder chez eux à de réelles réductions d'émissions de GES. Il est de plus possible d'obtenir des permis échangeables pour des puits de carbone, telle une plantation d'arbres, ou d'obtenir des crédits pour une action effectuée dans un pays ne faisant pas partie de l'Annexe I, selon le «mécanisme de développement propre». Tout cela rend énormément plus complexe et ardu le processus de négociation et retarde aussi, d'une Conférence des Parties à l'autre, la ratification du Protocole de Kyoto. En outre, il y a un certain cynisme à demander des crédits pour des actions qui auraient été faites de toute façon ou qui n'apportent pas de contribution réelle à la solution des problèmes pour lesquels on a conçu ces mesures.

Les échanges, c'est payant

Heureusement, les marchés n'ont pas attendu les gouvernements pour commencer à échanger des permis d'émissions de gaz à effet de serre. On assiste actuellement à des transactions entre les composantes de grandes multinationales, qui échangent entre elles des réductions d'émissions, et même, des ventes entre sociétés de secteurs différents, comme celle qui a permis à DuPont Chemicals de vendre plusieurs millions de tonnes d'émissions à Hydro-Ontario, à l'automne 2000. On voit même des maisons de courtage et des sites Internet[2] commencer à offrir leurs services pour de tels échanges.

La principale difficulté d'application du mécanisme de permis échangeables est liée à l'établissement de critères de comparaison pour réclamer des réductions ou calculer des émissions. Par exemple, si l'on veut échanger le CO_2 capté par une plantation de 1 000 hectares contre le CO_2 émis par une flotte de camions ou une aciérie, il faut pouvoir dire avec suffisamment de certitude que l'échange sera équitable, que la forêt ne sera pas incendiée ou transformée en papier, etc. Par ailleurs, si on élargit trop le champ d'application des mécanismes d'échange, comme veulent le faire les États-Unis et le Canada, de tels permis ne voudront plus rien dire en termes de réductions réelles.

Ainsi, les anciens pays de l'Union soviétique émettent aujourd'hui beaucoup moins de gaz à effet de serre qu'en 1990 non parce qu'ils ont pris des mesures pour réduire leurs émissions, mais à cause de l'effondrement de leur infrastructure industrielle et de l'appauvrissement de la population dans le processus de transition vers l'économie de marché. Ces centaines de millions de tonnes d'équivalent CO_2 forment ce qu'on appelle «la bulle d'air chaud», c'est-à-dire des réductions réelles, mais pour lesquelles aucun effort n'a été consenti. En fait, elles n'existent que parce que l'année de référence de la Convention est 1990. La situation aurait été très différente en 1995. Elles ont toutefois été comptabilisées pour permettre aux pays en transition de redémarrer leur économie sans avoir à investir trop d'efforts

2. Par exemple, http://www.carbontrading.com. En juin 2001, on a ouvert à Chicago une bourse du CO_2 où de grandes entreprises s'échangent des permis. Les 25 firmes participantes veulent réduire leurs émissions de 5 % d'ici 2005 par rapport au niveau de 1999.
   Voir à l'adresse http://www.chicagoclimatex.com.

sur le plan des gaz à effet de serre. En obtenant à Buenos Aires la possibilité d'acheter ces permis, les États-Unis peuvent, en contrepartie de l'aide internationale qu'ils auraient de toute façon dû accorder à la Russie, par exemple, transiger des droits d'émissions applicables à leur propre croissance économique. Cela est difficilement acceptable, en termes d'équité, puisque la Russie, qui est un pays signataire de l'Annexe I, devra, lorsque sa situation économique se rétablira, racheter des permis à un tarif beaucoup plus élevé, ce qui réduira d'autant sa compétitivité sur les marchés internationaux.

Les incitations aux énergies vertes et renouvelables

Les énergies renouvelables sont un choix particulièrement judicieux à encourager dans le contexte des changements climatiques. En principe, les émissions qu'on peut leur attribuer sont indirectes et résultent du cycle de vie des appareils nécessaires pour les produire ou les capter. Des sources d'énergie comme le vent, l'eau qui dévale une pente, la marée et le flux solaire peuvent produire une certaine quantité d'électricité, à condition qu'on puisse les capter et les transformer adéquatement.

À l'exception de l'hydroélectricité, le coût des énergies renouvelables (éolienne et solaire) demeure élevé en raison de la nature périodique et discontinue de leur flux et de l'efficacité encore perfectible des systèmes de captage. Une turbine éolienne ne produit de l'électricité que lorsque le vent souffle. Une plaque photovoltaïque ne fonctionne que lorsqu'elle est éclairée par le Soleil. Pour un approvisionnement constant en électricité, il faut donc coupler ces appareils avec des accumulateurs d'énergie ou avec des systèmes d'appoint, comme une génératrice diesel. Par ailleurs, les cellules photovoltaïques demeurent peu efficaces dans la transformation de la lumière en électricité, ce qui oblige à les déployer sur une grande surface pour obtenir une puissance suffisante pour simplement combler les besoins domestiques en électricité. Ces facteurs font que les énergies tant solaire qu'éolienne sont dispendieuses.

Centrale marémotrice à Annapolis, en Nouvelle-Écosse

Y. Derome/Publiphoto

217

Les énergies renouvelables et le développement durable

Le développement durable suppose qu'on puisse satisfaire les besoins des humains maintenant, sans remettre en cause la capacité des générations futures de répondre à leurs propres besoins. Nous ne pouvons évidemment pas imaginer quels seront tous les besoins des futurs habitants de la planète, mais nous pouvons supposer qu'ils devront avoir un bon approvisionnement en eau, une nourriture suffisante, un environnement sain et suffisamment d'énergie pour satisfaire divers autres besoins (chauffage, éclairage, travail mécanique, mobilité, etc.).

Parmi les formes d'énergie que nous pouvons exploiter aujourd'hui, certaines sont renouvelables, d'autres sont potentiellement renouvelables, d'autres encore ne le sont pas du tout. Une ressource est renouvelable si on peut l'exploiter de façon récurrente sans en épuiser la source. L'eau, le vent, la marée, la géothermie et le flux solaire sont des ressources renouvelables.

Une ressource est potentiellement renouvelable si elle doit être exploitée en tenant compte d'un certain seuil de renouvellement au-dessous duquel on doit maintenir les prélèvements. C'est le cas du bois ou des cultures à vocation énergétique, pour lesquels il faut rester sous le seuil de remplacement des forêts ou de régénération des sols pour obtenir des rendements continus.

Une ressource non renouvelable s'épuise à mesure qu'on l'exploite. Les combustibles fossiles et l'énergie nucléaire en sont des bons exemples.

Dans une perspective de développement durable, il convient donc d'utiliser les ressources renouvelables de préférence aux autres. Leur exploitation suppose cependant des coûts économiques, environnementaux et sociaux qu'il faut considérer dans l'analyse. Ainsi, un barrage hydroélectrique nécessite un réservoir qui noie des portions plus ou moins grandes de territoire, et peut détruire certains écosystèmes et déplacer des populations. Une centrale marémotrice peut nuire à l'habitat de certains poissons, une éolienne mal placée peut causer des torts aux oiseaux migrateurs, etc. Pour qu'une forme d'énergie puisse se qualifier dans une optique de développement durable, elle doit aussi minimiser ses impacts sur l'environnement à un degré tel qu'elle ne laisse pas de perturbations irréversibles dans les écosystèmes. Une centrale éolienne, qui peut être démontée lorsqu'elle a terminé son service et qui n'empêche pas les autres formes d'utilisation du territoire, constitue un bon exemple. Il reste tout de même que la ressource doit aussi être économiquement viable pour satisfaire les besoins du plus grand nombre. On doit donc chercher à utiliser l'énergie le plus efficacement possible, c'est-à-dire rechercher la forme d'énergie qui convient en quantité suffisante pour obtenir le service optimal, si on veut parler de développement durable.

Il faut toutefois relativiser les choses. Dans la transformation de l'énergie du charbon, par exemple, les systèmes de production thermique affichent un maigre taux d'efficacité se situant en moyenne entre 35 et 40 %. Si les coûts de la pollution étaient intégrés dans le coût de l'électricité produite par ces centrales, le prix en serait certainement plus élevé. Cette industrie dispose toutefois de « droits acquis » et de puissants lobbies, très actifs auprès des gouvernements.

Dans un contexte de commerce de permis échangeables, il est probable que les formes d'énergie renouvelable seront considérées comme n'émettant pas de gaz à effet de serre. Le cas de l'hydroélectricité, dont les réservoirs sont un facteur d'émissions de CO_2 et de méthane, est toutefois un peu plus complexe. En effet, ces émissions se produisent en proportion de la superficie du territoire inondé, persistent plusieurs décennies après la mise en eau et peuvent donc être considérées comme des émissions de procédé. Il y a de fortes chances pour que les producteurs d'électricité thermique, dans un souci de limiter la compétitivité de la filière hydroélectrique, obligent les producteurs d'hydroélectricité à déclarer les émissions et à obtenir des permis échangeables.

Dans le cas de l'énergie éolienne, lorsqu'on couple des turbines modernes à un réseau, le coût de revient du kilowattheure s'approche des coûts de production conventionnels et font de cette filière une solution de remplacement viable que plusieurs pays aussi différents que le Danemark et l'Inde ont commencé à implanter à grande échelle. Selon le troisième groupe de travail du GIEC, les progrès réalisés dans l'efficacité des éoliennes, au cours des dix dernières années, constituent l'un des plus grands espoirs de pouvoir satisfaire la demande croissante d'électricité à l'échelle planétaire, tout en permettant de réaliser les scénarios optimistes de croissance des émissions.

Par ailleurs, lorsqu'elles sont couplées à un système existant, les éoliennes, les cellules photovoltaïques et les piles à combustible peuvent constituer des unités de production décentralisées. L'électricité qu'elles produisent, lorsqu'elle n'est pas utilisée par leur propriétaire, constitue une énergie d'appoint qui complète les services de base fournis par les producteurs. Ainsi, les industriels, les propriétaires de bâtiments et les propriétaires de résidences peuvent produire eux-mêmes une partie de leur électricité et même en fournir au réseau lorsqu'ils ont un surplus, leur contribution étant déduite de leur facture d'électricité.

Deux types de mesures incitatives peuvent être instaurés par les gouvernements pour favoriser le développement de la production d'énergies vertes : l'achat d'un certain nombre de kilowatts à prix fixe, sur un contrat d'approvisionnement à long terme, qui permet aux producteurs de rentabiliser leur investissement ; la détermination d'un quota d'énergies vertes dans le portefeuille des compagnies productrices. Le coût du développement des technologies est, dans les deux cas, reporté sur la facture globale des consommateurs.

Le cas de l'hydroélectricité est différent. On ne peut produire de l'électricité que lorsqu'il y a suffisamment d'eau et de dénivellation pour faire tourner des turbines. Or, les cours d'eau subissent des crues et des décrues en fonction des précipitations et il est rare que la demande d'électricité coïncide avec le régime de ces crues. Dans les pays nordiques, les précipitations hivernales sont très faibles et essentiellement sous forme de neige. Le niveau d'eau connaît donc son étiage le plus sévère en hiver, dans ces pays. Or, c'est à ce moment qu'il fait le plus froid et que les journées sont les plus courtes, ce qui entraîne une plus forte demande d'électricité. En Californie ou dans les pays méditerranéens, au contraire, c'est en été que les étiages sont les plus sévères et que les besoins de climatisation sont les plus grands. Il faut donc construire des réservoirs pour accumuler l'eau des crues et la turbiner lorsque la demande d'électricité croît. De tels réservoirs, nous l'avons dit, sont une source de CO_2 et de méthane, et réduisent ainsi la valeur de l'hydroélectricité comme énergie verte.

Si le potentiel des énergies vertes et des énergies renouvelables est appelé à augmenter au cours des prochaines décennies, il n'occupera pas, à moyen terme, une proportion importante du parc de production d'électricité. Même si une révolution technologique rendait les panneaux solaires plus efficaces et moins onéreux, on ne s'en servirait jamais pour alimenter une aluminerie ou une fonderie, dont les besoins en puissance sont énormes et doivent être assurés sur une base continue, jour et nuit.

L'Allemagne possède le plus important parc d'éoliennes au monde et le gouvernement fait en sorte de promouvoir ce type d'énergie renouvelable en offrant des exemptions de taxes aux énergies vertes. Le Danemark, pour sa part, a fait de l'industrie de l'éolienne un pôle de développement et exporte son expertise dans le monde entier.

L'objectif européen, en matière d'énergies renouvelables, est d'augmenter la part de ce type d'énergie à 12 % du total en 2010, dans le but de réduire les émissions de gaz carbonique de 400 millions de tonnes par année. Aux États-Unis, la ville de Los Angeles a décidé, dans ses appels d'offres de mars 2001, d'exiger que 10 % de l'énergie consommée à des fins municipales soit fournie par des énergies vertes. Ces quelques exemples montrent que la voie des énergies propres et renouvelables est non seulement viable, mais peut donner lieu à des avantages commerciaux pour les entreprises qui investissent dans ce type de technologie.

L'efficacité énergétique

L'efficacité énergétique est un concept qui a été galvaudé, car beaucoup de gens l'associent à une privation d'énergie. Pourtant, il ne s'agit pas de se priver d'utiliser de l'énergie, mais plutôt de chercher à toujours utiliser la bonne quantité de la bonne forme d'énergie, au bon endroit, dans la bonne machine, pour obtenir le meilleur service. Naturellement, cela suppose un travail constant d'amélioration de l'efficacité de la transformation d'énergie dans les machines et de la récupération de la chaleur perdue, mais aussi la connaissance des différentes filières de production énergétique.

Malgré leurs nombreuses dissensions, les économistes s'entendent généralement pour dire qu'il est possible d'améliorer de 10 à 30 % l'efficacité énergétique sans frais nets et même d'économiser de façon récurrente la dépense énergétique subséquente.

Selon l'Organisation de coopération et de développement économiques (OCDE)[3], le secteur de l'efficacité énergétique, avec les technologies existantes, permet de très importantes réductions de la consommation d'énergie et, par conséquent, des réductions d'émissions de gaz à effet de serre considérables. Dans le secteur domestique, qui compte pour 20 à 35 % de la consommation énergétique d'un pays, des mesures d'efficacité énergétique comprenant de meilleures normes de construction et des appareils domestiques à haute efficacité permettraient de réduire la facture du tiers. Dans le domaine commercial, qui compte pour 10 à 30 % de la consommation, des mesures comme une meilleure isolation thermique des bâtiments, des équipements plus efficaces et des systèmes de chauffage communautaires, tels des réseaux de vapeur dans les zones commerciales, permettrait d'économiser la moitié de l'énergie consommée.

Le grand avantage des projets d'efficacité énergétique est leur potentiel de motivation, car ils s'adressent à une large clientèle, créent beaucoup d'emplois à l'échelle locale, améliorent la compétitivité et diminuent souvent les problèmes environnementaux locaux. Ils doivent cependant être pensés le plus possible en amont, surtout quand ils concernent la construction, car il devient beaucoup plus onéreux de tenter de rendre plus efficace, lors de rénovations, un bâtiment mal conçu, que de le concevoir tel dès le départ, au moment de sa construction.

> Dans le secteur domestique, qui compte pour 20 à 35 % de la consommation énergétique d'un pays, des mesures d'efficacité énergétique comprenant de meilleures normes de construction et des appareils domestiques à haute efficacité permettraient de réduire la facture du tiers.

---

3. D. Violette, C. Mudd et Keneipp, *An Initial View on Methodologies for Emission Baselines: Energy Efficiency Case Study*, OECD and IEA Information Paper, 2000.

L'énergie éolienne, une filière en émergence

Les moulins à vent ont été popularisés en Hollande, au 14e siècle, pendant le Petit Âge glaciaire. Ils ont d'abord servi à pomper l'eau pour assécher les champs et ont aussi été couplés à divers mécanismes permettant d'exploiter la force du vent, au lieu de la force humaine, animale ou hydraulique, pour moudre le grain, par exemple.

Bernard Saulnier

On sait, depuis la fin du 19e siècle, qu'il est possible de produire de l'électricité avec des éoliennes. Même si en 1903 l'énergie éolienne comptait pour 3 % de la production électrique du Danemark, la technologie a surtout été utilisée dans des fermes ou dans des endroits isolés et venteux, qui ne disposaient pas d'autres moyens pour assurer leur alimentation électrique.

Avec 23 000 MW de capacité installée dans le monde à la fin de 2001 (environ l'équivalent du tiers des barrages hydroélectriques du Québec) et 37 TWh produits annuellement, le secteur éolien s'est acquis une place de choix parmi les filières de production en émergence. Les rotors des plus grandes éoliennes en production (1,3 à 1,8 MW) atteignent maintenant 70 m de diamètre et les nacelles sont montées sur des tours de 60 à 100 m de hauteur (117 m récemment en Allemagne). Ce sont les plus grandes machines tournantes au monde. La ressource naturelle, c'est-à-dire le vent continuellement «alimenté» par la chaleur solaire, est gratuite, mais les succès de l'industrie sont le résultat de la mise en place de normes de performance et d'un processus rigoureux de certification que se sont imposés les grands manufacturiers et producteurs. La forte croissance du marché de l'énergie éolienne (plus de 30 % par an depuis 5 ans), couplée à une capacité de fabrication de l'industrie qui représente un chiffre d'affaires de plus de 8 milliards de dollars annuellement, témoigne de la maturité de cette technologie et de la fiabilité de ses produits. Les acteurs principaux sont actuellement l'Allemagne, l'Espagne, le Danemark et les États-Unis. L'industrie éolienne moderne, qui a pris racine au Danemark au tournant des années 1980, occupe actuellement 10 % de la production électrique de ce pays grâce à une volonté politique très ferme qui favorise l'émergence de cette filière d'énergie renouvelable.

Depuis 1985, la puissance unitaire moyenne des éoliennes est passée de 65 à 660 kW, mais quelques manufacturiers sont déjà engagés dans le prototypage de machines dans la gamme des 2,5 à 5 MW. Un tel rythme de croissance exige de grands efforts de recherche-développement (R-D) et, au Danemark seulement, on compte 350 à 500 chercheurs et ingénieurs en R-D dans le secteur éolien.

Malgré la nature discontinue du vent, on peut améliorer la fiabilité d'un réseau d'énergie éolienne de trois façons:

✦ En augmentant la fiabilité des prévisions de vents, ce qui permet de satisfaire une proportion maximale de la demande au moment où les éoliennes sont en production;

✦ En exploitant au mieux les gisements de vent, c'est-à-dire en plaçant les éoliennes à l'endroit où les vents sont le plus constants et prévisibles;

▶

◆ En couplant les éoliennes avec des formes complémentaires de production d'énergie. Ainsi, une centrale hydroélectrique turbine, en fonction de la demande, l'eau stockée en amont dans un barrage. Si elle est couplée avec des turbines éoliennes, l'électricité produite par ces dernières permettra de maintenir le niveau d'eau dans le barrage, qui sert ainsi d'accumulateur d'énergie. Les éoliennes sont aussi couplées avec des centrales au diesel dans plusieurs localités nordiques, ce qui permet d'économiser du carburant. On commence même à exploiter aux États-Unis des centrales combinées gaz naturel-éoliennes.

En comparaison des technologies de production conventionnelles, la ressource éolienne compense une faible densité énergétique parce qu'elle est disponible sur d'immenses territoires, ce qui permet plus de souplesse dans le choix des sites d'implantation. C'est probablement l'un des facteurs responsables des succès de cette industrie en pleine croissance. La compatibilité d'usages du terrain (agriculture, foresterie, etc.) en zone «éolienne» est aussi un atout non négligeable de cette filière. L'émergence d'aérogénérateurs commerciaux de grande taille, montés sur de hautes tours, augmente à la fois la productivité et le territoire d'implantation potentiel de la filière éolienne. Le marché des éoliennes en mer, qui constituera la prochaine «vague» de pénétration du secteur éolien en Europe après 2005, contribuera à accroître le territoire exploitable. Le Danemark, pionnier dans ce domaine, aura 750 MW d'énergie éolienne en mer en 2006. Parmi toutes les technologies de production, le secteur éolien est généralement reconnu comme celui ayant le plus faible impact environnemental, et son écobilan, en termes de GES, est particulièrement éloquent.

Des précautions s'imposent toutefois pour éviter de répéter, avec l'énergie éolienne, les erreurs qui ont été faites avec d'autres filières dans le passé, c'est-à-dire les implanter sans tenir compte des impacts écologiques sur la faune et sans l'accord des populations locales. Dans les pays développés, les études d'impact et les consultations publiques entourant ces projets assurent tout de même une certaine sécurité à cet égard. Le fait de la considérer comme une énergie verte contribue aussi à rendre socialement acceptable l'énergie éolienne.

Pour plus d'information sur l'industrie éolienne

Sites Internet
◆ Un site qui aborde tous les aspects de la filière éolienne est celui de l'Association des manufacturiers danois : http://www.windpower.dk
◆ Un excellent site francophone est celui de l'Université du Québec à Rimouski : http:// ww.eole.org

Magazines
◆ *Wind Power Monthly*, un mensuel spécialisé dans les affaires internationales en énergie éolienne : http://www.wpm.co.nz
◆ *Wind Directions*, magazine de l'Association européenne d'énergie éolienne : http://www.ewea.org

Éolienne, au Québec, en hiver.

Bernard Saulnier

Le défaut des projets d'efficacité énergétique est qu'ils coûtent plus cher que le gaspillage ou demandent une immobilisation de capital avant de produire des effets. En général, le retour sur investissement se fait tout au long de la durée de vie de l'appareil, mais il est quelquefois relativement peu important, donc peu visible dans les budgets mensuels. La personne qui n'a pas de marge de manœuvre, en termes de capital, est donc incitée à payer un peu plus cher son énergie mensuelle, plutôt que de s'endetter pour devenir plus efficace sur le plan énergétique. Dans cette perspective, la création de fonds qui peuvent prêter le capital nécessaire à l'augmentation de l'efficacité énergétique et se rembourser à même les économies d'énergie réalisées est une mesure incitative très intéressante.

Enfin, dans le secteur industriel, qui représente plus de 40 % de la consommation énergétique, des gains importants peuvent être réalisés par le choix de carburants plus propres et de procédés moins énergivores, mais aussi de modes de production plus efficaces. Le taux de conversion du carburant en électricité, dans les centrales thermiques conventionnelles, est actuellement d'environ 30 %. Dans les centrales les plus modernes, cependant, ce taux atteint 45 % pour le charbon et 52 % pour le gaz naturel. Des technologies comme la cogénération ou les centrales à cycle combiné peuvent aussi augmenter l'efficacité en récupérant la vapeur qui sert à entraîner la turbine pour d'autres usages industriels ou encore en produisant de l'électricité à partir de l'énergie contenue dans les gaz d'échappement.

L'efficacité énergétique représente toujours un avantage pour les entreprises, puisqu'elle améliore la compétitivité. En Allemagne, 15 associations industrielles, représentant 99 % de la capacité de production d'énergie du pays et 70 % de la consommation industrielle d'énergie, ont signé une déclaration commune où elles s'engagent à réduire de 20 % en moyenne leurs émissions de CO_2 entre 1990 et 2005. Le gouvernement pourrait, en cas de non-respect des objectifs, imposer des taxes supplémentaires à la consommation d'énergie. En Californie, à l'été 2001, de nombreux incitatifs à l'efficacité énergétique ont été mis en œuvre pour lutter contre la pénurie d'énergie qui affectait cet État. L'administration offrait une prime de 20 % de la facture énergétique aux entreprises qui réussissaient à baisser leur consommation de 20 %.

L'efficacité énergétique présente aussi d'énormes avantages dans les bâtiments publics. Au Québec, par exemple, les édifices publics émettaient en 1997 1 200 000 t de gaz à effet de serre. Le Plan d'action québécois sur les changements climatiques espère réduire de 240 000 t ces émissions d'ici 2008, grâce à des moyens qui seront définis dans un programme spécial. On peut penser qu'il s'agira entre autres de l'amélioration de l'isolation et de la fenestration, et de la modernisation des systèmes de chauffage. L'Allemagne a également mis en vigueur un programme d'amélioration des bâtiments qui contribue d'ailleurs largement à atteindre l'objectif de réduction des émissions de CO_2. Les réductions ainsi obtenues par la reconstruction et l'isolation sont de l'ordre de 8 millions de tonnes par année.

Le rôle des villes

Le niveau décisionnel municipal est un de ceux où les dirigeants sont le plus proches de leurs commettants. Bien que les négociations de la CCNUCC ne fassent pas spécifiquement référence à ce palier décisionnel, les autorités municipales ont un rôle important à jouer dans la lutte contre l'augmentation des gaz à effet de serre. En effet, c'est à ce niveau que se prennent de nombreuses décisions et que sont administrés plusieurs lois et règlements à l'origine de mesures concrètes pour la réduction des émissions.

Les villes peuvent notamment entreprendre de nombreuses actions dans le domaine de la planification du développement urbain, la recherche de l'efficacité énergétique, l'expérimentation de nouvelles technologies, la sensibilisation et l'éducation des citoyens et l'émulation par des actions individuelles et collectives[4].

Les réductions dans le secteur du transport

Le transport constitue la plus importante source de gaz à effet de serre au Québec et compte pour 38 % des 88 000 kt d'équivalent CO_2 émises en 1998. Dans sa stratégie de réduction des GES, le gouvernement québécois compte augmenter, à la fin de 2005, l'efficacité énergétique de son parc automobile de 20 % par rapport à 2000. Pour atteindre un tel objectif, il faudra remplacer progressivement les véhicules actuels par d'autres qui utilisent des technologies de combustion plus efficaces ou des modes de propulsion «alternatifs». Même si la part du transport est moindre dans la plupart des pays, les possibilités d'économies n'en existent pas moins.

Pour le transport en général, le plan d'action québécois prévoit investir dans les infrastructures de transport en commun,

Un système efficace de transport en commun permet à la fois de réduire les émissions de GES, la congestion et le smog urbain.

G. Zimbel/Publiphoto

MODES DE PROPULSION « ALTERNATIFS » : modes qui utilisent des moteurs électriques, des moteurs à hydrogène ou des piles à combustibles.

225

---

4. C. Villeneuve, *Villes d'hiver et changements climatiques, les défis de l'action*, Actes du Congrès international des villes d'hiver, 2001, Québec (sous presse).

notamment dans les régions de Montréal et de Québec. On pense ainsi à l'aménagement de voies réservées, de stations ou de gares intermodales, de trains de banlieue, etc.

Des mesures fiscales pourraient également être adoptées, par exemple pour rendre le coût de l'abonnement au transport en commun déductible d'impôt. Par ailleurs, des redevances pourraient être demandées lors de l'achat de véhicules à forte consommation, alors que des remises pourraient être consenties aux consommateurs qui choisiraient des véhicules peu polluants. L'instauration d'un programme d'inspection obligatoire des véhicules est aussi en voie de réalisation, mais l'efficacité d'un tel programme pour la réduction d'émissions de GES est marginale.

En ce qui concerne le transport de marchandises par camion, en forte croissance au Québec comme partout en Amérique du Nord, on prévoit offrir une formation aux chauffeurs et aux gestionnaires de flottes de camions afin de promouvoir des pratiques de conduite moins émettrices. Le développement du transport intermodal sera aussi à l'ordre du jour dans une optique de réduction des émissions de gaz à effet de serre au Québec.

En Allemagne, il est très courant de voir des améliorations au réseau de transport des municipalités favorisant les transports en commun, ou les déplacements piétonniers ou à bicyclette. Malheureusement, les Allemands aiment les grosses voitures, et l'imposition d'une limite de vitesse sur les autoroutes serait très mal perçue, malgré son efficacité éprouvée ailleurs dans le monde.

Plusieurs villes ont d'ailleurs entrepris des actions en ce sens, mais ces initiatives sont souvent peu productives, parce qu'il manque une stratégie globale de réduction des émissions de gaz à effet de serre appuyée par une volonté politique claire et une responsabilité exécutive, assortie de moyens de mesure et d'objectifs de réalisation précis.

La Ville de Toronto, par exemple, a mis sur pied une série d'initiatives dans le domaine du bâtiment, mais pas dans ceux du transport et de la gestion des déchets. Plusieurs villes des États-Unis ont adopté le programme Green Fleet des ICLEI (International Community Leaders Environmental Initiatives), qui vise à gérer de façon optimale les flottes de véhicules municipaux. Ce programme non seulement se traduit par des réductions d'émissions, mais aussi permet des économies substantielles dans les achats et les frais d'utilisation des véhicules.

Les technologies permettant de réduire les émissions

Un autre secteur qui réjouit le troisième groupe de travail du GIEC, auteur du rapport sur les scénarios d'émissions les plus compatibles avec la protection de l'atmosphère, concerne les technologies de réduction des émissions de gaz à effet de serre.

Pour réduire les émissions à la source, on peut soit utiliser des combustibles ayant un plus faible taux de carbone (gaz naturel), soit recourir à des énergies vertes qui produisent peu de carbone atmosphérique dans leur cycle de vie, ou encore chercher à diminuer la consommation de combustibles pour les mêmes services. Certains autres gaz incontournables, comme les perfluorocarbones des alumineries, peuvent être séquestrés avant de s'échapper dans l'atmosphère. Dans d'autres cas, on peut modifier les procédés, comme pour l'émission de protoxyde d'azote dans la fabrication de certains plastiques.

Comme nous l'avons vu au chapitre 7, trois types d'industries produisent une proportion considérable de gaz à effet de serre émis dans l'atmosphère : les cimenteries, les aciéries et les centrales thermiques. Dans ces trois secteurs, même une réduction relativement modeste des émissions de gaz à effet de serre se traduira par des progrès considérables dans la réalisation des objectifs du Protocole de Kyoto. De plus, comme ce sont des secteurs industriels étroitement liés au développement de l'infrastructure d'un pays, les progrès enregistrés dans ces secteurs permettront d'éviter de futures émissions dans les pays en développement

Cimenterie

A. Cartier/Publiphoto

dans lesquels on tranférera la technologie grâce au mécanisme de développement propre.

Cimenteries, aciéries et centrales thermiques

Les cimenteries du monde produisent 1,45 milliard de tonnes de ciment chaque année et on estime leurs émissions à 1,1 milliard de tonnes[5] de CO_2. Comme les émissions proviennent essentiellement de la consommation d'énergie pour le chauffage des fours et du dégazage provoqué par le grillage des carbonates, c'est au niveau de la consommation d'énergie que devrait se faire le plus grand effort de réduction des émissions, à moins qu'on puisse capter le CO_2 provenant des carbonates et le fixer, pour le recycler ensuite grâce à une des technologies qui seront décrites plus loin. Le captage du CO_2 provenant du dégazage du calcaire est possible en théorie, mais n'est pas appliqué dans la pratique.

5. Marland *et al.*, 1998, *in* Ellis, 2000, *op. cit.*

Aciérie

L'industrie est déjà en train de s'attaquer au problème énergétique en éliminant progressivement le procédé humide qui, consommant 5,7 mégajoules d'énergie par kilo, est beaucoup plus énergivore que le procédé sec, qui consomme 3,3 mégajoules d'énergie par kilo. Il y a aussi d'autres avenues, comme la récupération d'énergie du préchauffage pour la production d'électricité et la diminution de la proportion de clinker dans le produit fini.

Il est particulièrement important que ce secteur soit pris en compte, car la demande de ciment dans les pays en développement augmente de façon considérable et il est toujours plus rentable d'implanter ce type d'usine près des lieux de la demande. C'est une industrie où s'applique particulièrement bien la notion d'application conjointe négociée dans le Protocole de Kyoto, puisque la fabrication mondiale de ciment est dominée par quelques compagnies multinationales, qui peuvent assez facilement effectuer des transferts de technologies vers des cimenteries qui leur appartiennent dans les pays en développement.

Il est plus difficile de trouver des pistes de réduction des émissions de gaz à effet de serre dans les aciéries, où l'efficacité énergétique dépend de la nature des intrants. Par exemple, la proportion de vieux fer dans les intrants constitue une différence importante par rapport au besoins énergétiques reliés à la production de l'acier. Malgré tout, l'industrie du fer et de l'acier est l'activité industrielle qui consomme le plus d'énergie sur la planète et, lorsqu'on considère de plus l'extraction du fer et le transport du minerai, elle est responsable de près de 10 % de l'ensemble des émissions anthropiques de gaz à effet de serre. La majorité de ces émissions viennent de la combustion de carburants fossiles pour produire la chaleur nécessaire à la fonte du minerai; une partie correspond aux émissions de procédé, c'est-à-dire le coke et la chaux ajoutés pour capter l'oxygène résultant de la réduction du minerai de fer.

La croissance de la demande mondiale en acier est en faible hausse et devrait plafonner à mesure que des matériaux de remplacement moins lourds, plus plastiques et même plus résistants pourront être mis au point par la technologie. Il y a toutefois une forte résistance au remplacement de ce matériau, car la prospérité de grandes régions industrielles dépend de cette industrie génératrice d'emplois.

Les plus grands espoirs de réduction des émissions de gaz à effet de serre viennent du secteur de la production d'électricité, qui est aussi la principale source de telles émissions. Ces espoirs sont fondés sur des stratégies à trois niveaux: la production, le transport et la consommation. Des gains d'efficacité sont possibles à ces trois niveaux, alors que d'importantes réductions d'émissions polluantes peuvent être obtenues par le changement de modes de production.

La disponibilité d'énergie électrique est essentielle au développement d'un pays. Non seulement elle est nécessaire pour assurer le confort et la sécurité des citoyens,

mais elle est aussi indispensable au fonctionnement du commerce et de l'industrie. Un approvisionnement suffisant et fiable en électricité est une des premières conditions de développement économique d'un pays; sans cet approvisionnement, il est peu probable que des entreprises s'y installeront, comme le démontrent éloquemment des pays tels qu'Haïti.

En 1998, l'Agence internationale de l'énergie prévoyait une croissance de la production d'électricité de 3% par année entre 1995 et 2020, ce qui ferait doubler celle-ci (figures 11.1a et 11.1b). Cette augmentation de la demande serait surtout concentrée dans les pays en développement et dans les pays non signataires de l'Annexe I de la CCNUCC, ce qui rend encore plus urgente

Figures 11.1a et 11.1b

Les tendances de la production d'électricité dans le monde entre 1970 et 2020

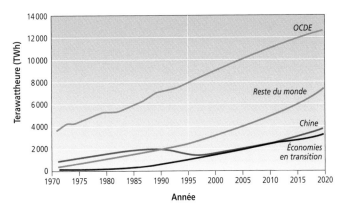
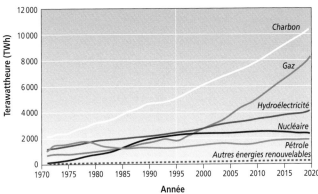

Source: Martina Bosi, International Energy Agency. *An Initial View on Methodologies for Emission Baselines: Electricity Generation Case Study*, OECD and IEA Information Paper, Paris, juin 2000, p. 10.

QUE FAIRE?

la nécessité de trouver des solutions dans ce secteur. En effet, les émissions de gaz à effet de serre provenant de la production d'électricité, qui représentent le tiers des émissions associées au secteur énergétique, augmenteront de 2,7 % par an d'ici 2020 selon les prévisions. Or, les pays non signataires de l'Annexe I de la CCNUCC ne sont pas tenus de réduire la croissance de leurs émissions.

Comme l'indique la figure 11.1b, le charbon maintiendra sa place prépondérante dans ce secteur, mais c'est le gaz naturel qui connaîtra la plus forte croissance comme combustible. Les énergies renouvelables conserveront une part relativement modeste du gâteau et le nucléaire connaîtra une décroissance liée à la mise au rancart progressive des centrales construites dans les année 1960 et 1970[6].

Les principales façons de diminuer les émissions de gaz à effet de serre dans la production d'électricité sont d'abord le choix du combustible et le choix de la filière de production, puis l'efficacité de la transformation de l'énergie du combustible. Dans le domaine du transport de l'électricité, il faut réduire les pertes sur les lignes de transmission, qui peuvent atteindre 10 %

dans certains cas extrêmes. Enfin, du côté des consommateurs, c'est l'efficacité des appareils électriques et de l'éclairage qui fait la différence.

Pour illustrer le potentiel des mesures volontaires, notons que les émissions des grandes industries ont diminué de 834 000 t entre 1990 et 1998 au Québec, et cela ne semble pas attribuable à une baisse de la production mais plutôt à des mesures concrètes de réduction. Le Québec compte renforcer le programme ÉcoGESte, qui invite les entreprises à participer volontairement à la réduction de leurs émissions de GES et à publier les résultats de leurs actions. Celles-ci peuvent comporter des mesures telles que le recours à l'hydroélectricité ou à d'autres formes d'énergie verte, l'amélioration des procédés industriels, l'isolation des édifices, la récupération de chaleur, etc. Les programmes d'actions volontaires sont toutefois d'une efficacité limitée, car ils justifient rarement des investissements importants en recherche et en technologies. Ce sont plus souvent des «à-côtés» d'autres actions motivées par la gestion habituelle de l'entreprise qui sont comptabilisés à la marge.

---

6. On peut s'interroger sur cette tendance devant le regain de vigueur des apôtres de l'énergie nucléaire qui prétendent que cette énergie est propre et exempte de GES. Plusieurs pays industrialisés lorgnent du côté de la fission de l'atome avec un intérêt d'autant plus grand qu'on n'a pas eu d'accident fortement médiatisé depuis quelques années.

Innovations technologiques

La mise en œuvre de certaines technologies nouvelles pourrait changer sérieusement la situation des émissions de gaz à effet de serre dans plusieurs pays du monde si on les adoptait à grande échelle. Parmi ces innovations, des technologies telles que les automobiles hyperefficaces et les piles à combustible comme éléments de motorisation peuvent constituer de véritables améliorations et permettre aux citoyens des pays développés de maintenir leur niveau de vie tout en émettant beaucoup moins de gaz à effet de serre.

Les automobiles hyperefficaces

Le remplacement de l'acier dans les automobiles est probablement l'un des premiers pas pour réduire le poids et, par conséquent, la consommation d'essence. Amory Lovins, du Rocky Mountain Institute, au Colorado, a mis au point le concept des voitures hyperefficaces (*hypercars*), qui combine poids réduit et moteur électrique alimenté par des piles à combustible ou des moteurs hybrides[7]. Ces véhicules pourraient être mis en fabrication très rapidement si ce n'était de la résistance de l'industrie et de la mode des voitures puissantes et gourmandes que sont les véhicules dits «sport utilitaires» et qui dominent actuellement le palmarès de la popularité des salons de l'automobile.

Ces voitures construites avec des matériaux légers peuvent réaliser moins de trois litres aux cent kilomètres.

Hypercar Center®

La clé de ce changement d'attitude réside dans le prix de l'essence, qui est encore beaucoup trop bas, ce qui incite les consommateurs à l'insouciance. Les changements majeurs apportés à la consommation d'essence des véhicules, au début des années 1980, après le deuxième choc pétrolier, ont montré qu'on pouvait fabriquer des autos moins polluantes et moins gourmandes. Mais, plus qu'un moyen de transport, l'automobile, pour beaucoup de gens, est un mode de vie. Et c'est bien ce que leur vend l'industrie. On a tendance à acheter une voiture conçue pour les situations extrêmes, alors que dans la vie de tous les jours, on n'a pas besoin de ce genre de véhicule. Mais la mode ne s'embarrasse pas de logique...

Les piles à combustible

Le fameux moteur à eau, dans la chambre de combustion duquel se combineraient hydrogène et oxygène, n'est peut-être pas si loin. Déjà des autobus fonctionnent en utilisant de l'hydrogène sous pression ou un carburant composé de gaz naturel et d'hydrogène appelé «hytane». Mais ce n'est pas demain qu'on aura cette option chez le

---

7. Voir à l'adresse http://www.rmi.org.

concessionnaire automobile. Les réservoirs d'hydrogène étant très grands et les risques d'accidents lors de la manipulation de ce gaz causant un problème de sécurité majeur, on ne peut espérer faire le plein d'hydrogène avant quelques décennies. Une autre technologie, cependant, semble proche de la maturité, à savoir la pile à combustible.

Une pile à combustible est un réacteur qui produit de l'électricité en séparant l'hydrogène d'un combustible sur une membrane qui ne laisse passer que les protons. L'hydrogène peut provenir d'un réservoir ou être produit par un catalyseur qui transformera un combustible comme l'essence ou le méthanol en un gaz riche en hydrogène et qui sera ensuite acheminé vers la pile à combustible. Des piles à combustible fixes fournissent déjà l'électricité et le chauffage à des immeubles commerciaux dans plusieurs grandes villes américaines.

Déjà Daimler-Chrysler, Ford et Toyota ont sur leurs bancs d'essai de telles piles, qui ont l'avantage de produire une énergie motrice beaucoup moins polluante que les moteurs conventionnels. La pile à combustible permet d'alimenter des moteurs électriques tout en évitant la recharge à partir du réseau, lequel produit souvent son électricité à partir du charbon. La raison qui motive ces firmes automobiles à travailler en ce sens tient en grande partie à la réglementation californienne sur la qualité de l'air, qui exige qu'une certaine part des véhicules en service en 2006 soient exempts d'émissions polluantes. Le problème de la pollution de l'air dans cette région des États-Unis atteint en effet des proportions intolérables, en raison surtout du parc automobile.

L'utilisation du méthanol n'est pas exempte d'émissions de CO_2, mais on estime qu'elle pourrait réduire de 30 % la contribution des véhicules qui seraient munis de piles à combustibles.

Les technologies d'enlèvement du CO_2

On pense généralement que la réduction des émissions est le premier pas à franchir dans la lutte aux changements climatiques, mais il existe aussi des solutions complémentaires permettant de se débarrasser du dioxyde de carbone avant qu'il ne rejoigne l'atmosphère. Voyons quelques-unes de ces solutions qu'on applique… au bout du tuyau d'échappement.

Captage et stockage du CO_2

Plusieurs technologies émergent, en matière d'élimination du CO_2, mais la plupart d'entre elles n'ont pas encore démontré leur faisabilité technique et économique. On estime[8] en effet que les coûts relatifs aux technologies de séquestration, à plus de 100 \$US par tonne d'équivalent de carbone, sont encore trop élevés et que la rentabilité se situerait plutôt à 10 \$US la tonne. Selon le troisième groupe de travail du GIEC, cette avenue pourrait être un moyen efficace de contribuer à la réalisation de scénarios optimistes.

Pour réussir cet exploit, plusieurs groupes dans le monde investissent temps et argent afin de mettre au point de nouvelles technologies. Notons que le gouvernement américain[9] devait investir 9,2 millions de dollars US en 2000 et 19,5 millions en 2001 pour les différents projets de séquestration du CO_2. En outre, depuis le 1er juillet 2000[10], l'Energy Laboratory du Massachusetts Institute of Technology (MIT) et sept compagnies d'envergure internationale (American Electric Power, BP Amoco, Ford Motor Company, General Motors, Norsk Hydro de Norvège, Texaco et TotalFinaElf de France) ont créé un consortium industriel pour effectuer des recherches sur la séquestration du CO_2 et l'amélioration des réservoirs naturels. Nous résumerons en quelques lignes les recherches les plus prometteuses.

Injection dans les océans

Comme nous l'avons vu au chapitre 4, les océans captent naturellement une partie du CO_2 présent dans l'atmosphère, soit environ 3 GtC par an[11]. La méthode proposée consiste à pomper le gaz carbonique dont on veut disposer à 1 000 m de profondeur sous le niveau de la mer. Cette technique est basée sur le fait que le CO_2 se dissout dans l'eau et que les couches profondes sont pauvres en gaz carbonique. Comme à une certaine profondeur le CO_2 liquide devient plus dense que l'eau salée, on estime qu'il devrait couler au fond des océans où il formerait des lacs de gaz carbonique liquide.

Une des limites de cette approche vient de ce qu'elle ne peut être adoptée que pour de grandes quantités de CO_2 de source stationnaire et près des sites de séquestration, donc au bord des océans ou sur des plates-formes de forage en mer. On estime[12] que seulement 15 à 20 % des sources de CO_2 anthropiques répondent à ces critères, ce qui signifie que même en les captant totalement, on serait encore loin du compte.

8. S. Holte, *National Energy Modeling System/Annual Energy Outlook Conference Summary*, U.S. Department of Energy, 2000, p. 14.

9. Energy Information Administration, *Analysis of the Climate Change Technology Initiative: Fiscal Year 2001*, U.S. Department of Energy, Washington, 2000, p. 84.

10. Information tirée du site Internet du Global Network of Environment & Technology à l'adresse : http://www.gnet.org/.

11. D. Reichle *et al.*, Working paper on Carbon Sequestration Science and Technology (ébauche), Office of Science, Office of Fossil Energy et U.S. Department of Energy, 1999, p. 3-1.

12. *Ibid.*, p. 3-3.

Beaucoup d'efforts sont consentis pour le développement de cette technologie, particulièrement au Japon, mais, jusqu'à maintenant, son impact environnemental n'a pu être décrit. D'ailleurs, certains experts[13] craignent que de légères altérations des cycles biogéochimiques des océans n'entraînent d'importantes répercussions, que l'on ne peut estimer à ce stade des recherches. De plus, il tombe sous le sens que la création de nappes de CO_2 sous-marines asphyxierait la faune des fonds marins, qui a besoin de l'oxygène qui lui est fourni par les échanges entre les eaux de surface et les eaux profondes au voisinage des mers arctiques et antarctiques. Cet impact écologique est difficilement acceptable, au regard des bénéfices escomptés, surtout que les eaux marines profondes constituent l'un des réservoirs encore inexplorés de la biodiversité mondiale.

À certains égards, selon quelques experts, la séquestration du CO_2 dans les océans ne fait que reporter dans le temps la problématique du gaz à effet de serre, puisque cette méthode ne constitue qu'un stockage temporaire. En effet, les eaux profondes des océans ne demeurent pas éternellement au même endroit et, tôt ou tard, elles se mélangent à des eaux remontant en surface; à ce moment-là, le gaz carbonique qu'elles contiennent sera réémis dans l'atmosphère par dégazage.

Enfin, cette solution utilise normalement du CO_2 pur, ce qui est un désavantage économique. Pour compenser ces coûts, la technique a été ajustée pour des gaz mélangés plus proches des produits de l'industrie. Cette approche permet de réduire les coûts d'environ la moitié, mais elle entraîne aussi de nombreux polluants qui accompagnent le CO_2 dans l'océan. Il est probable que cette approche devra subir un sérieux examen environnemental avant d'être mise en application.

La fertilisation des océans relève d'autres prémisses. On a remarqué que l'addition de fer dans l'océan provoque la prolifération du phytoplancton. Certaines équipes de chercheurs ont donc supposé qu'en déversant de la limaille de fer dans l'océan, la prolifération de phytoplancton qui s'ensuivrait (en raison de la photosynthèse qui capte le CO_2) pourrait augmenter la capacité naturelle des océans à fixer le gaz carbonique de l'atmosphère. Cette approche intéressante est cependant très limitée, puisque le fer qu'on ajoute à l'océan doit d'abord avoir été extrait et purifié à partir de la lithosphère, puis transporté dans un endroit où l'océan a besoin de fertilisation (c'est-à-dire habituellement loin des côtes). Le bilan supposé de toute cette activité, en termes d'émissions, donne à penser qu'on ne pourrait trouver là une solution sérieuse pour régler

---

13. *Ibid.*, p. 3-2.

un problème à aussi vaste échelle. De plus, si le fer est un facteur limitatif dans l'eau de mer, l'enrichissement en fer ferait en sorte que le phytoplancton demanderait davantage d'autres minéraux qui deviendraient à leur tour des facteurs limitatifs. Faudra-t-il se mettre à enrichir l'océan avec des engrais à minéraux multiples?

Séquestration dans des puits de pétrole et de gaz naturel épuisés

Parmi les solutions actuellement explorées par le gouvernement américain[14] pour éliminer le CO_2, plusieurs fondent de grands espoirs sur la séquestration du carbone dans les puits de pétrole et de gaz naturel épuisés. Comme zone de stockage terrestre, ceux-ci semblent, *a priori*, une solution intéressante. Dans l'industrie du pétrole, l'injection de CO_2 dans les puits afin d'en améliorer les rendements est déjà une technique largement utilisée. Par contre, cette solution n'a pas un caractère de permanence, puisque, tôt ou tard, le CO_2 s'échappe invariablement des puits en production.

En principe, les puits de pétrole et de gaz naturel peuvent soutenir d'énormes pressions sans fuite. Ils pourraient donc, une fois terminée l'exploitation, servir à entreposer du CO_2 comprimé. Par ailleurs, bien qu'il y ait des centaines de sites épuisés à travers le monde, la capacité totale, somme toute limitée, serait de 180 à 500 GtC[15]. De plus, l'application de cette technologie suppose la proximité du puits épuisé avec les sources d'émissions de CO_2, ce qui est loin d'être pratique, car il est rare que l'industrie se développe directement au-dessus des champs pétrolifères. Il est cependant plausible de stocker ainsi une partie des gaz produits par l'exploitation pétrolière et gazière.

Cette solution demeure une échappatoire, car malgré la capacité des formations géologiques à contenir d'importantes quantités de gaz (allant jusqu'à 500 ans de production humaine selon certaines sources), aucune n'est d'une stabilité parfaite. Les mouvements de la croûte terrestre peuvent à tout moment provoquer des failles et des cheminées par lesquelles le gaz s'échapperait vers l'atmosphère, surtout dans les gisements épuisés, qui sont souvent situés à de plus faibles profondeurs. Dans ce cas, le CO_2 étant plus lourd que l'air, les impacts d'un tel relargage pourraient être catastrophiques pour la vie dans les vallées environnantes. C'est d'ailleurs l'échappement de nappes de CO_2 qui cause souvent des mortalités dans des régions où le volcanisme est actif.

---

14. Energy Information Administration, *op cit.*, p. 84.
15. Information tirée du site Internet du groupement international IEA Greehouse Gas R&D Programme, à l'adresse : http://www.ieagreen.org.uk.

Le stockage dans des nappes aquifères

Les nappes aquifères de profondeur, réparties sur l'ensemble du globe, contiennent généralement de l'eau saline et sont séparées des nappes aquifères de surface (nappe phréatique) qui constituent les réserves d'eau potable. L'eau contenue dans ces réservoirs naturels peut dissoudre le CO_2 pressurisé et même le disperser dans les formations géologiques. Toutefois, cette technologie suppose aussi la proximité des nappes aquifères avec les sources d'émissions de CO_2.

La compagnie Statoil[16], en Norvège, utilise déjà cette méthode pour éliminer 1 million de tonnes de CO_2 par an produites par l'extraction du gaz naturel dans la mer du Nord. Cette initiative a pour but d'éviter la taxe norvégienne sur les émissions de carbone.

Dernièrement[17], le gouvernement albertain, par le biais de l'Alberta Energy and Utilities Board, lançait un projet de recherche afin d'étudier les possibilités de la séquestration du CO_2, principalement dans les nappes aquifères. Ce projet a pour objectifs de caractériser les strates sédimentaires de certains sites pour en déterminer les propriétés rocheuses et identifier les sites les plus propices à la séquestration du CO_2.

Bien qu'elles semblent prometteuses, ces technologies, encore une fois, sont limitées par des exigences de proximité et par les moyens techniques nécessaires à la réalisation de ce type d'injection de façon économique. Il faudra probablement s'en tenir, ici aussi, à la séquestration des gaz à effet de serre produits par l'exploitation de nappes pétrolières ou de complexes industriels bien situés.

Captage et recyclage du CO_2

Parmi les secteurs émergents les plus intéressants, le captage et le recyclage de CO_2, imitant les mécanismes naturels de régulation de ce gaz, semblent constituer une voie royale. Deux technologies sont actuellement à l'étude: le captage du CO_2 d'une centrale thermique par la fertilisation d'une culture d'algues unicellulaires et la réutilisation de ces algues comme combustible; le captage du CO_2 par une enzyme qui le transforme et permet de le combiner avec d'autres substances pour donner des produits inorganiques utilisables par l'industrie.

La première technique n'a pas atteint la maturité permettant de l'utiliser à l'échelle industrielle. Il s'agirait de faire passer les gaz d'échappement d'une centrale thermique s'alimentant à la biomasse dans un bassin où

16. M. Halmann et M. Steinberg, *Greenhouse Gaz Carbon Dioxide Mitigation*, Lewis Publishers, États-Unis, 1999, p. 142.

17. S. Bachu, *Disposal and Sequestration of CO$_2$ in Geological Media*, Alberta Energy and Utilities Board, 2000.

croîtraient des algues unicellulaires de type *Spirulina*, qui, en effectuant la photosynthèse, fixeraient le CO_2 sous forme de matière végétale. Il s'agirait ensuite de récolter les algues, de les sécher et de les utiliser comme combustible. Ce système serait censé, selon ses promoteurs, fonctionner en circuit fermé ou presque, constituant indirectement un mécanisme de captage de l'énergie solaire.

Malgré qu'elle soit séduisante à première vue, cette approche se heurte à de très nombreuses difficultés. D'abord il n'y a pas que du CO_2 dans les gaz qui s'échappent d'une centrale thermique fonctionnant à la biomasse, même si les *Spirulina* sont relativement résistantes aux NO_x et aux SO_x. On retrouve aussi toutes sortes de polluants qui doivent être épurés par d'autres systèmes. Par ailleurs, les algues n'ont pas besoin que de CO_2 pour croître, il leur faut aussi de l'eau, des nitrates, des phosphates et de la lumière. Or, la centrale thermique émettant des gaz 24 heures sur 24, il faudrait un éclairage puissant pour remplacer le Soleil durant la nuit et que se poursuive la photosynthèse. Cette lumière devrait être produite par l'électricité de la centrale, ce qui en diminuerait la rentabilité.

La récolte et le séchage des algues demandent aussi soit de l'énergie, soit de l'espace dans une zone très sèche. L'idéal serait naturellement de pouvoir les faire sécher en plein air, dans un désert, mais alors où trouver l'eau pour faire pousser les algues? Enfin, le rendement des centrales à biomasse étant bien inférieur à 50 %, il est peu probable, à moins que le coût d'émission du CO_2 devienne inabordable, que cette solution soit un jour rentable pour des fins industrielles.

Le captage du CO_2 par une enzyme en est, lui aussi, à un stade relativement peu avancé. Cependant, son potentiel est extrêmement prometteur, car le recyclage du CO_2 n'est pas destiné à des opérations énergétiques, mais à la valorisation des résidus de procédés industriels qui sont actuellement des déchets.

En voici le principe. Dans la nature, le CO_2 est omniprésent dans l'environnement des cellules vivantes. Pour en équilibrer la concentration au niveau qui leur convient, les cellules utilisent une enzyme qui le transforment en ion bicarbonate, soluble dans l'eau et capable de réagir avec d'autres substances selon les besoins de la cellule. Inversement, la cellule peut, avec la même enzyme, produire du CO_2 à partir de l'ion bicarbonate. Dans nos muscles, par exemple, le CO_2 qui résulte de l'utilisation du sucre dans notre métabolisme est rejeté par les cellules et transformé en bicarbonate qui contribue à maintenir le pH du sang dans la circulation. Arrivé au poumon, le bicarbonate est retransformé en CO_2 gazeux, qui s'échappe du corps lors de l'expiration.

On a donc pensé, à l'Université Laval de Québec, utiliser cette enzyme pour fabriquer un bioréacteur capable de transformer le CO_2 en bicarbonate afin de débarrasser de ce gaz l'air vicié des enceintes fermées, par exemple un sous-marin en plongée ou encore un bâtiment fermé, telle une école. L'application de la technologie dans des bâtiments fermés pourrait aussi représenter une avenue intéressante pour en diminuer la facture énergétique. En diminuant le CO_2, en effet, on diminue le besoin d'apports d'air frais, qui peuvent constituer 30 % de la facture de chauffage ou de climatisation. Cette technologie peut aussi être appliquée pour transformer le CO_2 de diverses sources et faire réagir ensuite le bicarbonate avec des produits qui permettent de fabriquer des composés, comme le carbonate de calcium, qui entre dans la fabrication du ciment, ou le bicarbonate de sodium, aux multiples usages.

Parmi les avantages de cette approche, notons d'abord l'efficacité du processus, qui est directement mesurable par la quantité de produit qui sort du réacteur, coupant ainsi court à toute contestation quant au nombre de tonnes de CO_2 fixé. Ensuite, le produit obtenu peut être commercialisé sur plusieurs marchés ou simplement stocké, sans causer de pollution ni engendrer de déchets à éliminer. Enfin, on peut faire réagir ainsi des déchets industriels qui sont actuellement rejetés dans l'environnement pour en faire des produits utiles. Sans être une panacée, cette technologie semble promise à un brillant avenir !

Pour le moment, la technologie en est encore au stade expérimental et on ne peut espérer la voir appliquer à l'échelle industrielle avant quelques années. Les difficultés de mise à l'échelle ne doivent pas être négligées et il n'existe pas encore d'étude économique déterminant sa compétitivité. Son potentiel est tel, toutefois, qu'on doit la considérer comme un des outils prometteurs de la panoplie technologique qu'il faudra nécessairement mettre en œuvre pour lutter contre les émissions de gaz à effet de serre dans les prochaines décennies.

Fixer le carbone dans les arbres...

Grâce à la photosynthèse, le carbone de l'atmosphère se retrouve bel et bien enfermé dans les végétaux et aussi dans les sols. À preuve, sur les 7,5 milliards de tonnes de gaz carbonique émis par les activités humaines, près de 1,6 milliard proviennent du déboisement des forêts. La déforestation amène par ailleurs son lot de problèmes, parmi les pires que vivent les pays en développement, en raison des effets sur les ressources biologiques, les réserves en eau et l'organisation sociale.

Sous les tropiques, la partie aérienne des arbres (ce qui exclut les racines) peut emmagasiner plus de 175 t de carbone par hectare. Lorsqu'on brûle cette biomasse pour faire place à des cultures, le rôle de réservoir de carbone de la forêt est perdu et le carbone se retrouve dans l'atmosphère. Bien sûr, les cultures agricoles absorbent aussi le CO_2 grâce à la photosynthèse, mais leur capacité d'emmagasinage du carbone est plus limitée et dure beaucoup moins longtemps.

Dans une forêt boréale mature, la quantité de carbone stocké qui s'échappe lors de l'exploitation peut s'élever à 187 t par hectare. Le taux net de fixation est d'environ 0,8 t à l'hectare annuellement pour une forêt en croissance, le rendement de la photosynthèse diminuant cependant pour une forêt arrivée à maturité. On peut ainsi comparer une forêt en croissance à une pompe à carbone, alors qu'une forêt mature s'apparente à un réservoir.

L'importance des forêts comme puits et réservoirs de carbone à long terme est reconnue dans le cadre du mécanisme de développement propre du Protocole de Kyoto. Pour pouvoir être considérées à des fins de crédit d'émissions de carbone, les mesures proposées doivent cependant s'additionner aux activités normales, qui absorbent de toute façon le gaz carbonique. On estime qu'il existe déjà environ 4 millions d'hectares de plantations compensatoires de carbone dans le monde[18]. Même si le mécanisme de développement propre fait encore l'objet de négociations, certains pays mettent déjà en pratique des modes de gestion de la forêt qui participent à l'atténuation du réchauffement global. Le Costa Rica est en avance, à cet égard, avec un Fonds national du carbone qui offre des certificats d'émissions commercialisables en échange d'investissements dans des projets de foresterie. En résumé, les activités liées à la foresterie peuvent aider à stabiliser la concentration de CO_2 par le biais de deux principaux types d'intervention.

L'amélioration de la gestion des forêts existantes

Au Canada, une norme de gestion durable de la forêt a été élaborée, mais son adoption par l'industrie demeure volontaire. Ce code de bonnes pratiques propose des méthodes et des technologies qui font augmenter la capacité des forêts de séquestrer et d'emmagasiner le carbone, même si ce n'est pas le premier but visé. Des techniques et des équipements qui accélèrent la régénération naturelle et diminuent les dommages au sol, des programmes de gestion conjointe de la forêt avec les collectivités concernées, la protection de zones d'intérêt pour la biodiversité, voilà quelques avenues de gestion durable de la forêt.

---

18. Selon *Business Week*, information tirée d'un article de Larry Lohmann, sur le site du World Rainforest Movement: http://www.wrm.org.uy.

L'accroissement de l'étendue des forêts

Une des conséquences prévisibles des changements climatiques sur les forêts sera l'augmentation du stress causé par la fréquence accrue des feux, le dépérissement dû aux maladies et aux insectes, ainsi que le stress hydrique. Afin de contrebalancer la perte de superficies forestières et l'émission de carbone qui en résultera, il est primordial de planifier une nette augmentation des superficies boisées. Cela pourra se faire notamment sous les tropiques par des plantations et la mise en place de systèmes agroforestiers utilisant des espèces à croissance rapide. Sous les latitudes tempérées, des activités de reboisement pourraient rendre des terres marginales propices à l'accumulation de CO_2 sous forme de matière ligneuse.

Il va de soi, cependant, que les coûts des opérations de reboisement doivent se justifier. Si, par exemple, on décidait d'absorber par le reboisement les 15 millions de tonnes de carbone, approximativement, produites chaque année au Canada par les automobiles, il faudrait planter 18 millions d'hectares (180 000 km²), en supposant un taux d'absorption de 0,83 t par hectare. Le coût de l'opération, à 720 $ l'hectare: environ 13 milliards de dollars! Cela semble considérable, mais ce genre de calcul des coûts a le défaut de ne jamais tenir compte des bénéfices sur tous les autres plans (santé, environnement, biodiversité, etc.) qui pourraient découler d'une telle opération.

L'établissement de forêts «à carbone», au sens où l'entend le mécanisme de développement propre du Protocole de Kyoto, est déjà une réalité ou en voie de le devenir dans certains États comme le Costa Rica et d'autres, qui comptent s'en faire une source de revenus intéressante. De leur côté, de grandes sociétés y voient l'avantage de pouvoir s'allouer des crédits d'émission de gaz à effet de serre à faible coût. On peut citer l'exemple de la compagnie Peugeot et de son projet de forêt à carbone au Brésil. L'opération est ainsi décrite par une représentante de la firme:

> Commencée en janvier 1999 dans la région de Juruena, au Brésil, l'opération Puits de carbone consiste à reboiser une surface de 5 000 hectares au sein de la forêt tropicale. Le principe est de recréer des écosystèmes capables de fixer à grande échelle le CO_2 en excès dans l'atmosphère, et de participer ainsi à la lutte contre l'effet de serre. L'objectif principal est la fixation de 50 000 tonnes de carbone (183 000 tonnes de CO_2) par an, pendant 40 ans[19].

---

19. Voir le site Internet de Peugeot: http://www.peugeot.com/co2/fr.

D'autres compagnies, dont la pionnière Toyota, ont également leurs projets de plantations à carbone. Ces initiatives semblent plaire aux entreprises qui font des affaires dans les domaines de l'automobile et du pétrole.

Il y a cependant plusieurs éléments liés aux projets de plantations à carbone sur lesquels planent encore des doutes. Voici quelques-unes des questions soulevées:

♦ Les scientifiques sont-ils en mesure de quantifier exactement la capacité de stockage du carbone dans les différentes espèces végétales et sous des climats variés? Ce point est important, puisque c'est sur de telles données que repose le principe de crédits d'émissions au profit des entreprises et des États participants. Ces mesures sont essentielles tant pour le volume total de la «transaction» que pour le suivi dans le temps.

♦ Comment s'assurer de la finalité d'une plantation? En effet, le carbone emmagasiné risque de disparaître bien rapidement en cas d'incendie majeur, de maladie, d'épidémie d'insectes ou encore d'exploitation hâtive à d'autres fins que la construction ou la fabrication.

♦ Comment s'assurer de l'acceptabilité sociale et de la compatibilité avec les usages locaux d'une plantation réalisée par une entreprise étrangère dans un pays en développement? Les gouvernements des pays concernés devront prendre ces éléments en considération afin de bien évaluer l'usage le plus équitable possible des terres disponibles.

Un arbre est composé d'environ 50 % de carbone; il sera donc toujours considéré comme un réservoir de carbone, et c'est pourquoi la plantation d'arbres à des fins autres que l'exploitation forestière est aussi valable. Ainsi, des mesures «sans regrets» telles que la plantation de haies brise-vent en milieu rural ou urbain, ou l'ornementation à l'échelle municipale et résidentielle constituent des moyens utiles de stocker le carbone à long terme.

Ève-Lucie Bourque

Le tableau 11.2 indique que le bilan global du carbone est nettement déficitaire du côté des puits. Comme il est préconisé dans le Protocole de Kyoto, les forêts et les sols peuvent contribuer de façon significative à absorber une partie du surplus de carbone qui s'accumule dans l'atmosphère.

Tableau 11.2

Bilan simplifié du carbone planétaire, selon les travaux du GIEC

SOURCES	(GtC/an)
Combustibles fossiles	6,4
Émissions découlant de la déforestation tropicale	1,6
Émissions découlant du changement de vocation des terres	1,1
Total sources	**9,1**

PUITS	(GtC/an)
Océans	2,0
Biosphère terrestre sous les latitudes tempérées	2,0
Puits non identifiés	1,7
La différence entraîne l'accumulation dans l'atmosphère de 3,4 GtC/an.	
Total puits	**5,7**

Note : Une gigatonne (Gt) représente 10^9 tonnes, ou 1 milliard de tonnes. Une tonne de carbone équivaut à 3,75 t de CO_2.
Source : Travaux du GIEC, 1996.

Le principe des plantations à carbone étant encore en développement, il est finalement important de retenir que les activités « sans regrets » d'afforestation, de reforestation, d'agroforesterie et de gestion forestière durable sont bénéfiques non seulement afin de créer des puits de carbone pour ralentir le réchauffement global, mais également comme solutions au problème de la désertification et de l'approvisionnement en biomasse et en eau dans les pays en développement, sans oublier les bénéfices pour la biodiversité en général.

... et l'enfouir dans le sol

Toute matière végétale contient entre 40 et 60 % de carbone élémentaire. Selon une logique toute simple, on n'aurait qu'à emmagasiner de la matière organique sous forme de fumier, d'humus, d'engrais vert dans le sol pour en faire un réservoir à carbone. Et effectivement, le GIEC envisage la possibilité de stocker ainsi, durant les 50 à 100 prochaines années, entre 40 et 80 Gt de carbone[20]. Des expériences se sont avérées positives pour la séquestration de carbone à des taux dépassant 1 t par hectare par année sur des terres agricoles converties en prairies de graminées vivaces[21]. Aux États-Unis, l'Oak Ridge National Laboratory a réalisé des essais avec la graminée *Panicum virgatum* cultivée sur d'anciennes superficies de culture et fait ainsi augmenter le carbone du sol de 1,3 t à 2,5 t par hectare chaque année.

Depuis au moins deux décennies, certaines terres arables sont cultivées à l'aide de pratiques de labour léger et de semis direct sans labour, en recourant à des engrais verts enfouis dans le sol. Les résultats démontrent clairement que de telles pratiques permettent d'accroître le carbone dans le sol. On est encore loin, selon les experts, de pouvoir

---

20. K. Paustian, C.V. Cole, D. Sauerbeck et N. Sampson, « Mitigation by agriculture: An overview », *Climatic Change*, 1998, 40:13-162. Cité dans N.J. Rosenberg et R.C. Izaurralde, *Storing Carbon in Agricultural Soils to Help Mitigate Global Warming*, CAST, Issue Paper n° 14, avril 2000.
21. D.L. Gebhart, H.B. Johnson, H.S. Mayeux et H.W. Pauley, « The CRP increases soil organic carbon », *J. Soil Water Conserv*, 1994, 49:488-492. Cité dans N.J. Rosenberg et R.C. Izaurralde, *op. cit.*

inclure ces pratiques dans le Protocole de Kyoto et comptabiliser la séquestration du carbone dans le sol à l'intérieur des accords sur le réchauffement global. Un des obstacles réside dans la difficulté de mesurer le carbone présent dans le sol, les méthodes utilisées étant encore longues et coûteuses d'application.

Encore une fois, le meilleur potentiel d'absorption du CO_2 à court terme demeure l'adoption de mesures sans regrets par les producteurs agricoles des pays développés. Et d'ailleurs, les avantages de l'augmentation de la concentration de carbone dans le sol sont reconnus sur plusieurs plans, tant agronomiques qu'environnementaux. Qu'on pense à l'augmentation de la capacité de rétention de l'eau, à la réduction de l'érosion et du lessivage des éléments fertilisants, à la réduction de l'usage de pesticides et d'engrais, toutes des pratiques permettant d'améliorer la qualité des eaux de surface et des aquifères, en plus de préserver la qualité des habitats pour la faune, dans le cas de conversions en prairies naturelles.

D'autres mesures offrant des bénéfices probablement plus importants encore que celles proposées pour les sols agricoles concernent les régions affectées par la dégradation des terres. Dans ces régions souvent arides, le contrôle de l'érosion, l'afforestation, la culture de biomasse sont des stratégies gagnantes autant pour la séquestration du carbone que pour la lutte à la désertification. Le coût de ces mesures pour les pays touchés devient ici le principal obstacle à leur mise en œuvre.

Aussi efficaces soient-elles, les stratégies de séquestration du carbone dans les végétaux et dans le sol ne pourront jamais contrebalancer le surplus de CO_2 émis dans l'atmosphère par les activités humaines. Elles demeurent cependant des mesures essentielles, surtout lorsqu'elles sont adoptées en mode « sans regrets », à faible coût et souvent avec des bénéfices économiques et environnementaux à long terme. Ces stratégies ne font que s'ajouter à la panoplie de mesures décrites plus haut, complétant ainsi les outils mis à la disposition des intervenants de tous les niveaux pour en arriver à stabiliser la concentration du CO_2 atmosphérique.

Les perspectives de réductions

Le Groupe de travail III du GIEC a évalué les potentiels de réduction qu'on pouvait raisonnablement attendre entre 2010 et 2020 (tableau 11.3).

Comme on peut le constater à la lecture de ce tableau, les émissions globales des pays industrialisés pourraient être réduites de près de 2 Gt en 2010 et pourraient atteindre 5 Gt en 2020, ce qui dépasserait les objectifs du Protocole de Kyoto. Les experts du GIEC nous rappellent toutefois quelques éléments importants:

1. Il n'y a pas de recette pour réussir à réduire ses émissions : chaque pays devra élaborer sa propre stratégie et agir dans les secteurs de son économie où il est le plus facile d'obtenir des résultats significatifs ;

2. Il y aura de multiples obstacles économiques, institutionnels, techniques, politiques, sociaux et comportementaux à surmonter avant d'atteindre les réductions souhaitées ;

3. Ces réductions ne pourront se faire sur une base égale dans tous les secteurs industriels et dans toutes les classes de la société ; il faudra sans doute des instruments politiques pour en répartir les coûts, au besoin ;

4. L'efficacité des mesures de réduction des émissions de gaz à effet de serre sera plus grande lorsque les objectifs seront intégrés à des politiques plus générales visant d'autres objectifs, par exemple la réduction du smog urbain.

En fait, le message aux gouvernements et aux industries est clair : vous pouvez le faire !

Toute la question est de savoir qui va oser commencer, faire le premier pas. C'est pourquoi le prochain chapitre portera sur les actions individuelles, car la motivation viendra d'abord du public, qui peut faire une réelle différence par ses comportements et ses choix politiques et économiques.

Tableau 11.3

Secteur		Émis en (Mt
Édifices[a]	CO_2 seulement	1
Transport	CO_2 seulement	
Industrie – efficacité énergétique – réduction des intrants	CO_2 seulement	2
Industrie	Gaz autres que le CO_2	
Agriculture[b]	CO_2 seulement Gaz autres que le CO_2	1 250-2
Déchets[b]	CH_4 seulement	
Applications de remplacement par suite du Protocole de Montréal	Gaz autres que le CO_2	
Fourniture d'énergie et conversion[c]	CO_2 seulement	(1
Total		6 900-8,

Estimation des réductions potentielles d'émissions de gaz à effet de serre en 2010 et 2020

Taux de croissance annuel du C_{eq} en 1990-1995 (%)	Réductions potentielles d'émissions en 2010 (MtC_{eq}/a)	Réductions potentielles d'émissions en 2020 (MtC_{eq}/a)	Coûts directs nets par tonne de carbone soustraite
1	700-750	1 000-1 100	La plupart des réductions sont disponibles à un coût direct négatif.
2,4	100-300	300-700	La plupart des études indiquent que les coûts directs nets seront inférieurs à 25 $US/tC ; deux études indiquent que les coûts directs nets dépasseront 50 $US/tC.
0,4	300-500	700-900	Plus de la moitié des réductions disponibles le sont à un coût direct net négatif.
	~200	~600	Les coûts ne sont pas sûrs.
	~100	~100	Le coût des réductions des émissions de N_2O se situe entre 0 et 10 US/tC_{eq}$.
n.d.	150-300	350-750	La plupart des réductions coûteront entre 0 et 100 US/tC_{eq}$ et les possibilités d'options de coûts directs nets négatifs seront limitées.
1	~200	~200	Environ 75 % des économies se feront sous forme de récupération de méthane sur les sites d'enfouissement, à un coût direct net négatif ; les 25 % restants, au coût de 20 US/tC_{eq}$.
n.d.	~100	n.d.	Environ la moitié des réductions est attribuable à la différence entre les valeurs de la base de l'étude et celles de la base SRES. L'autre moitié est disponible à un coût direct net inférieur à 200 US/tC_{eq}$.
1,5	50-150	350-700	Il existe des options de coûts directs nets négatifs ; plusieurs options sont disponibles à un coût inférieur à 100 US/tC_{eq}$.
	1 900-2,600[e]	3 600-5 050[e]	

Notes:

a) La catégorie «Édifices» inclut les appareils, les édifices et la charpente des édifices.

b) Les écarts, dans la catégorie «Agriculture», sont dus principalement aux grandes incertitudes quant au CH_4, au N_2O et aux émissions de CO_2 reliées à l'utilisation du sol. La catégorie «Déchets» est dominée par le méthane des sites d'enfouissement, et les autres secteurs pourraient être estimés avec plus de précision, alors qu'ils sont dominés par le CO_2 fossile.

c) Elles sont comprises dans les valeurs des secteurs qui précèdent. Les réductions comprennent seulement les options de production d'électricité (passage du charbon au gaz ou au nucléaire, capture et stockage de CO_2, centrales à rendement accru, énergies renouvelables).

d) Le total exclut les sources de CO_2 non reliées à l'énergie (cimenterie, 160 MtC ; brûlage à la torche, 60 MtC ; changement de vocation de la terre, 600-1 400 MtC) et l'énergie utilisée dans la conversion des combustibles dans les totaux des secteurs des utilisations finales (630 MtC). Si l'on ajoutait le gaz du raffinage du pétrole et des fours à charbon, les émissions de CO_2 planétaires, de 7 100 MtC pour 1990, augmenteraient de quelque 12 %. À noter que les émissions dues à la foresterie et leur atténuation grâce aux options de puits de carbone ne sont pas comprises ici.

e) Les scénarios de la base SRES (pour six gaz compris dans le Protocole de Kyoto) prévoient une gamme d'émissions comprise entre 11 500 et 14 000 MtC_{eq} pour 2010 et entre 12 000 et 16 000 MtC_{eq} pour 2020. Les estimations de réductions d'émissions sont le plus compatibles avec les tendances d'émissions de base du scénario SRES-B2. Les réductions potentielles tiennent compte des mouvements réguliers de capitaux. Elles ne se limitent pas aux options rentables, mais excluent les options dont les coûts dépassent 100 US/tC_{eq}$ (sauf pour les gaz désignés par le Protocole de Montréal) ou les options qui ne seront pas adoptées par le recours à des politiques généralement admises.

Source : Résumé à l'intention des décideurs du Troisième Rapport d'évaluation du GIEC. Rapport du Groupe de travail I, 2001.

QUE FAIRE ?

CHAPITRE 12

Une affaire personnelle

Comment peut-on imaginer que des personnes qui émettent de toutes petites quantités de gaz à effet de serre au cours de leurs activités quotidiennes puissent changer quelque chose à une problématique planétaire? La réponse est simple: par l'effet du nombre. De la même manière que nous sommes tous responsables d'une certaine partie de la dégradation de l'atmosphère, nous pouvons tous nous charger d'une partie de la réalisation des objectifs du Protocole de Kyoto et de la protection du climat terrestre.

Le principe de responsabilité

Comme nous l'avons vu au chapitre 7, il est à peu près impossible pour une personne d'établir le bilan exhaustif de ses propres émissions de gaz à effet de serre, mais il y a des cibles plus faciles que d'autres à désigner pour qui veut faire sa part. Ces cibles sont liées à des choix que chaque personne fait chaque jour et, de la même manière qu'il n'y a pas de stratégie unique pour l'ensemble des pays de la planète, il revient à chacun de déterminer quelle peut être sa contribution et quelle sera sa stratégie personnelle de réduction des gaz à effet de serre.

Par ailleurs, le citoyen du 21e siècle dispose d'un pouvoir économique et politique qui peut l'aider à catalyser le changement. Ce pouvoir s'exerce par ses choix de consommation et par l'exercice de ses droits démocratiques. Or, dans un cas comme dans l'autre, le citoyen doit s'informer, comprendre et agir. Si les fabricants d'automobiles vendent de plus grosses voitures, c'est que les citoyens les achètent. Si les politiciens tergiversent, c'est qu'ils ne sentent pas de pression de leur électorat quant à la nécessité de régler les problèmes. Nous verrons ici comment chacun de nous peut changer des choses, et ce, «sans regrets», sans amertume, et même en améliorant de façon objective sa qualité de vie individuelle et collective.

Ève-Lucie Bourque

La notion de mesures «sans regrets»

«Cessez de fumer, buvez modérément, mangez mieux, plus de fruits et de légumes, réduisez votre stress, prenez l'air et faites de l'exercice trois fois par semaine!» Ces conseils ne vous empêcheront certes pas de mourir, mais vous ne regretterez pas de les avoir suivis. Voilà à peu près ce que représente la notion de mesures «sans regrets», c'est-à-dire des choix auxquels on peut souscrire sans amertume, parce qu'ils rapportent sur plusieurs plans à la fois et que l'investissement monétaire qu'ils nécessitent est faible, voire se traduit par des économies. Si des actions sans regrets sont possibles dans le domaine de notre santé et de notre bien-être en général, il en va de même pour la santé de notre planète. Nous avons précédemment comment les États et les divers intervenants industriels ou institutionnels peuvent amorcer des actions souvent simples, qui ne coûtent pas cher et qui s'avèrent très avantageuses pour l'environnement. Voyons maintenant, par des analogies simples, quels choix s'offrent à nous, en tant qu'individus, pour réduire les émissions de gaz à effet de serre.

Cessez de fumer!

Beaucoup de problèmes de pollution atmosphérique sont interreliés. Par exemple, les substances qui appauvrissent la couche d'ozone sont aussi de puissants gaz à effet de serre. En réduisant leur dispersion dans l'atmosphère, on protège la couche d'ozone et on réduit les impacts à la fois d'une plus grande pénétration des ultraviolets dans l'atmosphère et d'un changement climatique. On gagne ainsi sur les deux plans. Une mesure comme *le remplacement des vieux réfrigérateurs par des appareils modernes, sans CFC, mieux isolés et consommant moins d'énergie*, est un bon exemple de solution gagnante sur tous les plans. De plus, l'économie d'énergie ainsi réalisée contribue à en financer le remboursement sur quelques années. Greenpeace a contribué à mettre au point un appareil appelé Greenfreeze™ qui permettrait de faire un tel changement. C'est là une mesure qui peut être prise sans qu'on en regrette les conséquences.

Le smog urbain est un phénomène de pollution atmosphérique qui s'est sans cesse amplifié au cours des vingt dernières années en raison de l'augmentation du nombre de véhicules automobiles et de la congestion dans le centre des villes et sur les autoroutes

Dans sa vie utile, un appareil électroménager coûte beaucoup plus cher par sa consommation d'énergie que par son prix d'achat.

de ceinture. Il coûte chaque année des centaines de vies. *En réduisant la congestion urbaine,* on diminue en même temps les coûts de santé associés au smog. Encore une mesure sans regrets, car on améliore de plus l'efficacité des travailleuses et des travailleurs qui perdent chaque jour, à l'échelle de la planète, des milliards d'heures de travail à fulminer pendant que leur auto fume.

Utiliser le transport en commun, faire du covoiturage, travailler selon des horaires flexibles ou choisir le télétravail, ce sont là autant de moyens efficaces de réduire la congestion urbaine et les émissions de gaz à effet de serre, sans affecter sa qualité de vie ou ses revenus. *Limiter l'usage des foyers et des poêles à bois dans les maisons de banlieue* est aussi une bonne idée, car la concentration des polluants qu'ils produisent peut causer des problèmes de pollution importants par rapport à leur apport en chauffage réel.

Buvez modérément

La consommation d'essence de nos moteurs est encore très élevée par rapport à ce que les technologies modernes permettent d'espérer. Dans une automobile, la majeure partie de l'énergie consommée sert à vaincre le frottement des pièces entre elles, le frottement des pneus sur la route et la résistance de l'air à la carrosserie.

Le premier ennemi de l'efficacité, dans une automobile, c'est le poids. Une voiture de 1 à 1,5 t ne transporte souvent qu'un passager de 75 kg et son bagage de 3 kg. En utilisant des matériaux composites, General Motors a démontré, en 1992, qu'on pouvait fabriquer une voiture familiale de moins de 600 kg capable de transporter quatre personnes. C'est intéressant comme résultat, mais on peut faire mieux, selon plusieurs spécialistes, et se maintenir sous les 400 kg, sans remettre en cause le confort et la sécurité des passagers… Mais alors il faut oublier l'acier dans la fabrication de telles voitures, conçues en fibres de carbone et en plastiques à haute résistance. Après tout, qu'est-ce qui nous oblige à avoir des autos en acier ? Fabrique-t-on des avions en fonte ?

D'ailleurs, même si les fibres de carbone coûtent beaucoup plus cher que l'acier à l'achat, elles sont nettement moins coûteuses en soudure et en main-d'œuvre et il en coûte moins cher de modifier leur carrosserie, car elles sont moulées. De plus, il n'est pas nécessaire de les peindre et de les traiter contre la rouille ; il suffit de mélanger la couleur à la fibre lors de la fabrication, et le tour est joué… Il reste à implanter cette nouvelle technologie, mais il est probable qu'on ne regrettera pas plus nos automobiles d'aujourd'hui en 2025 qu'on regrette maintenant les monstres des années 1970.

Naturellement, une voiture moins lourde peut produire des performances équivalentes ou supérieures avec un plus petit moteur, qui consommera moins de

La tendance à l'augmentation de la taille et de la puissance des véhicules préférés des consommateurs a annulé les gains d'efficacité liés aux technologies plus performantes.

carburant. Comme tout est plus léger, il y a moins de dépenses d'énergie pour briser l'inertie, vaincre le frottement, etc.

On évalue que ces «*hypercars*», ces voitures hyperefficaces, avec des moteurs hybrides, pourraient aisément parcourir 80 km avec un seul litre d'essence, ce qui est presque trois fois mieux que les meilleures voitures actuelles. Cela signifie qu'il y a des marges de manœuvre dans le domaine du transport individuel.

Il existe d'ores et déjà des voitures plus économiques, mais le prix de l'essence est si bas que les consommateurs ne sont pas incités à se les procurer. C'est pourquoi les fabricants ont mis sur le marché une gamme de véhicules toujours plus lourds et plus puissants, qui consomment autant que les véhicules d'autrefois. Il y a aussi le fait que des gens laissent tourner le moteur pendant que le véhicule est arrêté, sous prétexte de le tenir chaud en hiver ou frais en été. Ces comportements désinvoltes seraient sûrement remis en question si le prix de l'essence était plus élevé.

En Amérique du Nord, les gouvernements maintiennent artificiellement bas le prix du carburant, conformément à la politique du gouvernement des États-Unis. Malheureusement, il s'agit d'une tendance lourde qui favorise des comportements de gaspillage énergétique. Dans leur politique tant intérieure qu'extérieure, les Américains considèrent qu'un coût de l'énergie bas est une sécurité pour leur compétitivité internationale. Par exemple, on peut se demander si la guerre du Golfe, menée par les Américains avec le soutien des Nations Unies, aurait eu lieu si le Koweït avait produit du brocoli ou des bananes au lieu du pétrole?

Malheureusement, les probabilités que le nouveau président des États-Unis, George W. Bush, change cet état de choses sont bien minces. Issu lui-même de l'industrie du pétrole, M. Bush a été le gouverneur de l'État du Texas le plus laxiste, en termes d'environnement, et le plus énergivore des États-Unis. À titre de président, il s'est entouré, aux postes clés de l'administration fédérale, d'anciens conseillers de son père, lui-même ancien président, celui-là même qui avait envoyé combattre en Irak des tanks consommant au mieux 100 L aux 100 km et des chasseurs bombardiers capables de faire tout juste 50 m au décollage avec un litre d'essence, tout cela pour éviter que les Américains soient obligés de conduire des véhicules qui consomment 8 L aux 100 km au lieu de 12…

Consommer moins d'essence coûte, en tout état de cause, moins cher et engendre moins de pollution. Il n'y a donc pas lieu de regretter *l'achat d'un véhicule moins gourmand*, s'il permet quand même de répondre à ses besoins de déplacement.

Du camion au train et au bateau

Durant les années 1980, la philosophie de la gestion des stocks à la limite s'est répandue comme une traînée de poudre dans l'industrie, donnant un essor sans précédent au transport par camion. Selon cette philosophie, les industriels doivent éviter d'immobiliser dans des entrepôts des quantités trop importantes de marchandises ou de matières premières. Il s'agit donc de maintenir des stocks à la limite des intrants et des extrants de la production, le matériel nécessaire à la production du jour arrivant juste au moment où on est prêt à l'utiliser. En termes économiques, cette gestion des stocks à la limite est fort intéressante, car elle permet d'éviter d'immobiliser du capital et de payer des intérêts, d'entretenir des entrepôts et d'engager du personnel pour en assurer la gestion, améliorant ainsi la compétitivité.

Cela veut aussi dire que l'approvisionnement doit se faire par quantités beaucoup plus réduites arrivant à l'usine juste au bon moment. Le camion devient donc le moyen de transport privilégié, aux dépens du train et du bateau, moins flexibles et soumis à des

Les compagnies de chemin de fer doivent assumer l'ensemble des coûts d'entretien de leurs voies, alors que les camions empruntent et dégradent les voies publiques sans en assumer le coût.

P. Groulx/Publiphoto

contraintes plus grandes (ports, chemins de fer de desserte, quantité minimale de marchandise exigée, etc.). Résultat: les camions se sont rapidement multipliés sur les routes, et le mouvement risque de s'accentuer encore, en raison de l'agrandissement des zones de libre-échange entre les pays, les marchandises n'ayant plus à subir de contrôle. Or, les camions consomment plus d'essence par tonne de marchandise transportée que les deux autres moyens de transport, plus lourds.

Évidemment, cela n'est possible que parce que le prix du carburant est maintenu bas et que les camions roulent sur des routes dont l'entretien est assuré par l'État, alors que les compagnies ferroviaires doivent entretenir leurs propres infrastructures. Le plus ridicule, c'est qu'on voit souvent circuler côte à côte sur une autoroute des camions chargés des mêmes marchandises que les trains roulant sur la voie ferrée parallèle.

Les camions doivent emprunter les routes publiques et contribuent grandement à leur détérioration, en diminuent la sécurité et sont un facteur important de congestion urbaine. En conséquence, personne ne regretterait d'avoir un peu moins de camionnage et un peu plus de transport par train, y compris pour les trajets interurbains. Des containers seraient amenés par camion jusqu'aux gares intermodales, entre lesquelles ils seraient transportés par train. Et le bateau n'est pas à négliger, dans le cadre de systèmes intermodaux, puisque c'est le moyen de transport de marchandises le moins coûteux et le moins polluant par unité transportée, à condition, naturellement, d'avoir des navires en bon état et des équipages compétents. Dans le domaine du transport, un peu plus d'imagination et de bonne volonté ne feraient pas de tort.

Mangez mieux

La restauration rapide a conquis le monde entier. Au centre des villes comme à l'entrée du moindre village, on retrouve un Macceci-ou-cela, un Burger-je-ne-sais-quoi, un Igloo-de-la-Pizza ou un Poulet-frit-à-l'huile-de-Pennsylvanie, souvent au milieu de stations d'essence et de motels. Ce mode de restauration offrant des mets à préparation et à consommation rapide, généralement riches en gras, est l'une des pires activités émettrices de gaz à effet de serre, quand on en fait l'écobilan.

En effet, pour maintenir constante la qualité et réduire au maximum les coûts, ces chaînes de restauration rapide traitent avec des producteurs industriels, souvent situés très loin des lieux de consommation, transforment les aliments dans des usines, les congèlent et les expédient dans les véritables machines distributrices que sont leurs restaurants. Là, comme on veut éviter de payer du personnel pour faire la vaisselle, tout doit être consommé dans des contenants à usage unique, qui ne sont pas recyclables quand ils sont souillés. À chacune de ces étapes, fabrication, transport, conservation, préparation et élimination des déchets, les émissions de gaz à effet de serre sont énormes, si on les compare à d'autres façons de s'alimenter.

Cela vaut aussi pour les repas surgelés et préparés d'avance qu'on retrouve de plus en plus dans les magasins d'alimentation. En fait, les préparations industrielles ont des exigences de standardisation et d'approvisionnement de masse qui font appel au système des agro-industries, dont les activités entraînent la destruction des sols, l'utilisation massive des pesticides, la réduction de la diversité biologique, la diminution de la valeur alimentaire des produits par la transformation et, naturellement, le transport sur de grandes distances et le maintien de la chaîne du froid. Bien sûr, les emballages sont à l'avenant…

Comment le fait de *manger mieux* peut-il réduire ces émissions? D'abord, *en choisissant une alimentation produite localement,* on dispose de produits plus frais qui exigent moins de transport et de conservation, donc une moindre dépense énergétique et moins d'émissions polluantes.

De plus en plus en vogue, toute une panoplie d'*aliments biologiques* est désormais accessible au grand public, non seulement dans les boutiques spécialisée en alimentation naturelle mais également dans les épiceries et les supermarchés. Ces produits, pour lesquels la demande excède l'offre de près de 20 %, apparaissent en réponse aux besoins des consommateurs qui demandent des produits sans organismes génétiquement modifiés (OGM) et qui expriment la crainte, de plus en plus fondée, de retrouver dans leur assiette des aliments contaminés par toutes sortes de produits et de microbes. On pense entre autres à la maladie de la vache folle (encéphalite spongiforme bovine) ou encore à tous les facteurs de croissance antibiotiques, dont les effets sur la santé humaine sont parfois mal connus et sur lesquels le système de production industrielle n'a que peu de contrôle. Des aliments produits selon des normes strictes et certifiés par des organisations reconnues en agriculture biologique sécurisent désormais les consommateurs

soucieux de la qualité et de l'innocuité de leur alimentation.

On peut aussi se soucier de la solidarité internationale et *acheter du café ou autres denrées équitables, produites biologiquement par des petits paysans des pays en développement.* Ces produits permettent, en réduisant le nombre d'intermédiaires, de rémunérer plus adéquatement les populations locales et leur évitent d'avoir à déboiser pour assurer leur survie[1].

En préparant des plats simples à la maison, on réduit le recours aux emballages, tout en jouissant de saveurs plus variées et de plats généralement moins gras. On peut aussi plus facilement *recycler et composter ses déchets,* ce qui réduit les émissions provenant des sites d'enfouissement sanitaire.

Le mode de vie urbain est le lot d'un nombre de plus en plus grand de gens sur la planète. On prévoit qu'en 2025, près de 80 % de la population mondiale sera urbaine. Nous ne pourrons évidemment pas revenir à un mode de vie rural où chacun produit lui-même ses aliments, mais nous pourrions *apprendre à redécouvrir les vertus de la cuisine familiale, de la table comme lieu de convivialité et de transmission de valeurs.* Pour une mesure sans regrets, en voilà une que vous ne regretterez pas!

---

1. Voir L. Waridel, *L'EnVert de l'assiette, un enjeu alimen… terre,* Environnement Jeunesse, Éditions Les Intouchables, 1998, 108 p.

Plus de fruits et de légumes

Lester Brown[2] raconte, dans son livre *Who Will Feed China Tomorrow?*, que le premier indice d'amélioration de la qualité de vie pour les Chinois consiste à avoir de la viande au menu plus d'une fois par semaine. Pour la majeure partie de l'humanité, en effet, la viande est un luxe, alors que pour les Nord-Américains et les Européens, elle constitue l'ordinaire, voire la partie essentielle de l'alimentation. Or, la production de viande est un facteur considérable d'émissions de gaz à effet de serre.

Nous avons vu, dans les chapitres précédents, l'importance des émissions de méthane attribuables aux ruminants de la planète. L'augmentation de la consommation de viande des pays en développement pour rejoindre le niveau des pays industrialisés serait catastrophique pour l'atmosphère. Dans un premier temps, il faut, pour produire de la viande, nourrir des animaux en batterie, avec du grain et des farines protéiniques souvent constituées de produits animaux provenant de l'équarrissage. Cette pratique, autrefois mal encadrée en Europe, est d'ailleurs à l'origine des cas de maladie de la vache folle, l'encéphalite spongiforme bovine, une maladie qui risque de se transmettre à l'homme. Les bovins sont, d'autre part, des transformateurs de nourriture

moins performants que d'autres animaux : il faut, pour produire un kilogramme de bœuf, dix kilogrammes de grain, contre quatre pour le porc et deux pour le poulet.

La consommation de produits laitiers ne doit pas être considérée au même titre que celle de la viande. En effet, les produits laitiers (fromage, yaourt, etc.) représentent une source de protéines qui n'a pas besoin qu'on sacrifie l'animal ; ainsi, une vache peut produire, dans sa vie, beaucoup plus que son poids de protéines, avant de finir ses jours dans notre chaîne de hamburgers favorite.

Pour les médecins, une forte consommation de viande et de gras, associée à un régime sédentaire, peut entraîner, pour les personnes prédisposées, des problèmes d'obésité et des troubles cardiovasculaires,

2. Lester Brown est directeur du Worldwatch Institute. Un résumé en français de *Who Will Feed China Tomorrow ?* a été publié dans *Écodécision*. Voir L. Brown, « Qui pourra nourrir la Chine demain ? », *Écodécision*, n° 18, 1995, p. 28 à 32.

sans compter divers problèmes intestinaux. Une alimentation équilibrée devrait contenir *plus de fruits et de légumes et, idéalement, moins de viande.* En réduisant sa consommation de viande, surtout de bœuf, on peut en pratique et sans regrets contribuer à diminuer les émissions de gaz à effet de serre, tout en améliorant sa santé et sa longévité.

Réduisez votre stress: travaillez à la maison

Pourquoi faut-il que tout le monde se retrouve, chaque matin et chaque soir de la semaine, immobilisé dans sa voiture en attendant de pouvoir accéder au centre-ville ou en sortir? En plus de générer une pollution locale et globale, cette pratique augmente le stress et réduit l'efficacité de millions de travailleurs et de travailleuses, qui perdent ainsi un temps précieux. Parmi les changements remarquables qu'a apportés dans les sociétés industrialisées l'explosion des technologies de l'information et de la communication, le *télétravail* apparaît comme une partie de la solution aux encombrements systématiques et si inefficaces des centres-villes. L'*étalement des horaires de travail* permet aussi un certain étalement des heures de pointe, réduisant ainsi la congestion urbaine. De toute façon, cela peut faire aussi l'affaire des employeurs et des gestionnaires, qui diminuent ainsi leur loyer et divers autres frais, dont le chauffage et la climatisation, ce qui contribue également à réduire les émissions de GES.

Profitez du plein air… pur

L'être humain aime se déplacer en voiture et la sensation de vitesse le grise. En toute saison, sous tous les cieux, les loisirs motorisés trouvent des adeptes, qui se rendent pour le plaisir dans des sentiers, sur l'eau, sur la neige ou dans les airs. Ces véhicules individuels sont généralement propulsés par des moteurs très gourmands, souvent à deux temps, utilisant une huile à moteur mélangée à de l'essence. Bateaux de plaisance, motoneiges, motomarines, motocyclettes, véhicules tout terrain, avions légers sont autant de moyens de transport qui servent à se déplacer pour le plaisir d'aller nulle part.

Or, ces loisirs motorisés constituent un grave problème pour l'environnement. Ainsi, à compter de 2002, les moteurs à deux temps pour les embarcations de plaisance seront interdits un peu partout, car ils causent trop de pollution sur les lacs. De plus en plus d'associations de propriétaires riverains réglementent la navigation et interdisent toute embarcation à moteur sur leur plan d'eau. Et quel gain en termes de qualité de vie! Finis le bruit et les odeurs d'échappement et place au spectacle fascinant des voiles sous le vent.

Les motoneiges, selon une étude de l'Agence américaine de protection de l'environnement (EPA, 1991), produisent plus de pollution atmosphérique en une heure qu'une automobile en un an ou 20 000

255

*Quoi de plus écologique
qu'une ballade en vélo?*

Y. Beaulieu/Publiphoto

kilomètres. Quand on pense que ces machines sont de plus en plus puissantes, qu'elles consomment plus d'essence que les plus gros véhicules sport-utilitaires qui circulent sur les routes (15 à 20 L aux 100 km) et qu'elles sont utilisées pour le plaisir de faire des balades ou des circuits de tourisme, cela porte à réfléchir au trop faible coût de l'essence par rapport aux impacts environnementaux qui résultent de son utilisation frivole. En attendant la venue de machines moins polluantes, il y a toujours *les loisirs «alternatifs»: le ski de fond, la raquette, le traîneau à chien, tous des loisirs qui sont largement accessibles et dont les impacts sur l'environnement sont infiniment moindres, sans compter les bénéfices pour la forme physique et la santé.*

Il est donc possible, chaque saison, de profiter de la nature grâce à des activités qui se pratiquent dans tous les cadres naturels et avec beaucoup moins d'impacts sur l'atmosphère, l'eau et les écosystèmes en général.

Ces solutions de rechange ont de plus l'avantage de respecter la quiétude d'autrui et de procurer à ceux qui les pratiquent un meilleur sommeil…

Faites de l'exercice… Automobilistes patientez, cyclistes et piétons circulez!

Prendre la voiture pour des déplacements sur de faibles distances est un réflexe très répandu. Pourtant, il serait bien plus simple de *marcher ou de prendre son vélo.* «Sortir» prend alors tout son sens et pour le mieux-être de celui qui le fait. La marche et le vélo ne demandent que peu d'équipement et pas d'entraînement spécial, mais les bénéfices pour la santé sont indiscutables. Il suffit de voir l'humeur des gens qui arrivent au travail après avoir (volontairement) subi les désagréments de la voiture aux heures de pointe pour constater les bienfaits de la circulation piétonnière et cycliste.

Petite liste de nouveaux comportements à essayer

Économisez de l'énergie

Votre maison est-elle bien isolée? Les fenêtres sont-elles étanches au froid et à l'humidité? Les portes empêchent-elles l'air du dehors de pénétrer à l'intérieur? Une réponse affirmative à ces questions démontre déjà un certain niveau de participation à l'effort de réduction des émissions de gaz à effet de serre.

256

Voyons plus avant s'il est possible de faire mieux. Baissez-vous le thermostat la nuit et lorsque vous êtes absents? Éteignez-vous les lumières et les appareils quand vous n'en avez plus besoin? Faites-vous le lavage, le séchage et autres activités énergivores en dehors des heures de grande demande énergétique? Répondre à ces questions par l'affirmative témoigne d'un degré encore plus élevé de bonne volonté, car ces simples attentions peuvent, lorsqu'elles sont appliquées à grande échelle, signifier une réduction importante des émissions de gaz à effet de serre. En effet, une demande énergétique stable ou en décroissance grâce à l'économie des consommateurs se traduit par une utilisation moindre de combustibles fossiles, que ce soit directement pour la production électrique ou pour l'ensemble des activités menant à la construction de centrales supplémentaires. Même l'hydroélectricité, nous l'avons vu, peut être une source de gaz à effet de serre. Alors, même si l'effet est indirect, le réchauffement global est sans contredit ralenti par tout geste individuel conscient de réduction de la consommation d'énergie. Il va sans dire que vous ne regretterez pas la facture mensuelle réduite qui en résultera!

Fermez la télé et pratiquez les quatre «R»

Avez-vous déjà essayé de calculer tout ce qu'on vous demandait d'acheter dans les publicités télévisées sous prétexte d'accroître votre bonheur ou d'améliorer votre confort?

À en croire les vedettes du petit écran, tout ce qu'on vous offre est indispensable. Avez-vous bien réfléchi à vos besoins réels avant d'acheter un bien de consommation? Avez-vous déjà jeté ou remplacé un produit qui pouvait encore servir? Si oui, vous avez donc provoqué l'émission inutile de gaz à effet de serre. Mais cela n'est jamais dit, bien sûr, pendant la pause publicitaire.

Les quatre «R», Réduire, Réutiliser, Recycler, Récupérer, voilà, en tant que consommateurs, ce qu'il est possible de faire chaque jour. Avant tout geste de consommation, pour quelque bien ou produit que ce soit, il est toujours judicieux de se poser la question: en ai-je réellement besoin? Est-ce que ce vieux manteau ne pourrait pas durer encore au moins un an, et ce deuxième téléviseur est-il nécessaire à notre bien-être, et la voiture, a-t-on vraiment besoin de la remplacer par une minifourgonnette, comme cela semble désormais la norme, même pour une famille d'un seul enfant? Réduire la consommation est donc le premier pas vers l'atténuation de nombreux problèmes environnementaux, réchauffement global compris. Consommer selon ses besoins signifie aussi utiliser les ressources et l'énergie de façon judicieuse et respectueuse des générations à venir.

Réutiliser des objets plus d'une fois alors qu'ils sont conçus pour être jetés après usage, c'est aller à contre-courant de la tendance à la consommation rapide («utilisezet-jetez »). Mais agir ainsi quand cela est possible permet d'économiser et de conserver beaucoup de ressources à long terme. Et lorsque la réutilisation n'est plus possible, il reste le recyclage. On peut ainsi ramasser des objets qui ne servent plus et en faire la transformation physique et chimique, pour en tirer d'autres objets, par exemple transformer des contenants de plastique en tapis, en vêtements ou en jeux extérieurs.

Au moins 30 % du contenu de nos poubelles est constitué de matière organique dont une bonne partie peut être compostée. Le compostage à la maison peut devenir une activité tout aussi routinière que d'amener les poubelles à la rue ou de tondre le gazon. Et en plus d'alléger la lourde charge des sites d'enfouissement en diminuant le volume de déchets, le compostage de la matière organique évite la production d'une quantité considérable de méthane. Rappelons-nous l'importance, soulignée au début du livre, des sites d'enfouissement comme source de gaz à effet de serre. Du compost maison, c'est aussi la satisfaction de réaliser soi-même un produit utile à peu de frais !

La récupération, quant à elle, permet de reprendre des objets et de leur faire poursuivre encore plus loin leur vocation première. Qui, de nos jours, ne rapporte pas sa boîte de bouteilles vides chez son épicier ? Il ne viendrait à l'esprit de personne, aujourd'hui, de mettre ces bouteilles vides à la poubelle ! La participation à la consignation des bouteilles de bière est la preuve la plus évidente que cette approche est efficace et qu'elle pourrait s'étendre à d'autres produits.

Pour la petite histoire, rappelons qu'au milieu des années 1980 les brasseurs canadiens, suivant les conseils de leurs spécialistes du marketing, abandonnèrent la bouteille universelle à remplissage multiple qu'ils utilisaient depuis près de 25 ans, pour adopter une kyrielle de bouteilles de formes différentes, comme aux États-Unis. Mais la consignation demeurait en vigueur, et cela a causé tellement de problèmes et une telle augmentation du prix de la bière que, dès le début des années 1990, on revenait à la bouteille universelle à remplissage multiple, non seulement plus économique parce que plus facile à réutiliser, mais aussi moins polluante. Et la bière n'en est pas moins bonne pour autant, surtout qu'avec le réchauffement…

Les quatre « R » permettent de diminuer le fardeau que l'homme fait porter aux ressources planétaires, tant sur le plan de leur extraction et de leur transformation, que sur celui des nuisances engendrées par l'élimination des déchets et des résidus. Et nous avons pu constater que le réchauffement global est grandement tributaire des activités se déroulant tout au long de la chaîne de consommation, de la production à l'élimination.

Demandez-le au vendeur !

Le client a toujours raison, paraît-il, chez les bons commerçants. Un consommateur averti doit s'informer d'un ensemble de détails concernant le bien, quel qu'il soit, qu'il s'apprête à acheter : le prix, la durabilité, les options, le fabricant et, pourquoi pas ? la consommation d'énergie, la filière de production, la source des matières premières, les éléments recyclables, etc. La liste pourrait être longue. Si vous posez de telles questions, le pire qui peut arriver, c'est de ne pas obtenir de réponse. Et vous pourrez comparer les possibilités qu'on vous offre selon d'autres critères que le prix ou la couleur.

Le consommateur est roi lorsqu'il exige de l'être et esclave lorsqu'il ne fait que répondre aux stimuli de la publicité et aux impératifs de l'industrie. Quelle position préférez-vous ?

En exigeant des informations sur les impacts environnementaux qui se situent en amont de vos achats et en aval de votre poubelle, vous forcez les fabricants et les commerçants à tenir compte de ces dimensions dans leurs propres choix.

Le choix d'un lave-linge, par exemple, implique qu'on connaisse sa consommation d'eau et d'énergie. En effet, cet électroménager qui coûte quelques centaines de dollars à l'achat, consommera dans sa vie utile plusieurs fois son coût d'acquisition en eau et en chauffage. Il est donc avisé, en termes environnementaux et économiques, de choisir un appareil moins énergivore, même s'il coûte plus cher à l'achat. Il en va de même pour plusieurs biens de consommation courante.

Informez-vous et parlez-en au voisin

Si vous avez lu jusqu'ici ce livre, vous faites partie de la minorité de citoyens informés qui s'intéressent aux problématiques environnementales. Bravo ! Mais où sont les autres ?

De façon sporadique, au gré des sautes d'humeur du climat ou lors des rencontres internationales sur le changement climatique, le public reçoit un peu plus d'information à travers les médias populaires. Que fait le citoyen nord-américain en lisant que la planète se réchauffe et que les émissions de gaz à effet de serre continuent d'augmenter ? S'il ne passe pas directement aux pages sportives, la plupart du temps il s'en réjouit, s'imaginant déjà en train de passer ses hivers sans neige, sous les palmiers de sa cour! Et c'est même parfois carrément ce message que relayent les journalistes ou les publicitaires.

Cela ne fait qu'illustrer à quel point les connaissances entourant les phénomènes reliés au climat et au réchauffement planétaire sont limitées ou erronées dans la population et parmi les représentants des médias en général. Pour bien saisir les explications des scientifiques sur les causes et les effets des changements climatiques, il faut presque posséder une connaissance de base des processus physiques, chimiques et biologiques liés au climat. Comme ces connaissances s'acquièrent en général au cours du cheminement scolaire, il est compréhensible qu'une bonne partie de la population ait relégué loin dans sa mémoire de telles notions, si jamais elles ont été vues au programme. Il est donc du devoir des scientifiques et des médias spécialisés de vulgariser et de rendre accessible la compréhension des diverses connaissances entourant la science du climat.

Dans un monde idéal, chaque citoyen pourrait se responsabiliser en cherchant à comprendre et en interrogeant les nombreuses entités gouvernementales, de recherche ou autres pour trouver réponse à ses questions. S'informer est en effet un réflexe normal lorsqu'il s'agit de marchander une auto ou d'acquérir une maison. Il pourrait facilement en être ainsi des questions d'environnement, d'autant plus que la recherche individuelle est désormais facilitée par l'accès au réseau Internet et à de nombreuses revues de vulgarisation scientifique. Mais l'être humain est grégaire et ne s'intéresse pas spontanément à ce qui n'intéresse pas ses congénères. Il vous appartient donc, vous lecteur, lectrice, de diffuser les connaissances acquises dans ce livre et de continuer de les mettre à jour par des outils qu'il vous aura permis d'acquérir. Quand on discutera du climat plutôt que de la météo, au café, vous aurez gagné.

Pour un avenir meilleur

Chacun a pu découvrir, dans ce chapitre, des pistes pour changer les habitudes qui peuvent contribuer de façon significative à la réduction des émissions de gaz à effet de serre. Des actions à faire à la maison, des habitudes de consommation et d'utilisation des moyens de transport, la participation à des activités et à des programmes touchant la protection et la mise en valeur des milieux naturels font partie des options à la portée des personnes et des organisations.

Pour bien intégrer ces actions dans une stratégie, il faut toutefois posséder un certain bagage de connaissances ou, à tout le moins, être en mesure de comprendre le phénomène du réchauffement global et ses conséquences possibles. Des ouvrages de vulgarisation, des articles de revues et de journaux seront de plus en plus accessibles par suite de la publication croissante des résultats de recherche des équipes de scientifiques qui étudient les phénomènes climatiques et leurs impacts sur la biosphère. Il est essentiel de se tenir à jour pour donner un sens à son action et, pourquoi pas? faire œuvre de prosélytisme.

Car, dans le domaine des actions individuelles, l'efficacité dépend du nombre. Or, le marché réagit en fonction de la demande, et la demande de connaissances, de politiques et de produits vient du public. Exprimez vos besoins et laissez le soin à l'industrie de s'y adapter. En effet, le consommateur est nécessaire à l'industrie, comme le citoyen est nécessaire au politicien. Consommer, c'est choisir un modèle de production, c'est donc voter. Il y a vingt ans, on ne retrouvait pas beaucoup de produits bio sur le marché. L'exigence des consommateurs a fait qu'on en voit maintenant de plus en plus. Il faut cesser d'adapter ses besoins à ce que l'industrie sait produire en masse. Les gouvernements et les entreprises soutiendront la recherche et le développement des connaissances permettant à chacun de mieux comprendre et d'agir pour ralentir le réchauffe-

ment climatique seulement si les citoyens l'exigent par leurs choix démocratiques et leurs choix de consommation.

Encore une fois, c'est une simple question d'équité envers les générations futures et les habitants de la Terre qui n'ont pas accès à l'abondance de biens que nous connaissons. La responsabilité d'agir, dans le domaine des changements climatiques, ne peut pas être reportée sur ceux et celles qui en subiront les conséquences. C'est à nous, des pays développés, qui en sommes les premiers responsables, de faire ce qui est nécessaire pour laisser la planète en bon état.

Exprimez vos besoins et laissez le soin à l'industrie de s'y adapter. En effet, le consommateur est nécessaire à l'industrie, comme le citoyen est nécessaire au politicien.

261

CHAPITRE 13

Vivre avec le réchauffement?

Dans l'ensemble de l'histoire de l'humanité, le climat a toujours été une réalité sur laquelle seuls les dieux ou les forces supérieures pouvaient influer. On n'avait d'autre choix que de s'adapter aux aléas de la météo, tout en essayant de ne pas trop déplaire aux divinités dont la colère pouvait se traduire par des inondations ou la sécheresse, la famine, la mort. Le 20e siècle nous a permis de comprendre un peu mieux les phénomènes physiques qui déterminent le climat et le fonctionnement de l'atmosphère et des océans. Nous avons aussi appris dans les années 1980, sans trop y croire, que pour la première fois de leur histoire les humains pouvaient influer sur le climat, non pas volontairement dans le sens de leurs besoins et de leur bien-être, mais plutôt en augmentant sa variabilité et la violence de ses manifestations destructrices.

Cette année (2001), l'Oak Ridge Laboratory du ministère américain de l'Énergie a calculé que, depuis 1751, ce sont environ 270 milliards de tonnes de carbone qui ont été rejetées dans l'atmosphère uniquement par le brûlage des combustibles fossiles et la production de ciment. La moitié de cette quantité a été émise depuis 1975[1].

En 1990, on pouvait encore douter de la réalité des changements climatiques. Dix années de travaux scientifiques ont fait reculer considérablement l'incertitude, et les mesures prises quotidiennement dans le monde apportent de la crédibilité aux prévisions des modèles climatiques. Aujourd'hui, les questions qu'il nous reste à résoudre dans ce dossier sont plutôt du type: «À quelle vitesse se produiront les changements du climat planétaire? Quels en seront

---

1. G. Marland, T.A. Boden et R.J. Andres, *Global Regional and Natural CO$_2$ Emission, In Trends: A Compendium of Data on Global Change,* Carbon Dioxide Information Analysis Center, Oak Ridge National Laboratory, Oak Ridge, Tenn., USA, 2001.

les impacts locaux ? Quelle ampleur auront ces changements et ces impacts ? » Et finalement nous sommes en droit de nous demander aussi comment nous y adapter et, si possible, en tirer profit.

Une préoccupation au gré de l'opinion publique

Beaucoup de choses ont changé depuis 1990. À cette époque, les pays occidentaux étaient au cœur d'une prise de conscience écologique planétaire. Entre la publication du rapport Brundtland[2] en 1987 et le Sommet de la Terre, à Rio de Janeiro, en 1992, l'espace accordé aux questions environnementales planétaires par la presse s'est constamment agrandi et les recherches sur la façon de concilier économie et l'environnement se sont mises à foisonner.

La visibilité médiatique accordée à ces sujets a alors forcé les politiciens et les gouvernements à prendre position et à s'engager dans des négociations internationales qui ont mené à la signature des conventions-cadres sur la couche d'ozone, sur les changements climatiques, sur la biodiversité et sur la désertification. Les groupes environnementaux et les citoyens préoccupés d'un mode de vie plus écologique ont cru qu'il y avait un espoir. Par la suite, les difficultés de mise en œuvre de ces conventions ont montré qu'il y avait loin de la coupe aux lèvres.

Les initiatives gouvernementales et les déclarations politiques ont rapidement décliné après le Sommet de la Terre. Après la conquête du sommet, les promesses, les signatures et les discours emphatiques, on est vite redescendu dans la réalité, parfois si difficile à changer, et, lors de la réunion des Nations Unies soulignant le cinquième anniversaire du Sommet de Rio, le bilan des actions mises en œuvre à l'échelle planétaire était bien mince[3]. Par la suite, les manchettes ont été consacrées de plus en plus à la mondialisation de l'économie et, pourquoi pas ? au bogue de l'an 2000 ! Les questions environnementales ont été reléguées de plus en plus loin dans les préoccupations médiatiques, à l'exception des catastrophes écologiques, maritimes ou autres, qui ont presque réussi à rameuter les journalistes…

Au moment d'écrire ces lignes, on prépare la prochaine Conférence des Nations

---

2. CMED, *Notre avenir à tous, op.cit.*
3. C. Villeneuve, « Le reflux », *Écodécision*, n° 24, 1997, p. 4. Dans ce numéro spécial de la revue *Écodécision* sur le cinquième anniversaire du Sommet de la Terre, la plupart des auteurs invités (Ignaci Sachs, Francesco di Castri, Barry Sadler, Jacob Sherr et David Barnhizer) écrivaient leur profonde déception quant aux résultats du Sommet sur le plan gouvernemental. Même Maurice Strong, grand artisan du Sommet, devant la procrastination des gouvernements, appelait à « ranimer la flamme » de Rio.

Unies[4] sur le développement durable qui se tiendra à Johannesburg, en Afrique du Sud, en septembre 2002. Cette conférence marquera le 10e anniversaire du Sommet de la Terre, et il faut chercher dans les publications très spécialisées pour savoir ce qui sera à l'ordre du jour. Le bilan de la décennie 1990 risque d'être bien mince eu égard aux attentes qu'avait soulevées le Sommet de Rio. Le Protocole de Kyoto n'est toujours pas ratifié, les États-Unis n'ont pas signé la Convention sur la diversité biologique, les pétroliers à la coque de plus en plus fragile continuent de fendre les mers, certains allant se briser près des côtes et jusqu'aux Galapagos, et une foule d'autres atteintes scandaleuses à l'environnement planétaire, qui avaient pourtant été identifiées par le rapport Brundtland, n'ont toujours pas été atténuées, loin de là!

En ce qui concerne les changements climatiques, on assiste à un regain d'intérêt médiatique chaque fois que sont battus des records de température moyenne annuelle. La réunion de la Conférence des Parties à la Convention-cadre sur les changements climatiques soulève un peu d'intérêt en novembre de chaque année, et encore, la réunion de La Haye en novembre 2000 n'a à peu près pas reçu de couverture de presse, ni au Canada ni aux États-Unis. À part l'aspect anecdotique et la recherche de sensationnel, il ne semble pas y avoir de réelle compréhension des enjeux de ces changements, de leurs effets sur notre vie dans 20 ou 30 ans, ni de l'urgence d'agir maintenant pour éviter le pire.

Lors de l'élection fédérale canadienne à l'automne 2000, il était inutile de chercher les mots « changements climatiques » et « engagements internationaux » dans les programmes des partis politiques en lice. Quant aux élections américaines de novembre 2000, les plates-formes des deux grands partis étaient très avares de promesses sur le sujet. L'élection de George W. Bush a semé la consternation chez les écologistes car ce président très à droite est conseillé par les lobbies des combustibles fossiles, et son projet de mise en commun des ressources énergétiques de l'Amérique du Nord n'augure rien de bon pour la diminution des émissions de GES des habitants les plus énergivores de la planète.

Partout dans le monde, pourtant, des équipes de scientifiques mesurent de mieux en mieux ces changements, ce qui permet

4. Le lecteur intéressé peut consulter les sites suivants :
   http://www.un.org/rio+10
   http://www.earthsummit2002.org
   http://www.johannesburgsummit.org
   Il est possible de s'abonner à la liste de diffusion du processus « Rio+10 » à :
   http://csd-un.56@esaconf.un.org.

d'envisager des solutions dont la mise en œuvre est à notre portée, surtout comme habitants des pays industrialisés.

La responsabilité de chacun

Pourquoi sommes-nous si mal servis par les médias et la classe politique? Le dossier des changements climatiques est certes difficile à vulgariser, et les actions à entreprendre attaquent de front l'une des industries prépondérantes du 20e siècle, celle des combustibles fossiles, qui entend bien garder sa position de leader au 21e siècle. Mais les citoyens font-ils leur part pour être mieux informés et mieux gouvernés? Ne se laissent-ils pas un peu trop facilement prendre par le mode de vie nord-américain, toujours plus énergivore et gaspilleur?

Le lobby des énergies fossiles dispose de nombreux moyens pour brouiller les messages et demander toujours plus de certitude scientifique tout en continuant de faire ses affaires comme à l'habitude. Les dirigeants politiques, quant à eux, sont généralement au pouvoir à court terme. La gestion de la dégradation de l'environnement planétaire est loin dans la liste des priorités d'un gouvernement. La gestion des urgences et la réparation des conséquences du manque de clairvoyance des administrations précédentes, quand ce n'est pas la propagande électorale, occupent à plein temps nos élus, que leur cynisme éloigne de plus en plus des citoyens. Quant aux organisations inter-nationales, elles sont mal financées, encombrées par une fonction publique pléthorique et souvent inefficace et doivent tellement faire de compromis diplomatiques qu'on pourrait croire que leur fonction se résume à organiser des rencontres dont ne ressortent que des vœux pieux et des tergiversations sans fin.

La solution du problème repose donc d'abord entre les mains du citoyen. C'est lui qui consomme les biens et l'énergie nécessaires pour le transport, le chauffage et l'éclairage des maisons. C'est aussi lui qui détient le pouvoir ultime de choisir ses dirigeants et de voter pour les politiciens qui baliseront ses choix par des lois et règlements. Et ce sont les questions qu'il posera aux élus et les réactions qu'il aura face aux législations qui retiendront l'attention de la presse.

Des groupes écologistes plus ou moins importants tirent régulièrement la sonnette d'alarme, mais trop souvent sur le registre du catastrophisme. Or, cet alarmisme, bien qu'il soit spectaculaire et attire la caméra, a un effet pervers si la catastrophe annoncée ne se produit pas. En revanche, si des citoyens exigent des engagements de leurs élus, du niveau municipal au niveau national, s'ils choisissent des solutions de rechange à la surconsommation d'énergie et de matériaux, les choses suivront d'elles-mêmes. Malheureusement, ce n'est pas le cas actuellement.

En conséquence, la presse et les politiciens prêtent beaucoup plus d'attention aux mouvements de protestation contre le coût élevé du carburant en Europe ou, pis encore, en Amérique du Nord qu'à l'extension des aires du paludisme ou de la dengue. Et on s'habitue aux étés plus chauds et aux hivers plus doux, même si, à l'occasion d'un verglas ou d'une tempête particulièrement violente, on reparle un peu des changements climatiques. Tout cela est si vite oublié. Et, naturellement, les scientifiques seront toujours incapables d'établir un lien de cause à effet entre un orage particulièrement violent et l'usage du démarreur à distance, qui permet de démarrer et de laisser tourner inutilement le moteur de sa voiture avant de sortir de la maison. Pas de lien direct, pas de coupable !

On ne peut donc pas et on ne pourra jamais compter sur «les autres», sur la presse ou sur les politiciens. Il faut une volonté individuelle de participer et une compréhension éclairée du problème de la part de chaque citoyen.

Lorsqu'on fuit le feu, on ne peut pas reculer pour mieux sauter

Ce n'est pas en se pelotonnant dans la bienheureuse torpeur de notre confort que nous pourrons nous adapter aux changements climatiques et en tirer parti à long terme. En manquant de prévoyance, les pays industrialisés se préparent un sérieux casse-tête

Une automobile fabriquée aujourd'hui a de fortes chances de polluer encore dans dix ans. Il faut y penser quand on succombe à la mode des 4 x 4 sport utilitaires.

car les sources du problème demeurent et leurs effets s'aggravent. Il devient chaque année de plus en plus difficile d'atteindre les objectifs du Protocole de Kyoto et il nous reste de moins en moins de temps pour effectuer les transformations nécessaires dans notre économie, nos infrastructures, notre parc d'appareils et de véhicules et nos habitudes de consommation.

Le parc automobile, tant en Amérique du Nord qu'en Europe, s'est encore agrandi au cours des dix dernières années et sa puissance – et la consommation d'essence associée – a considérablement augmenté. Le coût de l'énergie n'a pas suivi, en termes réels, l'inflation en raison de la baisse du prix du pétrole brut, qui sert de référence pour les autres carburants, et de la déréglementation du marché de l'énergie. Cela constitue un frein au développement de technologies de remplacement et à leur adoption par les consommateurs. On voyage de plus en plus en avion, on consomme de plus en plus de viandes et de produits transformés, on mange de plus en plus dans les *fast-foods*, et ce mode de vie est de plus en plus considéré, à l'échelle planétaire, comme le summum du développement. Or, plus il y aura de personnes qui en rêveront, plus il y aura de gens frustrés quand la réalité nous aura rattrapés…

Parallèlement, les incertitudes scientifiques s'estompent, les modèles climatiques se raffinent, les mesures précisant et soutenant l'hypothèse d'une modification du climat se sont ajoutées et le consensus des scientifiques autour d'un réchauffement du climat planétaire se renforce sans cesse. Qu'attendons-nous encore pour agir ? Surtout quand on se rend compte que les objectifs du Protocole de Kyoto ne constituent même pas une solution, puisqu'il faudrait 30 fois plus d'efforts pour ralentir sérieusement les changements climatiques en cours !

Retarder l'action aujourd'hui, c'est rendre l'adaptation plus douloureuse demain. Quand on fuit le feu, on ne peut pas reculer pour mieux sauter !

▼

Retarder l'action aujourd'hui, c'est rendre l'adaptation plus douloureuse demain.

▲

Les lois de l'adaptation

Quelles responsabilités pouvons-nous prendre comme citoyens pour accepter les changements climatiques, à la fois comme hypothèse et comme réalité ? Car il faut bien distinguer les prévisions sur les effets du réchauffement des gestes que nous pouvons faire pour diminuer la vitesse d'accumulation des gaz à effet de serre dans l'atmosphère.

Les prévisions sont une hypothèse. L'amplitude et la vitesse des changements prévus peuvent être très variables, cela n'a pas d'importance en soi. Il y aura toujours des victimes, d'une part, et des privilégiés d'une température plus clémente, d'autre part. Il y aura toujours plus de beaux jours que de mauvais, et la vie continuera. Le danger que représentent les changements climatiques devrait être vu comme une incitation à agir en vertu du principe de précaution, car personne ne voudrait, de son propre chef, menacer l'avenir de ses enfants. Il faut apprendre à voir à plus long terme et ne pas penser uniquement en fonction d'une relation de cause à effet directe et mesurable. Pour s'adapter, il faut apprendre à vivre en pensant que ces conséquences sont possibles et savoir associer les gestes quotidiens et routiniers à un problème environnemental global. Voilà ce qui devrait caractériser la citoyenneté planétaire !

S'adapter est aussi un processus à long terme, qui demande l'intervention des États, des entreprises et des organisations internationales. En effet, le citoyen ne pourra se protéger contre un rehaussement du niveau de la mer ou un événement climatique exceptionnel que si on lui en donne les moyens collectifs, si l'on prévoit les infrastructures en fonction de ces nouvelles réalités. Mais pour investir des fonds collectifs dans des travaux de grande envergure, il faut que les citoyens soient bien informés et donnent un signal fort à leurs décideurs quant à leur volonté de faire de cette adaptation une priorité.

On peut aussi penser à s'adapter pour tirer profit du phénomène des changements climatiques. Pour cela il faut de l'imagination et de l'entrepreneurship. L'industrie des énergies vertes, les technologies de transport moins polluantes, les technologies permettant une plus grande efficacité énergétique, le développement de technologies de captage et de recyclage du CO_2 sont autant de secteurs de l'économie qui pourraient connaître une croissance fulgurante au cours des prochaines décennies grâce aux changements climatiques.

C'est en présentant les choses de façon positive et constructive que nous réussirons à nous adapter à cette nouvelle réalité. Si, au passage, nous pouvons remettre à l'ordre du jour des préoccupations écologiques et donner droit de cité aux débats sur les mesures à prendre sur le plan politique pour contrer les changements climatiques, nos enfants seront gagnants.

Des avantages immédiats et futurs

En fait, lutter contre les changements climatiques pourrait s'avérer avantageux sur plusieurs plans, car ces changements sont étroitement liés à l'ensemble des problématiques environnementales planétaires qui entravent le potentiel de développement durable dans de nombreux pays. Voici quelques exemples d'avantages qui justifient des actions «sans regrets».

✦ La dégradation de la couche d'ozone stratosphérique est liée aux CFC qui sont aussi de puissants gaz à effet de serre. Pour sa part, le réchauffement climatique contribue à amplifier le phénomène du trou dans la couche d'ozone en créant des conditions favorables à la destruction de l'ozone stratosphérique au-dessus de l'Antarctique. En accélérant le retrait des CFC, on pourrait contribuer à *réduire à la fois la dégradation de la couche d'ozone et réduire les effets du réchauffement sur le trou dans la couche d'ozone* au-dessus de l'Antarctique.

✦ Le smog urbain et les précipitations acides menacent la santé et la qualité de vie de millions de personnes dans les grandes villes, et causent des dommages importants aux écosystèmes qui

Le potentiel récréotouristique des rivières hébergeant le Saumon de l'Atlantique pourrait être grandement réduit par l'effet des changements climatiques.

P.G. Adam/Publiphoto

♦ L'augmentation du bilan radiatif planétaire et la modification des climats de surface risquent d'accélérer le rythme de désertification observé au cours du dernier siècle. En réduisant l'intensité du forçage radiatif dû aux gaz à effet de serre, *on favorise le maintien en place des populations des zones semi-arides, qui autrement seraient obligées de se réfugier dans des villes surpeuplées si leur environnement continuait de se dégrader.*

sont touchés par leurs retombées. En diminuant la circulation automobile, en favorisant l'adoption de combustibles plus propres et l'efficacité énergétique, et en épurant les rejets des industries, *on pourrait réduire considérablement ces impacts qui alourdissent la facture des soins de santé et taxent la qualité de l'environnement périurbain.*

♦ Les ressources en eau seront plus difficiles à gérer dans de nombreuses régions où la rareté risque de devenir un facteur limitatif pour le bien-être des populations. En réduisant la vitesse et l'intensité des changements climatiques, *on évite de mettre ces populations dans l'obligation de quitter leur territoire ou de déclencher des conflits pour l'eau.*

♦ Les changements climatiques accélèrent l'érosion de la biodiversité en modifiant l'aire de répartition de certaines espèces, en excédant la capacité d'adaptation d'autres espèces et en forçant une migration accélérée de ces dernières à travers des environnements qui ne leur conviennent pas. En réduisant la vitesse des changements climatiques, *on favorise l'adaptation des espèces et des écosystèmes, et on diminue la nécessité de créer des habitats de transition* pour contrer la raréfaction des organismes les plus vulnérables.

♦ Les événements climatiques extrêmes et l'augmentation du niveau de la mer pourraient rendre précaire la survie de millions d'individus dans des zones à risque. La réduction de l'intensité du changement climatique devrait *éviter des migrations humaines susceptibles de causer des problèmes politiques considérables en cherchant à s'installer dans des territoires déjà occupés.* Qui voudrait avoir à gérer des centaines de millions de réfugiés de l'environnement?

Les nations industrialisées devront vraisemblablement gérer le problème des réfugiés de l'environnement si les hypothèses de changement du climat planétaire se confirment.

SIPA-PRESS/Publiphoto

Il y a donc de nombreux avantages à réduire les causes et à atténuer l'intensité et la rapidité des changements climatiques, car il faudra s'accommoder de ces consé- quences, et nous serons de plus en plus nombreux à partager la planète, au moins jusqu'au milieu du siècle.

Relever le défi

Vivre les changements climatiques, c'est donc se préoccuper de sa santé et de la santé de la planète. C'est aussi s'adapter, car le monde de nos parents n'existe plus. La population planétaire ne peut plus continuer de se comporter comme s'il n'y avait que trois milliards de personnes sur Terre, comme si les forêts tropicales couvraient le double de la superficie actuelle et comme si la forêt boréale n'était pas gravement entamée. Nous ne pouvons plus ignorer les impacts de nos activités de consommation, car la Terre s'est rétrécie à grande vitesse au cours de la deuxième moitié du 20e siècle. L'empreinte écologique de l'homme s'agrandit sans cesse et, si chacun accédait au niveau de vie nord-américain, il faudrait trois planètes pour satisfaire tous ces besoins. Quelqu'un désire-t-il un billet aller simple pour Mars?

Mais comment s'adapter? Nos ancêtres pouvaient migrer. Nous sommes, malgré notre mobilité individuelle, de plus en plus attachés à des infrastructures urbaines impossibles à déplacer. Nous sommes tributaires de systèmes de production et d'approvisionnement complexes, indispensables au fonctionnement et à la cohésion de nos sociétés. Nous avons donc beaucoup moins de marge de manœuvre que ceux qui nous ont précédés, eux qui pouvaient aller cultiver ou faire paître leurs bêtes sur de nouvelles terres ou chercher fortune sur de nouveaux continents, mais nous disposons de plus de connaissances et d'une technologie dont ils ne pouvaient rêver. C'est de ce côté qu'il faut chercher collectivement des solutions dans une nouvelle solidarité planétaire.

Les catastrophes prévues ne se produiront pas nécessairement, et c'est ce qu'il faut souhaiter. Les débats scientifiques se poursuivront et nous comprendrons de mieux en mieux la planète dont dépend notre existence. Mais les ressources destinées à nous donner une marge de manœuvre face aux changements climatiques auront des effets

*Lutter aujourd'hui contre les changements climatiques et éduquer les jeunes à en faire **autant**, voilà un projet de **développement** durable.*

Julien Lama/Publiphoto

immédiats et mesurables sur notre santé, notre qualité de vie et celle de nos enfants. Par exemple, on peut s'attendre à ce que la lutte aux gaz à effet de serre signifie:

✦ Moins de maladies respiratoires, grâce à la réduction des émissions de poussières et d'ozone troposphérique;

✦ Moins de maladies cardio-vasculaires, grâce à l'adoption d'un régime contenant moins de viande de bœuf et de matières grasses d'origine animale;

✦ Moins d'eutrophisation des cours d'eau et de destruction de la biodiversité dans les zones agricoles;

✦ La diminution des dommages liés au smog urbain;

✦ Le prolongement de la période précédant l'épuisement des réserves de pétrole mondiales;

✦ Le développement d'une industrie des énergies de remplacement;

✦ Le développement de technologies de captage, de valorisation et de recyclage du CO_2 susceptibles de dégager de nouvelles marges de manœuvre pour la croissance économique des pays en développement et des générations futures;

✦ Le développement d'une économie mondiale plus solidaire, mettant en valeur les efforts de conservation des ressources biologiques dans les pays protégeant leurs forêts tropicales;

✦ Le développement d'un système mondial d'échanges scientifiques et économiques liés à la maîtrise des changements climatiques.

Qui pourrait regretter un tel progrès?

En réalité, les changements climatiques nous offrent l'occasion d'expérimenter le développement durable, tel qu'il a été défini par la Conférence de Stockholm et diffusé par la commission Brundtland et par l'Agenda 21:

Un développement qui permette de satisfaire aux besoins de la génération actuelle sans mettre en cause la capacité des générations futures de répondre aux leurs.

C'est un défi pour lequel nous sommes mieux équipés que toutes les autres générations qui nous ont précédés, en termes de connaissances et de capacité d'agir. Alors travail!

Pour en savoir plus

Visitez régulièrement le site Internet http://www.changements-climatiques.qc.ca

▶ Vous y trouverez des compléments d'information, une série d'hyperliens et des suggestions d'activités pédagogiques et familiales très intéressantes.

▶ Vous pourrez aussi y calculer vous-même les émissions de gaz à effet de serre des véhicules et appareils que vous désirez acquérir.

▶ Les données qui s'y trouvent seront mises à jour au rythme des événements et des nouvelles informations.